COLEÇÃO

DIREITO VIVO

Direito Ambiental

COORDENAÇÃO

José Fabio
Rodrigues Maciel

COLEÇÃO
DIREITO
VIVO

Direito Ambiental

Carla Pinheiro

4ª edição
2017

saraiva jur

ISBN 978-85-472-1383-1

DADOS INTERNACIONAIS DE CATALOGAÇÃO NA PUBLICAÇÃO (CIP)
ANGÉLICA ILACQUA CRB-8/7057

Pinheiro, Carla

Direito ambiental / Carla Pinheiro. – 4. ed. – São Paulo : Saraiva, 2017. (Coleção direito vivo / coordenação José Fabio Rodrigues Maciel)

1. Direito ambiental - Brasil I. Título II. Maciel, José Fabio Rodrigues III. Série.

16-1270 CDU 34:502.7(81)

Índice para catálogo sistemático:

1. Brasil : Direito ambiental 34:502.7(81)

SOMOS EDUCAÇÃO | saraiva jur

Av. das Nações Unidas, 7.221, 1º andar, Setor B
Pinheiros – São Paulo – SP – CEP 05425-902

SAC
0800-0117875
De 2ª a 6ª, das 8h às 18h
www.editorasaraiva.com.br/contato

Data de fechamento da edição: 22-3-2017

Dúvidas? Acesse www.editorasaraiva.com.br/direito

CL 603026 CAE 610221

Ao Professor Celso Antonio Pacheco Fiorillo,
pelas primeiras lições de direito ambiental,
ao Professor Márcio Fernando Elias Rosa,
pela amizade e por ter-me possibilitado
ampliar a visão sobre a tutela efetiva do
meio ambiente, e ao Professor José
Luis Serrano Moreno, por iluminar os
conceitos, assim como iluminava a vida.

In memoriam.

SUMÁRIO

APRESENTAÇÃO

Esta coleção, denominada Direito Vivo, vem a lume para contemplar uma salutar necessidade na formação dos graduandos em direito: a formação humanística! Seu foco é propiciar essa formação a partir de todas as disciplinas que fazem parte da grade curricular, e não apenas das que trabalham diretamente essa questão. Não se limita ao simples acúmulo de conhecimento, pois a formação está pautada, principalmente, na capacidade de interpretar sistematicamente as relações humanas. Esse tipo de formação busca orientar a compreensão do direito para a dignificação da pessoa humana, e não considerar apenas a supremacia da forma, da lei, do poder.

A necessidade de ter profissionais do direito com formação humanística ganhou nova dimensão no Brasil a partir da gradual superação do normativismo. Matérias e temas que antes eram considerados secundários na formação profissional ganham relevância e começam a sobrepor-se aos temas puramente dogmáticos. Como fazer prevalecer a moralidade positiva em sociedade tão individualista? Ainda existem padrões universais como os estabelecidos por Kant? Pluralidade, diversidade, protagonismo... temos de realizar o valor do bem! Como identificá-lo? Como decidir questões que surgem em sociedade cada vez mais complexa, em que se evidencia a interdisciplinaridade e a interculturalidade? Os operadores do direito têm de estar aptos a responder a essas e a inúmeras questões que não estão explícitas no texto legislativo.

Dentro do normativismo jurídico, sem dúvida alguma, foi a teoria pura do direito de Hans Kelsen a sua mais importante expressão, principalmente em sua vertente lógico-normativa. A teoria pura do direito tem por objeto a estrutura formal das normas jurídicas, e não o seu conteúdo, porquanto este último, seguindo a doutrina de Kant, era inacessível aos conhecimentos científicos segundo Kelsen. Essa teoria centra as suas atenções para o dever-ser jurídico "puro", que não é um valor ético, mas sim uma estrutura lógica. Com isso, distingue a ciência do direito tanto da filosofia jurídica como da política e da moral, porque quer conhecer o direito como ele é, e não por uma perspectiva valorativa que se enquadra na filosofia.

Acontece que, a partir da segunda metade do século XX, quando ocorreu grande absorção dos princípios pelos ordenamentos jurídicos, eles não só passaram a ser considerados normas, mas também se tornaram, com o tempo, superiores às próprias regras jurídicas. Os princípios, desde então, incorporados nos ordenamentos constitucionais, norteiam e condicionam o regramento jurídico. Para interpretar os princípios, que concorrem muitas vezes entre si, passa a ser fundamental ter ampla compreensão tanto do ordenamento jurídico como – e principalmente – da sociedade na qual o direito é aplicado.

As matérias fundamentais para tal compreensão são aquelas denominadas "propedêuticas", ou seja, as que discutem os temas introdutórios ao direito e as formas de compreensão do ser humano e da sociedade como, por exemplo, a teoria geral do direito, a antropologia, a sociologia, a filosofia, os direitos humanos, a psicologia etc. Com isso, ao buscar formação profissional que priorize a visão científica humanista da justiça e do próprio direito, opta-se por profissionais que tenham consciência humanizada, que se preocupem em apresentar soluções, e não agravar os problemas sociais que são trazidos à seara jurídica. Portanto, é fundamental que também nas matérias ditas "dogmáticas" tenha-se um olhar humanista no seu entendimento, já que é a partir dessas disciplinas que se dá a efetiva aplicação do direito. É o que fazemos nesta coleção!

Desde 2009, a partir de determinação do Conselho Nacional de Justiça – CNJ, boa parte dos concursos voltados para a área jurídica passou a exigir formação humanística dos postulantes aos cargos públicos. O objetivo principal é conseguir selecionar profissionais que tenham condições de fazer sólida análise da sociedade, com efetiva compreensão das relações humanas tanto no âmbito global como no âmbito regional. Não são mais desejados os que não conseguem compreender a dimensão social do direito, que requer em sua aplicação o domínio da hermenêutica e a utilização dos valores e dos princípios, em ampla superação da mera subsunção do fato à norma. Fica patente que, com a exigência da formação humanística, espera-se como resultado da aplicação do direito que a pessoa humana esteja acima das questões patrimoniais, assim como que o bem comum sobreponha-se aos interesses individuais.

Os problemas a serem enfrentados para que efetivamente tenhamos profissionais com as características mencionadas anteriormente são vários. Começa pela própria definição do que seria "formação humanística", tendo em vista que o CNJ, em 2008, direcionando para a seleção de magistrados, determinou que fossem cinco as disciplinas com essas características (Psicologia, Sociologia, Filosofia, Ética e Teoria Geral do Direito) e que elas deveriam ser exigidas com ênfase na segunda fase dos concursos. Melhor teria feito se considerasse que todas as matérias do curso de direito – e não só as profissionalizantes (dogmáticas) – tivessem o mesmo peso em todas as fases dos concursos. Com isso, mudaria o grau de atenção de alunos em relação a essas matérias, normalmente ministradas nos primeiros anos da graduação, o que forçaria as instituições educacionais a priorizar um ensino que focalizasse a verdadeira apreensão dos temas humanísticos.

É com fulcro na concretização da dignidade da pessoa humana que deverá o profissional do direito interagir com a sociedade na qual está inserido, para transformá-la quando necessário. Por exemplo, ao confrontar-se com a sociedade de consumo – aquela composta por indivíduos incapazes de pensar solidariamente, que não sentem responsabilidade uns pelos outros, sendo incapazes de exercer a renúncia, os que atuam na seara jurídica têm de ir além da mera repetição de textos normativos e doutrinários. É que para garantir a função social do direito é imprescindível conhecer a história humana com consciência dos valores que embasam as relações sociais e que devem ser a base da interpretação jurídica. Reproduzir no direito o pensamento da sociedade de consumo seria definitivamente afastá-lo da ética. A exigência de conhecimento em formação humanística não é mais uma apostila a ser decorada nos cursinhos, mas sim uma responsabilidade social na formação dos bacharéis em direito. E dessa responsabilidade não fugiram os renomados autores desta coleção!

José Fabio Rodrigues Maciel

NOTA AO LEITOR

O texto desta obra foi atualizado e adaptado a partir da 4ª edição do volume *Direito Ambiental*, da antiga Coleção Roteiros Jurídicos.

Na nova coleção, além do texto mais arejado, o leitor encontra indicações de leitura de aprofundamento, sugestões de filmes e questões problematizadoras sobre os temas tratados ao final de cada capítulo desta edição. A Coleção Direito Vivo é um convite à reflexão e ao debate.

PREFÁCIO À 4ª EDIÇÃO

O livro *Direito ambiental* da Coleção Direito Vivo, de autoria da Professora Carla Pinheiro, ganha sua 4ª edição em 2017. A obra foi atualizada e ampliada. Uma das principais inovações encontra-se intimamente vinculada à inserção das alterações que advêm do Novo Código de Processo Civil, Lei n. 13.105, de 2015. Referido Código produz uma verdadeira revolução jurídica, não somente no âmbito processual civilista, já que sua repercussão atinge todos os ramos do direito, inclusive o direito ambiental, como a autora deixa claro em seu discurso. Ela reputa as alterações, em sua maioria, como positivas, simplificadoras e ampliadoras das possibilidades de implementação da efetiva tutela do meio ambiente.

Também no que diz respeito à eficácia da proteção e promoção do meio ambiente, a Professora Carla Pinheiro se preocupa em referir as principais jurisprudências do Supremo Tribunal Federal relativamente à concretização dos princípios do direito ambiental no âmbito interno. Destaca-se dentre elas o acórdão envolvendo o princípio da precaução, quando, de forma pioneira, o nosso órgão superior foi contrário à redução do campo eletromagnético de linhas de transmissão, seguindo os padrões internacionais de segurança, por causa de "eventuais" efeitos nocivos à saúde da população.

A autora faz questão de evidenciar, no correr do texto, por meio de temas jurídicos transversais, que não se pode olvidar o fato de a sustentabilidade ambiental estar acoplada a outros interesses a ela diretamente vinculados e possibilitadores da sustentabilidade econômica e social, como aqueles estabelecidos pelos objetivos globais para o desenvolvimento sustentável, propostos pela ONU em 2015 e que devem ser implementados até 2030. São eles: erradicar a pobreza, combater a fome e promover a agricultura sustentável, bem como a saúde e o bem-estar, educação inclusiva e de qualidade e igualdade de gênero; gerir de forma sustentável a água e *o saneamento*; proporcionar *energia limpa e acessível*; trabalho decente e crescimento econômico sustentável; inovação industrial e infraestrutura resiliente; reduzir as desigualdades dentro dos países e entre eles; desenvolver cidades e comunidades sustentáveis, com padrões de produção e consumo sustentáveis; combater as mudanças climáticas e seus impactos; *proteger e promover a vida na água; proteger, recuperar e promover o uso sustentável dos ecossistemas terrestres, gerir de forma sustentável as florestas, combater a desertificação, deter e reverter a degradação da terra e a perda da biodiversidade*; promover paz, justiça e instituições eficazes; fortalecer os meios de implementação e revitalizar a parceria global para o desenvolvimento sustentável (grifo nosso).

Assim sendo, tem-se que esta obra vem crescendo a cada edição, não somente da perspectiva quantitativa, por abordar um número maior de temas que se somam àqueles das edições anteriores. Ela pretende estampar as inovações jurídicas qualitativamente necessárias para a introdução e aprofundamento no estudo do direito ambiental dos alunos e profissionais interessados nesse ramo jurídico, tendo em vista apontar argumentos adequados ao combate às lesões ambientais nas sociedades complexas do século XXI.

O livro da Professora Carla Pinheiro, que ora se publica, ratifica a afirmação de Gregory Bateson em *Steps to an ecology of mind*: "Assim como existe uma ecologia das ervas daninhas, existe uma ecologia das ideias danosas". É preciso, pois, lutar contra ambas. Daí a necessidade não somente de introduzir o tema constitucional da sustentabilidade na graduação dos cursos de Direito, mas de aprofundá-lo nos cursos de Mestrado e Doutorado, no sentido de verticalizar esse conhecimento, como faz a Universidade de Fortaleza (UNIFOR), dentre outras instituições de ensino superior no Brasil.

Gina Vidal Marcílio Pompeu

Educadora, Pesquisadora e Coordenadora
dos cursos de Mestrado e Doutorado da
Universidade de Fortaleza (UNIFOR)

NOTA DA AUTORA

A proteção ao meio ambiente vem-se tornando cada vez mais necessária em nossa sociedade, tendo em vista a sua crescente devastação, que tem gerado e pode vir a gerar cada vez mais consequências negativas significativas no que diz respeito à qualidade de vida dos seres que habitam o nosso planeta. Temas como o aquecimento global, a poluição de rios e mares e a inadequada qualidade do ar nos grandes centros urbanos, além da extinção de espécies da fauna e da flora terrestre, assolam o nosso cotidiano, chegando até nós não somente por intermédio dos meios de comunicação, mas, cada vez mais, pela nossa vivência diária.

O direito, por meio de suas normas – leis, princípios e outras –, configura um dos principais instrumentos para a intervenção eficaz no tocante à proteção do meio ambiente em amplo sentido, ou seja, como instrumento de punição e de reparação do dano ambiental, por um lado, e, por outro, como mecanismo viabilizador da prevenção de situações de destruição que poderiam vir a ser experienciadas pelos seres humanos a curto, médio e até mesmo a longo prazo, as quais, por sua vez, comprometeriam a vida das futuras gerações. Além da proteção pela reparação e pela prevenção, existem outros mecanismos de promoção do meio ambiente, tais como a informação e a educação ambientais – expressamente previstos pela Constituição de 1988, art. 225.

O presente estudo tem por objetivo introduzir o leitor na seara do direito ambiental, mostrando a sua importância, esclarecendo os principais conceitos a ele atinentes e suas características essenciais, assim como estabelecendo um elo entre a teoria e a prática do direito ambiental no Brasil, consubstanciada nas decisões dos nossos tribunais superiores. Nesse sentido, é importante ressaltar que a metodologia utilizada na feitura deste livro privilegia o liame dos aspectos teóricos e práticos da matéria.

De acordo com a metodologia proposta, organizaremos nosso estudo partindo do significado de termos e expressões importantes, também oriundos de áreas não jurídicas (das ciências humanas e naturais), com vistas à sua compreensão quando introduzidos na seara do direito ambiental.

No segundo capítulo, trataremos da definição de direito ambiental, apontando para a importância e a especificidade que ele assume na esfera atual do direito. Trataremos, também, da inserção da questão ambiental no âmbito do direito por meio dos tratados internacionais, que, por sua vez, constroem sua legitimidade pela introdução e propagação dos princípios protetores do meio ambiente. Aos referidos princípios será dado tratamento especial neste estudo, tendo em mira sua função como norte no desenvolvimento do direito ambiental em todas as instâncias do jurídico: internacional e nacional, material e processual.

No terceiro capítulo, discorreremos sobre a chamada proteção material ao meio ambiente estabelecida pelo direito interno, tendo como principal fonte a Constituição Federal de 1988, especialmente seu art. 225, quando trata expressamente da proteção ambiental de forma ampla e original. Analisaremos, ainda, outros artigos da nossa Carta Magna nos quais a proteção ao meio ambiente encontra-se presente, de maneira explícita ou implícita. Cuidaremos das normas infraconstitucionais, que regulamentam de forma mais específica os direitos conferidos pela Constituição e são reputadas pela doutrina e abordadas pela jurisprudência como imprescindíveis para a compreensão e efetivação da proteção ao meio ambiente. Também nesse capítulo, deter-nos-emos na definição normativa de meio ambiente, presente na Constituição, e, ainda, trataremos dos bens (e interesses) ambientais, apontando suas características e a importância de sua proteção, além de analisar a dimensão da competência ambiental no âmbito interno e a amplitude que assume a Política Nacional do Meio Ambiente no Brasil.

No quarto capítulo, cuidaremos dos mecanismos não jurisdicionais de proteção ao meio ambiente, ou seja, os mecanismos de tutela ambiental que se encontram no âmbito civil e administrativo, tais como o Estudo Prévio de Impacto Ambiental (EPIA), os estudos ambientais, o licenciamento, o estabelecimento de unidades de conservação, a desapropriação de áreas de interesse ambiental, o tombamento, o zoneamento, o direito de antena e as sanções administrativas.

No quinto capítulo, serão abordados os instrumentos de tutela jurisdicional do meio ambiente: ação civil pública ambiental, ação popular ambiental, mandado de injunção ambiental, mandado de segurança coletivo ambiental, ação direta de inconstitucionalidade em matéria ambiental, ação de responsabilidade civil em matéria ambiental e ação de cumprimento de obrigação de fazer ou não fazer envolvendo matéria ambiental, assim como as tutelas penal e cautelar do meio ambiente.

No sexto capítulo cuidaremos da responsabilidade ambiental. Em um primeiro momento, deter-nos-emos no alcance que a responsabilização pelo meio ambiente assume no direito interno. Em seguida, trataremos da amplitude e das especificidades que a definição de dano ambiental vem assumindo na doutrina e jurisprudência pátrias, a exemplo do que vem ocorrendo na doutrina estrangeira. Também abordaremos a competência para legislar sobre o dano ambiental e os respectivos âmbitos da responsabilização pelo meio ambiente, quais sejam, o âmbito administrativo, o criminal e o civil.

No sétimo capítulo, quatro temas contemporâneos em direito ambiental são desenvolvidos: a função socioambiental da propriedade; o dano moral ambiental objetivo; a transnacionalidade de uma decisão paradigmática em matéria ambiental e o impacto do novo Código Florestal. Aponta-se, em um primeiro momento, a descrição de cada instituto abordado para, em seguida, cuidar-se de suas especificidades, o contexto em que se insere e a razão de sua importância para o nosso objeto de estudo, na atualidade.

Cumpre ressaltar que, por se tratar de um "livro-resumo", não nos compete analisar cada assunto com a profundidade por vezes necessária, cabendo-nos tão somente introduzir o leitor em cada assunto. No entanto, no correr do texto, serão apontadas as referências imprescindíveis a uma abordagem mais ampla de cada tema.

INTRODUÇÃO

Se pensarmos na história da humanidade, observaremos que a noção de natureza como um bem é muito recente. A água, o ar e até mesmo o solo foram tidos como "coisas de ninguém" – *res nullius* – durante longo período da existência humana sobre o Planeta Terra. Com a industrialização, a concentração de pessoas no meio urbano e a produção fabril crescente, surgiu a ideia de um meio ambiente, um entorno que necessitava ser protegido. Para que se pudesse dar materialidade a essa proteção, passou ele à categoria de "bem" – hodiernamente chamado de "bem ambiental". A partir de então, com as crescentes lesões que vem sofrendo, o meio ambiente passou a ficar cada vez mais em foco nas discussões do mundo globalizado, na sociedade atual, que clama por soluções, no sentido da manutenção de um meio ambiente saudável para as presentes e futuras gerações.

Conforme frisado, a questão do "espaço de natureza" foi introduzida recentemente na história humana. É bem posterior ao questionamento acerca do "espaço como limite", à instituição da propriedade. O "espaço de natureza" não existia porque a natureza era abundante – isso era inquestionável –, assim como o ar, a água e o vento. Diz-se mesmo que o próprio direito surgiu como instrumento regulador das relações entre os indivíduos, dada a existência de bens[1] escassos[2] para satisfazer suas necessidades e/ou desejos infinitos. A "apropriação" iniciou-se em um momento da história em que se fez necessário regulamentar "o uso de poucos bens para muita gente", pois do contrário seria impossível para nós a vida em sociedade e, logo, a própria vida humana. Assim, não se questionava a fruição dos bens abundantes, e a regulamentação estava direcionada sobretudo àqueles bens que eram escassos para o uso humano.

Thierry Jeantet[3] fala que espaços não ficaram livres de indivíduos por muito tempo. De início, eram ocupados de modo dispersivo, e até o advento da Revolução Industrial as concentrações de indivíduos eram fracas, inclusive nas cidades. As zonas de atividades foram, a partir de então, demarcadas. Mesmo assim, esse fato não deu margem a circunscrições detalhadas nem a "rotulações intransigentes". O indivíduo, ainda que não fosse proprietário, gozava de espaços livres na natureza; raramente precisava escapar para entrar em contato com ela, por estarem próximos. As zonas de produção tinham um efeito menos agressivo sobre os espaços e a natureza. Não havia mister de falar do meio ambiente porque este não era agredido (ou

1 Nesse sentido, é importante lembrar a diferenciação entre "bem" e "coisa": o "bem" seria termo mais abrangente, designando "tudo o que é útil às pessoas", enquanto "coisa" seria um bem em sentido estrito, já que, para o direito, ela configura *todo bem econômico, dotado de existência autônoma, e capaz de ser subordinado ao domínio das pessoas*. Cumpre ressaltar que até o Código Civil de 1916 esses termos eram utilizados de forma indiferenciada: "coisas fungíveis e consumíveis", "bens móveis e imóveis". Cf. César Fiuza, *Novo direito civil*, p. 175-176.

2 Para Monroy Cabra, *(...) el derecho (vigente) y justicia no están en una relación de medio a fin, sino en la que se encuentran en general un bien (cosa valiosa) y el valor en él realizado*. Cf. Marco Gerardo Monroy Cabra, *Introducción al derecho*, p. 7. André Franco Montoro fala no "direito-interesse"; nessa categoria primordial do direito, ao lado do direito à vida e à liberdade, figura o direito de usar um imóvel ou de reivindicar uma propriedade. Cf. André Franco Montoro, *Introdução à ciência do direito*, p. 34.

3 Cf. *O indivíduo coletivo*, p. 69.

muito pouco). "A volta à natureza não era necessária, porque a natureza estava em toda parte", assevera o autor. O direito ambiental surge, então, como o instrumento para a proteção de um chamado "bem", quando este começa a se tornar escasso, conforme referimos acima.

Foi a crescente degradação global do meio ambiente que levou os organismos internacionais a pensar em formas conjuntas de proteção dele. O principal marco, em ordem cronológica, que aponta para esse movimento de proteção ao meio ambiente na esfera internacional é a Conferência de Estocolmo, de 1972, que se manifestou publicamente em 1987 pela Comissão Brundtland, no célebre princípio do *desenvolvimento sustentável*. Desde então estamos sendo obrigados a repensar a relação indissolúvel entre crescimento econômico e meio ambiente. Vinte anos depois, com a proposta feita no Rio de Janeiro (Declaração do Rio sobre Meio Ambiente e Desenvolvimento), em 1992, foi introduzido o *princípio da prevenção*[4], como norteador da relação do homem com o meio ambiente. Esse princípio foi recepcionado de forma implícita e explícita nos ordenamentos jurídicos internos de muitos países. Antes, o princípio que fundamentava o mecanismo da responsabilidade ambiental era o do *contaminador-pagador*; posteriormente, foram-se instalando novos princípios, mais específicos e condizentes com a proteção do meio ambiente, além do já referido princípio da prevenção, como o princípio da precaução e o princípio da responsabilidade ambiental[5], dentre outros que trataremos mais adiante. No entanto, cumpre ressaltar que o *princípio do contaminador-pagador* ainda se impõe, dado o fato de inserir-se

4 Sobre o princípio da prevenção, partindo da perspectiva dos princípios estruturantes do direito internacional ambiental, cf. Patricia Jiménez Parga Y Maseda, *El principio de prevención en el derecho internacional del medio ambiente*, p. 9-12.

5 Cf. Marcelo Abelha Rodrigues, *Elementos de direito ambiental*, p. 243-340.

mais tacitamente no modelo jurídico do mundo ocidental, baseado no individualismo, fundamento do direito privado[6]. O desastre ocorrido em Mariana, Minas Gerais, no ano de 2015, que configurou o maior acidente ambiental ocorrido no Brasil, aponta a necessidade de intensificar a prevenção e repressão de lesões ao meio ambiente. Nesse sentido, o princípio do contaminador-pagador se torna, de instrumento excepcional, instrumento imprescindível, invertendo decididamente a ordem lógica de proteção ao meio ambiente, que vai da prevenção à repressão. Um ano após os eventos, muito pouco se havia feito no sentido de restabelecer o meio ambiente o máximo possível ao *status quo ante.*

Mas o meio ambiente protegido na forma de bem, como modo de viabilizar essa proteção, apresentou uma especificidade, tornando necessário que o direito se reorganizasse para que a tutela se desse da maneira mais eficaz possível. Nesse sentido, cremos que a maior aproximação jurídica realizada até o presente momento, no tocante à aplicação do direito, tendo em mira uma proteção adequada ao meio ambiente, consiste na concepção dos chamados *direitos difusos.* Assim, o direito ambiental, bem como o direito do consumidor, pertence à categoria dos direitos difusos e não às categorias de direito preexistentes: direito público e privado. Essa espécie de direitos pode ser definida como envolvendo aqueles *(...) passíveis de serem fruídos por um grupo mais ou menos imprecisável ou, se preferirmos, não determinável de pessoas*[7]. *As principais características dessa espécie de direitos são a indeterminação dos indiví-*

6 Uma importante e interessante evolução histórica do "individualismo" foi muito bem elaborada por Louis Dumont, iniciando-se pelo "indivíduo-fora-do-mundo" até chegar ao "indivíduo-no-mundo". Cf. Louis Dumont, *O individualismo:* uma perspectiva antropológica da ideologia moderna.

7 Cf. Celso Ribeiro Bastos, *Dicionário de direito constitucional*, p. 44-45.

duos e a indivisibilidade do bem a ser protegido: o bem é de todos e de cada um. Podemos afirmar que os direitos difusos inauguram nova forma de proteção do meio ambiente na chamada sociedade do risco, que é a nossa, enquanto sociedade mundial ou globalizada. Conforme asseveram José Rubens Morato Leite e Patryck de Araújo Ayala[8], *(...) o* novum *que se pretende atribuir às relações entre direito e ambiente indubitavelmente* não tem origem na introdução do ambiente visto como problema de investigação dogmática *mas sim nas diferenciadas soluções jurídicas e propostas de investigação dogmática dos novos problemas, produzidos a partir das rupturas estruturais entre o ambiente e a* metódica *utilizada pelos modelos clássicos do direito público e privado, que têm evidenciado cada vez mais sua* inadequação funcional *em face do objeto investigado.*

O ordenamento jurídico brasileiro recepcionou as normas protetoras do meio ambiente, fixadas nas declarações internacionais por meio da Constituição de 1988 e de normas infraconstitucionais, como a Lei n. 6.938/81 e a Lei n. 7.804/89 (que dispõem sobre a Política Nacional do Meio Ambiente), entre outras. Procurou efetuar essa proteção da forma mais completa possível, tanto que estabeleceu dispositivos não jurisdicionais e jurisdicionais de proteção ao meio ambiente. No que diz respeito às soluções jurídicas dos nossos tribunais, em forma de decisões, em face da complexidade dos problemas que envolvem o meio ambiente, podemos constatar que vem ocorrendo uma adequação relativamente satisfatória, no que tange à aplicabilidade dos meios de proteção ambiental de acordo com os parâmetros do Estado Democrático de Direito. Isso se prova, por exemplo, mediante as palavras de Celso de Mello,

8 Cf. José Rubens Morato Leite e Patryck de Araújo Ayala, *Direito ambiental na sociedade do risco*, p. 124.

ministro do Supremo Tribunal Federal, quando afirma em decisão jurisdicional que: "O princípio do desenvolvimento sustentável, além de impregnado de caráter eminentemente constitucional, encontra suporte legitimador em compromissos internacionais assumidos pelo Estado brasileiro e representa fator de obtenção do justo equilíbrio entre as exigências da economia e as da ecologia, subordinada, no entanto, a invocação desse postulado, quando ocorrente situação de conflito entre valores constitucionais e relevantes, a uma condição inafastável, cuja observância não comprometa nem esvazie o conteúdo essencial de *um dos mais significativos direitos fundamentais: o direito à preservação do meio ambiente, que traduz bem de uso comum da generalidade das pessoas, a ser resguardado em favor das presentes e futuras gerações*"[9] (grifo nosso).

9 Cf. Ementa da ADIn-MS 3.540/DF, j. em 1º-9-2005.

1

O Significado de Termos Relativos ao Meio Ambiente para Fins Jurídicos

A abordagem jurídica dos direitos difusos, mais especificamente do nosso objeto de estudo, o direito ambiental, inseriu conceitos em sua normativa que merecem ser esclarecidos, tendo em vista a apreensão do seu sentido no contexto jurídico. E isso porque, muitas vezes, o campo da ciência jurídica não comporta a definição deles, já que se tratam de conceitos que estão atrelados a outras disciplinas, tais como a biologia, a agronomia e a economia, entre outras. Também alguns termos, polissêmicos, que assumem um sentido próprio quando inseridos no contexto da proteção ao meio ambiente, assim como outras palavras e expressões próprias do direito ambiental, necessitam ser previamente abordadas.

Assim, pensamos ser necessário debruçar-nos, mesmo que sucintamente, sobre alguns dos termos e expressões utilizados pela normativa brasileira que reputamos imprescindíveis para a compreensão dos temas a serem analisados no presente estudo[10]. São eles:

10 Cf. Edson Luiz Peters e Paulo de Tarso de Lara Pires, *100 questões de direito ambiental*, p. 83 a 88. Cf. José Afonso da Silva, *Direito ambiental constitucional*, p. 82-92.

1) **Agência Nacional de Águas (ANA)** – criada em 2000, é uma autarquia federal, vinculada ao Ministério do Meio Ambiente, e é responsável pela implementação da gestão dos recursos hídricos no Brasil. Entre suas funções, está aquela de realizar a cobrança pelo uso da água e proceder à outorga de direito de uso dela em rios federais, entre outras. A primeira bacia hidrográfica brasileira a ter cobrança pelo uso da água foi a do rio Paraíba do Sul, que fica nos estados de São Paulo, Rio de Janeiro e Minas Gerais.

2) **Agência Nacional de Energia Elétrica (ANEEL)** – criada em 1996, por ser uma agência reguladora, é uma autarquia federal sob regime especial, vinculada ao Ministério de Energia Elétrica. Tem a função de regular e fiscalizar a produção, transmissão e comercialização de energia elétrica no Brasil. Isso significa, entre outras coisas, implementar as políticas e diretrizes do governo federal para a exploração e o aproveitamento hidráulico, licitar novas concessões de geração, transmissão e distribuição de energia elétrica e negociar com a Agência Nacional do Petróleo os critérios para fixação dos preços de transporte de combustíveis fósseis e gás natural, quando destinados à geração de energia elétrica. O Brasil possui uma capacidade instalada de 101,7 mil megawatts, dos quais 74,4 mil megawatts em hidrelétricas (dados de 2007).

3) **Agenda 21** – programa de ações destinadas a implementar os princípios definidos durante a Cúpula da Terra, organizada sob a égide das Nações Unidas em 1992. Apresentada durante a conferência no Rio de Janeiro, o número 21 diz respeito ao século XXI. A Agenda 21, também chamada de Ação 21, é uma estratégia global para o desenvolvimento sustentável. Trata-se de um plano de ação ao mesmo tempo global, nacional e local, que instaura uma nova parceria mundial para o desenvolvimento sustentável. A construção da Agenda 21 brasileira

teve início em 1997 e foi concluída em 2002. Já a chamada Agenda 21 local consiste em uma proposta para implantar, em nível local, um projeto de desenvolvimento sustentável. Essa agenda preconiza o diálogo entre as coletividades locais, os habitantes, as organizações locais e as empresas para adotar um programa de Ação 21 em escala da coletividade.

4) **Agrobiodiversidade** – considerando a noção de que a biodiversidade designa a diversidade do ser vivo, incluindo a diversidade biológica e a cultural, a agrobiodiversidade designa o conjunto dos recursos fitogenéticos (ou recursos genéticos vegetais).

5) **Agrofloresta** – designa um tipo de utilização das terras que associa árvores e lavouras numa mesma unidade de gestão. Os jardins de Kandy, no Sri Lanka, com base na associação estreita de um nível dominante de grandes árvores (como o coqueiro), com um nível mais baixo de árvores, como as bananeiras e pimenteiras e, na periferia um nível baixo de milho, mandioca etc., frequentemente completados por um arrozal, representam esse tipo de floresta.

6) **Agrossistema** – consiste em um ecossistema criado por agricultores por meio de plantas cultivadas e animais domésticos.

7) **Amazônia** – um bioma onde está a maior bacia hidrográfica do mundo. São quase 8 milhões de quilômetros quadrados distribuídos em nove países da América do Sul: Bolívia, Brasil, Colômbia, Equador, Guiana, Guiana Francesa, Peru, Suriname e Venezuela. Mais da metade da Amazônia (4,1 milhões de quilômetros quadrados) encontra-se no Brasil.

8) **Aquicultura** – consiste na criação de animais marinhos ou de água doce. Tem assumido um lugar considerável na produção das proteínas animais consumidas no mundo. A pro-

gressão espetacular da aquicultura no mundo responde a uma lógica de gestão de recursos. Em contraposição à estagnação dos resultados da pesca, responde um crescimento da produção aquícola, que se multiplicou por catorze desde os anos 1970.

9) **Área de Proteção Permanente (APA)** – prevista no Sistema Nacional de Unidades de Conservação (SNUC), a APA é uma das modalidades de unidade de conservação. Em geral é uma área extensa, que comporta ocupação humana e propriedades públicas e privadas. É destinada à preservação dos recursos naturais (fauna, flora, solo e recursos hídricos). Por conta disso, a ocupação e as atividades econômicas devem ser controladas e fiscalizadas pelo poder público. A maioria das APAS brasileiras está na região Sudeste, como a da Serra do Mar, que é a maior unidade de conservação do Estado de São Paulo, com uma área de 570 mil hectares.

10) **Áreas de Preservação Permanente (APP)** – são previstas pelo Novo Código Florestal (Lei Federal n. 12.651/2012) como áreas protegidas, cobertas ou não por vegetação nativa, com a função ambiental de preservar os recursos hídricos, a paisagem, a estabilidade geológica, a biodiversidade, proteger o solo e assegurar o bem-estar das populações humanas. São formadas, principalmente, por todas as formas de vegetação situadas nas margens de rios, lagoas ou reservatórios de águas artificiais, bem como aquelas situadas em topos de morros, encostas íngremes, bordas de chapadas, dentre outras.

11) **Áreas Protegidas** – são espaços protegidos por leis, regulamentos e políticas públicas de planejamento do território para limitar ou regulamentar as atividades humanas com o objetivo, sobretudo, de proteger os ecossistemas. As áreas protegidas estão distribuídas desigualmente no nosso planeta. Apenas um quinto dos países do mundo protege menos de 1% de seu território.

12) **Aridez** – estado dos espaços atingidos por uma seca permanente. A aridez traduz, no terreno, os efeitos de uma grave escassez de água.

13) **Atmosfera** – é um meio fluido retido em volta da terra pelas forças da gravidade. É um componente do geossistema, indissoluvelmente ligado à hidrosfera (elo chave do ciclo da água), à biosfera (espaço das trocas gasosas e hídricas), à litosfera (vetor determinante da morfogênese).

14) **Auditoria Ambiental** – chama-se de auditoria ambiental o regulamento comunitário EMAS (Environmental Management and Audit System) que permite descrever as exigências aplicáveis ao Sistema de Administração Ambiental (SAA).

15) **Bacia Hidrográfica** – também designada bacia fluvial ou bacia de drenagem, é o termo que denota, ao mesmo tempo, a superfície receptora das precipitações que alimentam, mais ou menos diretamente, a rede dos cursos de água compreendida em uma superfície, e a área drenada por essa mesma rede hidrográfica.

16) **Biodiversidade ou diversidade biológica** – termo ou expressão que significa a variedade entre os organismos vivos de todas as fontes, incluindo, entre outras, ecossistemas terrestres, marítimos e outros aquáticos e os complexos do qual fazem parte; inclui-se nesse contexto a diversidade dentro das espécies, entre as espécies e dos ecossistemas[11].

17) **Bioma** – refere-se à comunidade biótica característica de uma região considerada e que pode evoluir para vários biótopos.

---

11 A definição supracitada foi retirada da Convenção sobre a biodiversidade, decorrente da Conferência das Nações Unidas para o Meio Ambiente e Desenvolvimento. Eco--Rio, 1992.

18) **Biocenose** – é constituída de seres vivos (animais, vegetais e micro-organismos) que ocupam a mesma área.

19) **Biocombustível** – é todo combustível renovável produzido a partir de vegetais cultivados como cana-de-açúcar, beterraba, milho, soja, dendê, mamona, entre outros, para a adição ou substituição aos derivados de petróleo.

20) **Biodiversidade** – diversidade da vida em diferentes níveis: genética, que diz respeito às diferenças existentes no interior de uma mesma espécie; específica, que se dedica a definir o número, mas também a raridade das espécies presentes em um espaço específico; diversidade ecossistêmica, que se interessa não somente pelas variedades dos meios, mas também pela interação entre as espécies que o compõem.

21) **Bioma** – conjunto dos ecossistemas terrestres, caracterizados por tipos fisionômicos semelhantes. O Brasil está dividido em sete biomas: Amazônia, Cerrado, Caatinga, Mata Atlântica, Pampa, Pantanal e Zona Costeira.

22) **Biosfera** – é formada por um mosaico de ecossistemas. É a esfera da vida, que só existe em sistemas auto-organizados e autorregulados em função de determinado meio. Desse modo, não há lugar na biosfera em que não se identifique um ecossistema. Como exemplos, podemos citar os rios, os mares, as florestas, as serras etc.

23) **Biostasia** – caracteriza, em um espaço específico, um período de estabilidade bioclimática da cobertura vegetal densa, que bloqueia toda evolução morfogênica ligada a processos de erosão.

24) **Biótopo** – configura a área geográfica com recursos suficientes para assegurar a conservação da vida.

25) **Caatinga** – único bioma que fica totalmente em território brasileiro, está distribuído em 844 mil quilômetros qua-

drados, que correspondem a 9,92% do território nacional, sendo 60% do Nordeste.

26) **Carga poluidora** – consiste na quantidade de material carregado por um fluido que exerce efeito danoso em determinados usos de recursos naturais.

27) **Cerrado** – o bioma Cerrado ocupa cerca de 1,9 milhão de quilômetros quadrados, pouco menos de um quarto do território brasileiro. Avaliações recentes estimam que entre 38 a 57% da vegetação nativa esteja desmatada. Atualmente, o maior vetor de desmatamento é a pecuária. Um dos grandes problemas do Cerrado é ser percebido pela sociedade brasileira como um tipo de vegetação pobre, uma reserva de terras a ser desbravada.

28) **Certificação Florestal** – termo utilizado para certificar que a madeira posta à venda no mercado provém de florestas geridas de maneira sustentável.

29) **Charneca** – é um tipo de paisagem dos ambientes oceânicos da faixa ocidental do continente europeu nas latitudes temperadas. A charneca tem uma estrutura fisionômica feita de moitas baixas e de ervas diversas.

30) **Chuvas Ácidas e Acidificação** – o termo "chuva ácida" define as precipitações ácidas (chuva, neve, geada, névoa). O dióxido de enxofre e os óxidos de nitrogênio são as principais causas das chuvas ácidas. Esses poluentes oxidam-se no ar para formar ácido sulfúrico e ácido nítrico ou seus sais. Nós os encontramos nas nuvens e, depois, nas precipitações, às vezes a centenas de quilômetros dos pontos de emissão do dióxido de enxofre ou dos óxidos de nitrogênio.

31) **Cinturão verde** – consiste em uma coroa de espaços verdes (arborizados e agrícolas) conservados e administrados em torno de uma aglomeração urbana.

32) **Clímax/Resiliência** – designa o estado de equilíbrio clima-solo-vegetação-fauna que caracteriza um ecossistema em estado final de evolução na ausência de toda intervenção humana.

33) **Clorofluorcarbonetos (CFCs)** – são compostos gasosos artificiais, utilizados depois da Segunda Guerra Mundial nos circuitos de refrigeração e como propulsores para as bombas de aerossóis. Nos anos 1980, foram acusados de destruir a camada de ozônio da estratosfera.

34) **Complexos Deltaicos e Meio Ambiente** – o delta corresponde à foz de um curso de água onde os aluviões fluviais se acumulam, em vez de serem redistribuídos, sobre uma grande extensão pelas ondas e pelas correntes litorâneas. Eles marcam um avanço das terras sobre o mar e se encontram tanto quando há marés como quando estas são pouco marcadas: é o aporte considerável de sedimentos que é determinante.

35) **Conservação ecológica** – gestão da utilização da biosfera pelo ser humano, de forma a produzir o melhor benefício sustentado para as gerações atuais, mas que mantenha sua potencialidade no sentido de satisfazer as necessidades das gerações futuras. A conservação ecológica é um processo dinâmico, tendo por finalidades manter os processos ecológicos e os sistemas vitais essenciais, permitir o aproveitamento continuado das espécies e dos ecossistemas e preservar a diversidade genética[12].

36) **COP 21 e 22** – A COP 21 ocorreu em Paris, em 2015, e a COP 22 em Marraquexe, no Marrocos, em 2016. Essas conferências sobre o clima, patrocinadas pela ONU, foram realizadas com

---

12 Cf. *IUCN. Estratégia Mundial para a Conservação: 1. A conservação dos recursos vivos para um desenvolvimento sustentado*, n. 4, apud José Afonso da Silva, *Comentário contextual à Constituição*. 4. ed. São Paulo: Malheiros, 2007, p. 838.

o propósito de promover a redução de emissões de carbono no mundo. O objetivo é que todas as nações, e não somente os países mais poluidores, participem do combate às mudanças climáticas. O objetivo de longo prazo do acordo de Paris foi manter o aquecimento global "muito abaixo" de 2 °C. O acordo de Marraquexe visa construir instrumentos para a efetivação das metas prescritas em 2015.

37) **Corte raso** – ocorre quando o povoamento (vegetação) é cortado completamente em uma ação.

38) **Créditos de carbono** – constituem a peça-mestra, de inspiração neoliberal, do dispositivo que foi escolhido para enquadrar uma redução progressiva das emissões antrópicas de gases de efeito estufa. Nas negociações que levaram ao Protocolo de Kyoto, essa peça se impôs sob pressão norte-americana, diante das abordagens voluntaristas europeias. Esse método consiste em, uma vez estabelecidos os objetivos globais e as quotas nacionais, deixar agir os mecanismos do mercado. Qualquer país que não utilizar a sua quota, por conta do progresso tecnológico acelerado ou de marasmo econômico, pode vender parte dela a outro país que estiver demorando a se pôr em conformidade, voluntariamente ou não.

39) **Crise climática** – em acepção ampla, o termo "crise" significa um não retorno ao estado anterior. O clima não para de se ajustar, mas nunca está em crise. Em contrapartida, é inegável que suas mudanças, lentas ou rápidas, são capazes de disparar crises para outros aspectos do meio ambiente: crises morfológicas, por exemplo, já que, em matéria de erosão, a resiliência (retorno ao estado inicial) é impossível.

40) **Custo externo** – é o custo que sofrem outros agentes da economia por causa de um agente emissor de uma externalidade negativa como, no caso do meio ambiente, a emissão de

poluentes ou de resíduos, a superexploração dos recursos naturais, a degradação de uma paisagem etc. É, portanto, a expressão monetarizada do dano que sofrem os outros agentes em razão da atividade do responsável pela externalidade.

41) **Dano ambiental** – diz respeito a qualquer degradação do meio ambiente, qualquer diminuição do capital natural (ecossistema, biodiversidade), qualquer dano causado às pessoas (prejuízo de sua integridade física) ou aos bens por causa da alteração do meio ambiente, qualquer dano econômico (empobrecimento, cessação de ganhos) devido à exploração de um ambiente.

42) **Decrescimento sustentável** – implica a redução do consumo de matérias-primas e de energia e a reavaliação da relação com a riqueza, com o progresso e com o espaço. Contrariamente aos defensores do desenvolvimento sustentável, os partidários do decrescimento sustentável não creem que os mecanismos de mercado sejam suficientes para restaurar o equilíbrio ecológico.

43) **Desenvolvimento** – um produto da Guerra Fria. Subjaz a ideia de que os países pobres devem obrigatoriamente percorrer um caminho idêntico ao dos países ricos, que os conduza à entrada na sociedade de consumo.

44) **Desenvolvimento Sustentável** – de acordo com o Relatório Brundtland (1987), o desenvolvimento que responde às necessidades das gerações atuais não pode comprometer as necessidades das gerações futuras. O desenvolvimento sustentável vincula-se a um compromisso entre três contradições fundamentais: os interesses das gerações atuais diante dos das gerações futuras, os interesses dos países industrializados e os dos países em desenvolvimento, as necessidades dos seres humanos e as da preservação dos ecossistemas.

45) **Desertificação** – designa a degradação das terras nas zonas áridas, semiáridas e subúmidas secas em consequência de diversos fatores, entre os quais as variações climáticas e as atividades humanas. A noção de limiar de irreversibilidade permite distinguir degradação e desertificação, a qual aparece ao cabo de um processo evolutivo.

46) **Deslizamento** – é um movimento de terreno que se caracteriza por uma descida em massa de um volume de materiais móveis ao longo de uma encosta.

47) **Desmatamento ou desflorestamento** – parece simples: é o desaparecimento de espaços florestais. Mas a expressão "espaço florestal" engloba realidades tão diferentes, ou seja, inclui das florestas densas das regiões tropicais às formações frequentemente abertas do domínio mediterrâneo. Assim sendo, temos que não existe um só tipo de desmatamento, mas numerosos. Além disso, o que se entende por desaparecimento pode englobar uma modificação duradoura da atribuição das terras ou mesmo uma conversão temporária para a agricultura.

48) **Desmatamento** – consiste na destruição, corte e abate indiscriminado de matas e florestas, com a finalidade de comercialização de madeira, utilização dos terrenos para agricultura, pecuária, urbanização ou outra atividade econômica ou, ainda, qualquer obra de engenharia. O desmatamento é termo que nos interessa conceituar, já que ele pode causar diversos desequilíbrios ecológicos, alterar o clima, a biodiversidade, a paisagem e contribuir para o aumento do efeito estufa.

49) **Direito ambiental** – o direito ambiental surgiu como disciplina jurídica ao longo da segunda metade do século XX. A Conferência de Estocolmo, em 1972, gerou uma dinâmica que favoreceu sua afirmação e depois seu enriquecimento, tanto do ponto de vista institucional quanto operacional. A Cúpula da Terra no Rio de Janeiro, em junho de 1992, marcou sua

evolução pelo reconhecimento dos princípios inerentes à sua implantação. Seu domínio progressivamente ampliou-se.

50) **Diversidade** – a Constituição Federal de 1988, no art. 225, II, determina ser necessário "preservar a *diversidade* e a integridade do *patrimônio genético*", o que significa preservar todas as espécies, mediante o fator caracterizante e diferenciador da imensa quantidade de espécies vivas do País, incluindo aí todos os reinos biológicos (vegetais e animais).

51) **Ecodesenvolvimento** – pode ser definido como um processo de desenvolvimento esclarecido, que associa respeito ao meio ambiente, práticas democráticas e luta contra as desigualdades.

52) ***Ecodumping*** – o *dumping* é a prática que consiste em vender nos mercados externos produtos a preços inferiores aos que são praticados no mercado nacional ou mesmo a preços inferiores aos preços de custo. Por analogia a essa prática, o *dumping* ambiental ou *ecodumping* é a manipulação voluntária, por um Estado, dos instrumentos de política do meio ambiente à sua disposição (taxas, sistemas de licença de emissões negociáveis, regulamentações, normas etc.) com vistas a aumentar a competitividade de sua indústria doméstica.

53) **Ecologia** – nasceu na Alemanha em 1868, criada pelo biólogo Haeckel, e pode ser definida, genericamente, como "o estudo do ser vivo em seu meio". *É a ciência que estuda as condições de existência dos seres vivos e as interações, de qualquer natureza, existentes entre esses seres vivos e seu meio*[13]. Definição essencial para a apreensão do sentido que expressões como "sítio de valor

13 Cf. Roger Dajoz, *Ecologia geral*, p. 14. José Afonso da Silva chama a atenção para a importância de apreender a realidade que a palavra expressa a fim de compreender o sentido de expressões constitucionais como "sítio de valor ecológico", "meio ambiente ecologicamente equilibrado", "processo ecológico", "manejo ecológico", "ecossistema" (*v.* CF, arts. 216, V, e 225). Cf. José Afonso da Silva, *Direito ambiental constitucional*, p. 83.

ecológico", "meio ambiente ecologicamente equilibrado", "processo ecológico", "manejo ecológico" e "ecossistema" assumem no texto constitucional – *vide* arts. 216, V, e 225 da Constituição de 1988. Importante salientar, com José Afonso da Silva, que, quando os chamados ambientalistas clamam pela defesa da ecologia, estão se referindo à "(...) defesa, proteção, preservação e conservação da qualidade essencial daquela realidade, daquelas relações e interações ambientais"[14].

54) **Ecologia industrial** – objetiva repensar os processos de produção e de consumo. Trata-se de fazer o sistema industrial imitar o sistema natural. A abordagem apoia-se na medida dos fluxos de matérias e de energia que atravessam os sistemas produtivos, o que deve permitir otimizar e reduzir esses fluxos e reciclar os resíduos.

55) **Ecologia profunda (*deep ecology*)** – concepção que se inscreve nas posições norte-americanas do século XIX sobre a proteção da natureza. Nesse sentido, entende-se que há justiça quando se tende a preservar a integridade, a estabilidade e a beleza da comunidade biótica. É injusta quando tende ao inverso.

56) **Economia ecológica** – parte do reconhecimento da interdependência entre economia e meio ambiente para estudar-lhes a interface, com o auxílio de conceitos tomados de empréstimo às ciências da natureza, em particular da ecologia. Sublinha a limitada capacidade de assimilação dos ecossistemas e contesta que as substituições entre os ativos naturais e o capital manufaturado sejam sempre possíveis, sustentando que o capital natural é insubstituível. A nossa Constituição Federal, nos princípios da ordem econômica (art. 170), estabelece o elo entre ecologia e economia.

14 Cf. José Afonso da Silva, ob. cit., p. 837.

57) **Ecossistemas** – são formados por um conjunto complexo de componentes tanto bióticos como abióticos, que constituem uma unidade ecológica básica funcional. A Constituição Federal de 1988, no art. 225, § 1º, I, impõe ao Poder Público o dever de "prover o manejo ecológico das espécies e ecossistemas". Conceito fundamental em ecologia. É neles que se dão as relações ecológicas. Compõem-se de dois elementos, quais sejam, um lugar com recursos suficientes para assegurar a conservação da vida (biótopo) e um agrupamento de seres vivos – animais, vegetais e micro-organismos – que o ocupa (biocenose). Sobre o termo "ecossistema", é importante ressaltar, com José Afonso da Silva, que a Constituição impõe ao Poder Público "o dever de prover o manejo ecológico dos ecossistemas" (art. 225, § 1º, I), que consiste na *conservação do sistema como um todo*, sempre com a ideia de utilização sustentada dos recursos ecossistêmicos. O que é diferente do "manejo das espécies", que consiste na gestão de *elementos do ecossistema.*

58) **Ecotaxa ou taxa ambiental** – consiste em toda taxa fiscal sobre as fontes de poluição e sobre a exploração dos recursos naturais não renováveis.

59) **Ecótono** – termo que designa o espaço de contato entre dois ecossistemas diferentes. Esse espaço de contato constitui, às vezes, um ecossistema pleno, que compreende, além das características próprias aos dois ecossistemas enquadrantes, particularidades que permitem individualizá-lo.

60) **Educação ambiental** – a educação ambiental para o desenvolvimento sustentável deve combinar-se com a instrução cívica, ter por objetivo formar o cidadão consciente de seus direitos e deveres e permitir a tomada de consciência pelo aluno quanto ao caráter finito do planeta e de seus recursos; além disso, deve orientar acerca de certas práticas a serem evitadas ou abolidas, como o desperdício dos recursos, por exemplo. Essa educação exige

também muitas reflexões para não incorrer em visões sistematicamente dramatizadas e frequentemente simplistas, popularizadas de forma ampla pela mídia. Ela implica ensinar a dúvida e a incerteza e levantar mais perguntas do que trazer respostas.

61) **Efeito estufa** – processo natural que proporciona à superfície da Terra temperaturas suportáveis se o efeito não existisse. O referido efeito compreende a ação protetiva exercida sobre a radiação emitida pela superfície da Terra. Ocorre que os gases emitidos pela ação humana (CO_2, por exemplo) interferem de forma negativa (como uma espécie de efeito estufa adicional), aumentando o buraco na camada (de ozônio) protetiva e favorecendo o aquecimento global.

62) **El Niño** – na origem, era o nome dado ao aquecimento temporário que afetava as águas litorâneas do Peru, perto do Natal, e ocorria em intervalos regulares (4 a 7 anos). Hoje é, por um lado, uma gangorra que, após ter arrastado as águas tropicais para o oeste do Pacífico, as traz de volta para o leste, onde elas detêm as subidas de águas frias; por outro lado, é um deslocamento concomitante dos setores de conversão e de chuva máximas, que produz dilúvios em zonas semiáridas e secas ocasionais em zonas normalmente irrigadas.

63) **Enchente** – chama-se enchente (ou cheia) o aumento importante do volume de um curso de água, nitidamente superior às variações sazonais do regime anual.

64) **Energia fóssil** – a expressão designa a energia produzida por rochas surgidas da transformação de matérias orgânicas.

65) **Energia nuclear** – trata-se da fusão nuclear para fins de utilização energética. A energia nuclear é utilizada principalmente para a produção de eletricidade. Também é utilizada para fins militares, propulsão de navios e submarinos e tem usos na medicina.

66) **Energia renovável: biomassa** – o termo agrupa vários elementos: madeira-energia, o biogás e os biocombustíveis. A vantagem desse tipo de energia é que quase não produz gases de efeito estufa e contribui para reduzir a dependência energética. Mas algumas dificuldades se apresentam no tocante ao custo da produção, que permanece alto. Coloca-se também a questão da concorrência de superfícies das culturas destinadas à alimentação e as destinadas aos biocombustíveis. Atualmente, os biocombustíveis ainda ocupam um lugar limitado em termos de sua utilização.

67) **Equilíbrio ecológico** – consiste na harmonia das relações e interações dos elementos do meio ambiente, ressaltando-se os elementos que compõem o meio ambiente mais favoráveis à qualidade de vida. A nossa Constituição vigente refere-se ao "equilíbrio ecológico" no art. 225, utilizando a expressão "meio ambiente ecologicamente equilibrado".

68) **Estepe** – formação vegetal baixa, com menos de 5 metros de altura, em geral aberta, deixando amplos setores do solo nu entre os arbustos ou as relvas, composta de lenhosos baixos ou de herbáceas, situada à margem dos desertos.

69) **Estocolmo (Conferência de)** – em 1972, reuniu-se em Estocolmo a primeira Conferência Internacional sob a égide das Nações Unidas, com o objetivo de avaliar o estado do Planeta. Com efeito, a Suécia, em 1968, propusera às Nações Unidas uma conferência mundial sobre os problemas ambientais que implicavam uma cooperação internacional. A Conferência de Estocolmo consagrou, portanto, a abordagem globalizada do meio ambiente, conforme atestou sua divisa, "Uma Só Terra".

70) **Estudo de Impacto Ambiental** – é um instrumento regulamentar destinado a prevenir poluições ou prejuízos, tentando agir no risco, em sua fonte, antes de qualquer operação.

71) **Eutrofização** – enriquecimento dos cursos de água ou dos lagos e das massas de água em geral com elementos nutritivos, essencialmente fósforo, e a multiplicação de plantas aquáticas. A proliferação que ocorre a seguir consome o oxigênio disponível na água, o que culmina com o desaparecimento da vida nesta. A eutrofização diz respeito, sobretudo, aos setores que recebem produtos derivados da agricultura intensiva, forte consumidora de fertilizantes, e grande volume de esgotos domésticos, como os rios Tietê e Pinheiros, na Região Metropolitana de São Paulo.

72) **Externalidades** – define-se a existência de um efeito externo, ou de uma externalidade, pelo fato de o bem-estar de um agente – a satisfação de um consumidor ou o lucro de uma empresa – ou sua liberdade de escolha de comportamento estarem diretamente afetados pelas ações de um terceiro, sem que isso dê lugar a qualquer transação de mercado entre os dois protagonistas. Externalidade positiva ocorre quando melhora o bem-estar do agente implicado; fala-se então de economia externa (atividades de pesquisas e desenvolvimento, empreendida por certas empresas, que traz benefícios a terceiros). Quando ela degrada o bem-estar do agente, a externalidade é negativa, é uma "deseconomia" externa: é o caso das externalidades que correspondem à degradação do meio ambiente, como todas as emissões de gases de efeito estufa, os dejetos poluentes etc. Quando a fonte produtora da externalidade não é identificável, o que é o caso de muitas situações de poluição global, a externalidade é dita difusa. É possível distinguir as externalidades estáticas das externalidades dinâmicas. As primeiras têm um efeito reversível sobre o bem-estar dos agentes e podem ser tratadas por acordos entre agentes econômicos, ao passo que as segundas têm efeitos persistentes na economia e não podem, portanto, ser compensadas pelos mesmos métodos (emissão de gases do efeito estufa).

73) **Fator 4, fator 10** – o fator 4 designa o objetivo de dividir por 4, até 2050, as emissões de gases de efeito estufa, com relação à situação de 1990 nos países industrializados. O fator 10 prevê a redução em 10 vezes do fluxo de matéria utilizada por esses países.

74) **Fauna**[15] – em sentido amplo, a palavra "fauna" refere-se ao conjunto de todos os animais de uma região ou de um período geológico, abrangendo a fauna aquática, a das árvores, a do solo (insetos e micro-organismos) e a silvestre (animais de pelo e de pena). Não devem ser incluídos os animais domésticos ou domesticados, nem os de cativeiro, criatórios e os de zoológicos particulares, devidamente regularizados.

75) **Fertilizantes** – têm a função de trazer aos vegetais elementos úteis para seu crescimento. Os agrônomos distinguem-nos dos melhoramentos, como a calagem (aplicação de cal), que têm como principal objetivo apenas melhorar as características físico-químicas de um solo (por exemplo, reduzir sua acidez).

76) **Fertilizante verde** – os fertilizantes verdes correspondem a culturas que não são destinadas à colheita, mas a serem enterradas antes da implantação de uma cultura: eles têm lugar, portanto, nas rotações entre duas culturas principais, por exemplo, entre um trigo colhido no verão e um milho semeado na primavera.

77) **Flora** – é um coletivo que se refere ao conjunto das espécies vegetais do país ou de determinada localidade. A flora brasileira compõe-se, assim, de todas as formas de vegetação

15 Cumpre ressaltar, com José Afonso da Silva, que a Constituição faz distinção entre a fauna aquática e a fauna silvestre, ao falar, respectivamente, em pesca e em caça. O art. 24, VI, da Constituição Federal declara competir à União, aos Estados e ao Distrito Federal legislar concorrentemente sobre caça, pesca e fauna. Assim, pondo fauna ao lado de caça e pesca, pode-se deduzir que quis empregar o termo em sentido abrangente. Do mesmo modo deve ser entendido seu emprego nos arts. 23, VII, e 225, § 1º, VII. Cf. José Afonso da Silva, ob. cit., p. 846.

úteis à terra que revestem, o que inclui as florestas[16], cerrados, caatingas, brejos e mesmo as forrageiras nativas que cobrem nossos campos naturais. A floresta constitui um tipo de flora.

78) **Floresta** – consiste em uma formação vegetal espontânea ou produzida, caracterizada pela predominância de árvores e pela sua estrutura fisionômica. É termo genérico para qualquer terreno plantado de árvores silvestres de extensão considerável. As influências da floresta sobre o meio ambiente são múltiplas. Elas se situam em diferentes níveis, da escala local à planetária.

79) **Floresta Nacional (Flona)** – é uma modalidade de unidade de conservação de uso sustentável. É uma área de propriedade da União, com cobertura florestal de espécies predominantemente nativas, e tem como objetivo básico o uso múltiplo sustentável dos recursos florestais e a pesquisa científica. Moradores que já habitam a área na ocasião da sua criação podem permanecer no local. Sua utilização econômica é realizada por meio de concessões promovidas pelo Serviço Florestal Brasileiro. A primeira Flona com concessão para o manejo de madeira foi a do Jamari, em Rondônia, que começou a produzir em 2010. O mesmo tipo de unidade de conservação pode ser criado pelo Estado (Floresta Estadual) e pelo Município (Floresta Municipal).

80) **Formações superficiais** – são considerados formações superficiais todos os materiais, em geral móveis, que se intercalam entre a rocha instalada, não alterada e os solos.

81) **Fundação Nacional do Índio (FUNAI)** – vinculada ao Ministério da Justiça, a FUNAI é o órgão federal responsável pelo estabelecimento e pela execução da política indigenista

16 O conceito de floresta não compreende as áreas verdes urbanas, que ficam sob o regime dos planos diretores e de leis municipais de uso do solo, respeitados os princípios e limites a que se refere o art. 2º, parágrafo único, do Código Florestal. Cf. José Afonso da Silva, ob. cit., p. 847.

brasileira. É responsável pela administração e pelo monitoramento das terras indígenas regularizadas e aquelas ocupadas por populações indígenas, incluindo as isoladas e de recente contato. Deve zelar também pela conservação e recuperação do meio ambiente e controlar impactos decorrentes de interferências externas às terras indígenas – áreas da União com usufruto exclusivo dos povos indígenas –, que atualmente correspondem a 12,83% do território nacional.

82) **Fundo Amazônia** – criado em 2008 pelo governo federal (Decreto n. 6.527), o Fundo Amazônia tem o objetivo de financiar projetos para prevenção e combate ao desmatamento, além da conservação e uso sustentável do bioma da Amazônia, cuja finalidade é diminuir as emissões de gases-estufa.

83) **Fundo para o Meio Ambiente Mundial (GEF, em sua sigla em inglês)** – foi criado antes da Cúpula da Terra, no Rio de Janeiro, para financiar projetos que protejam e levem em conta o meio ambiente mundial.

84) **Gases do efeito estufa** – sob essa denominação, agrupam-se determinados gases capazes de exercer o papel de filtro e de reter uma parte da radiação que os atravessa.

85) **Geossistema** – traduz-se concretamente como uma unidade de paisagem e é concebido como um sistema territorial natural, que leva em conta o conjunto das estruturas que organizam um espaço e seu funcionamento. Essa noção enriquece a noção de ecossistema, na qual se inspira: o ecossistema ou sistema ecológico integra as relações dos seres vivos entre si e com seu meio; o geossistema concede mais lugar aos dados abióticos e apresenta os fatos antrópicos. Como tal, é o modelo de compreensão da paisagem por um procedimento que se situa na confluência da geografia e da ecologia e na esteira das ciências sociais.

86) **Gestão ambiental** – designa os métodos de gestão e de organização da empresa, que consideram, de maneira siste-

mática, o impacto das atividades no meio ambiente e avaliam esse impacto, procurando reduzi-lo. A gestão do meio ambiente, frequentemente, cruza-se com sistemas de gestão preexistentes, como a qualidade, a higiene ou a segurança, a ponto de, eventualmente, constituir com eles um sistema integrado.

87) **Gestão ecológica** – implica uma política de meio ambiente segundo a qual um país determina, organiza e põe em prática diversas ações que visam à preservação e ao melhoramento da vida natural e humana[17]. Cumpre ressaltar que a referida política deve orientar-se sempre com vistas ao sopesamento de interesses de ordem ecológica, sociológica e econômica, assim como apoiar-se sobre instrumentos institucionais e jurídicos.

88) **Globalização** – termo que surge nos anos 1960. Prediz o funcionamento de mercado e de modos de consumo em escala planetária, culminando em uma sociedade global. O termo difunde-se rapidamente para além do campo econômico e é utilizado fora do campo científico, sobretudo pelas ONGs.

89) **Holismo** – provém do grego *holo*, que significa todo, inteiro. Costuma-se resumir o holismo com a seguinte declaração: o todo é superior à soma das partes. O holismo, com efeito, postula que o conhecimento de um objeto ou de um ser não pode ser obtido se não se conhecer a totalidade, o sistema do qual ele faz parte. O holismo é utilizado pela ecologia quando se procura deduzir a biologia dos seres vivos das condições do meio.

90) **IBAMA (Instituto Brasileiro do Meio Ambiente e dos Recursos Naturais Renováveis)** – é uma autarquia federal ligada ao Ministério do Meio Ambiente. É o órgão executivo responsável pela execução da Política Nacional do Meio Ambiente (PNMA), incluindo a fiscalização do uso dos recursos naturais

17 Cf. J.-P. Charbonneau e outros, *Enciclopédia de ecologia*, p. 359.

(água, flora, fauna etc.) Também é o responsável pela análise dos estudos de impacto ambiental (EIA) de empreendimentos de âmbito federal e pela concessão das licenças ambientais necessárias. Importante apontar que, desde 2007, com a criação do Instituto Chico Mendes de Conservação da Biodiversidade (ICMBio), o IBAMA deixou de ser responsável pela gestão das unidades de conservação nacionais.

91) **Impacto ambiental** – é qualquer degradação do meio ambiente, qualquer alteração dos atributos deste. Seu conceito legal é calcado no conceito de poluição, mas não é somente por esta que se causa impacto ambiental; o corte de árvores, a execução de obras que envolva a remoção de terra, terraplanagem, aterros, extração de minérios, escavações, erosões, desbarrancamentos etc. configuram outras formas de impacto ambiental. Todas as formas de degradação se subsumem na definição legal do art. 1º da Resolução CONAMA n. 1/86, tratada no capítulo 4 da presente obra.

92) **Manejo biológico** – diz respeito a todo e qualquer procedimento que vise a assegurar a conservação da diversidade biológica e dos ecossistemas. Estão incluídos nesses procedimentos técnicas e mecanismos administrativos destinados ao aproveitamento racionalizado dos recursos naturais no âmbito de normas e regulamentos relativos à gestão ambiental.

93) **Manejo ecológico das espécies** – é exigência decorrente do art. 225, § 1º, I, da Constituição vigente. Decorre de um sistema de gestão ecológica das espécies vegetais e animais. É necessário que se promova uma gestão ecológica planejada das espécies, abrangendo o zoneamento específico, para que se possa efetuar o manejo, que configura um instrumento para a utilização sustentada das espécies. Conforme frisamos acima, a Constituição Federal de 1988, no art. 225, § 1º, I, impõe ao Poder Público o dever de "prover o *manejo ecológico dos ecossiste-*

mas", que é diferente do manejo ecológico das espécies. Este consiste na gestão de elementos do ecossistema, enquanto o manejo dos ecossistemas diz respeito à conservação do sistema como um todo, sempre levando em conta a ideia de utilização sustentada dos recursos ecossistêmicos[18]. São ecossistemas importantes, estabelecidos pela Constituição: a Floresta Amazônica, a Mata Atlântica, a Serra do Mar, o Pantanal Mato-Grossense e a Zona Costeira.

94) **Manejo de território** – objetiva uma gestão ecológica eficiente. Consiste na organização do espaço nacional de forma que se valorizem os recursos naturais e humanos por meio de equipamentos apropriados e tendo em vista satisfazer as múltiplas necessidades das populações envolvidas.

95) **Manejo florestal sustentável** – diz respeito à administração de florestas para obtenção de benefícios econômicos, sociais e ambientais, respeitando os mecanismos de sustentação do ecossistema, objeto do manejo, e considerando, cumulativa ou alternativamente, a utilização de múltiplas espécies madeireiras, de múltiplos produtos e subprodutos não madeireiros, bem como a utilização de outros bens e serviços de natureza florestal.

96) **Mata ciliar** – é formada pela vegetação existente à beira dos rios.

97) **NIMBY (efeito)** – a expressão provém do inglês: *Not in my backyard* (não no meu quintal). Trata-se de um neologismo californiano criado nos anos 1980, para designar a oposição local a infraestruturas projetadas ou até mesmo existentes por causa dos danos que elas suscitam.

18 Sobre essa diferenciação, cf. José Afonso da Silva, *Direito ambiental constitucional*, p. 90.

98) **Organismo geneticamente modificado (OGM)** – é aquele cujo material genético tenha sido alterado por qualquer técnica de engenharia genética. Um OGM é uma planta na qual se introduziu, de maneira artificial, um gene proveniente de outra espécie, gene que lhe traz uma característica nova. No que diz respeito ao "quadro jurídico", o OGM pode ser definido como um organismo, com exceção dos seres humanos, cujo material genético foi modificado de uma maneira que não se efetue por multiplicação e/ou por recombinação natural (art. 2 da Diretriz Europeia 2001/18, de 12 de março de 2001). Os OGMs constituem um desafio para a civilização contemporânea, tanto no nível científico, político e ambiental quanto no de saúde.

99) **Ozônio** – este gás, composto de três átomos de oxigênio (O_3), é pouco abundante na atmosfera, exceto em dois níveis nos quais, de origem diferente, exerce papéis diversos. Na estratosfera, sua forte concentração natural revela-se benéfica: seu poder de interceptação dos raios solares ultravioleta faz dele uma proteção parcial, sem dúvida, para os seres vivos. Entende-se então a preocupação suscitada, em meados dos anos 1980, pela descoberta da diminuição de sua densidade acima da Antártida: o buraco na camada de ozônio foi atribuído à produção de gases industriais, os CFCs. Em camadas muito baixas, sua acumulação antrópica revela-se nociva: é um poluente perigoso para as vias respiratórias, cuja abundância não cessa de progredir junto com a dos resíduos das combustões, como os escapamentos dos automóveis. A produção, em tempo de sol, do que se convencionou chamar *smog* "foto oxidante" está exposta na entrada da poluição atmosférica.

100) **Paisagem** – por um lado, a paisagem seria uma realidade tangível que o olhar humano engloba e que a geografia física ou a ecologia tentam compreender como o conjunto dos agenciamentos formais aos quais os processos naturais (se-

dimentologia, geomorfologia, fluxos de biomassa, principalmente) conduzem na superfície da Terra. Por outro lado, seria apenas a relação sensível que se estabelece entre o ser humano e o espetáculo de uma porção da Terra que se oferece a seus olhos e que não teria existência material.

101) **Pampa** – o termo "pampa" é de origem indígena, que quer dizer região plana. É uma região de grandes latifúndios, voltados para a pecuária, que não causa grandes impactos ambientais. Atualmente, no entanto, estão sendo implantadas grandes monoculturas de árvores, que podem representar ameaça ao bioma.

102) **Passivo ambiental** – é constituído pelo valor monetário composto basicamente de três conjuntos de itens: as multas, dívidas, ações jurídicas, taxas e impostos pagos em razão da inobservância de requisitos legais; os custos de implantação de procedimentos e tecnologias que possibilitem o atendimento às não conformidades; os dispêndios necessários à recuperação de área degradada e indenização à população afetada.

103) ***Permafrost*** – o gelo que se instala no solo (entendido em sentido amplo, o que compreende as formações superficiais e, às vezes, a rocha subjacente), quando perdura por mais de um ano, é designado pelo termo *permafrost* (do inglês: permanent frost – gelo permanente)

104) **Perturbação** – configura um transtorno de alguns parâmetros (clima, solo, fauna etc.) do meio ambiente, que provoca uma modificação mais ou menos forte do funcionamento do ecossistema.

105) **Poluição** – consiste, em linhas gerais, na contaminação do meio ambiente. Pode ser entendida como qualquer alteração das propriedades físicas, químicas ou biológicas do meio que possa constituir dano, direta ou indiretamente, à fauna, à

flora, às condições de saúde, bem-estar e desenvolvimento das populações humanas. É a degradação de um meio pela difusão, como subproduto involuntário de uma atividade humana, de agentes materiais (poluentes), que tornam esse meio insalubre, perigoso ou degradam as condições de vida. É uma externalidade negativa.

106) **Princípios do Direito Ambiental** – dada a natureza do direito ambiental – direito difuso, que tem por principais características a indeterminação dos sujeitos e a difícil mensuração do seu objeto –, tem-se que é ramo do direito cujas normas retoras são essencialmente principiológicas: necessita de normas abstratas que comportem de forma eficaz a solução dos casos concretos que se lhe apresentam. Daí a imprescindibilidade dos princípios do Direito Ambiental.

107) **Princípio do Desenvolvimento Sustentável** – estabelece a necessária harmonização entre o desenvolvimento econômico e social e a garantia da perenidade dos recursos naturais. Tem raízes na Carta de Estocolmo de 1972, tendo sido consagrado na ECO-92, ocorrida no Rio de Janeiro.

108) **Princípio do Direito Humano Fundamental** – garante que os seres humanos têm direito a uma vida saudável e produtiva, em harmonia com o meio ambiente. De acordo com esse princípio, as pessoas têm direito ao meio ambiente ecologicamente equilibrado.

109) **Princípio da Educação Ambiental** – impõe ao poder público o dever de promover a educação ambiental em todos os níveis de ensino e a conscientização pública para a preservação do meio ambiente. Além do ensino, a educação ambiental deve acontecer cotidianamente em programas de conscientização pública direcionados à população.

110) **Princípio da Equidade Geracional** – de acordo com esse princípio, as presentes e futuras gerações têm os mesmos

direitos quanto ao meio ambiente ecologicamente equilibrado. Assim, a utilização de recursos naturais para a satisfação das necessidades atuais não deverá comprometer as possibilidades de as gerações futuras satisfazerem suas necessidades. O princípio impõe também equidade na distribuição de benefícios e custos entre gerações quanto à preservação ambiental.

111) **Princípio da Função Socioambiental da Propriedade** – de acordo com este princípio, a propriedade deve ser utilizada de modo sustentável, com vistas não só ao bem-estar do proprietário mas da coletividade como um todo.

112) **Princípio da Informação e da Transparência das Informações e Atos** – impõe que as pessoas têm direito de receber todas as informações relativas à proteção, preventiva e repressiva, do meio ambiente. Assim, pelo princípio, as pessoas têm direito de consultar os documentos de um licenciamento ambiental, assim como têm direito de participar de consultas e de audiências públicas em matéria de meio ambiente.

113) **Princípio da Obrigatoriedade da Intervenção Estatal** – impõe ao Estado o dever de garantir o meio ambiente ecologicamente equilibrado. O princípio impõe ao poder público a utilização de diversos instrumentos para proteger o meio ambiente, como o EIA, o RIMA, as audiências públicas, dentre outros.

114) **Princípio da Participação Coletiva ou da Cooperação de Todos** – impõe ao Estado o dever de garantir o meio ambiente ecologicamente equilibrado. O princípio impõe ao poder público a utilização de diversos instrumentos para proteger o meio ambiente.

115) **Princípio do Poluidor Pagador** – impõe ao poluidor tanto o dever de prevenir a ocorrência de danos ambientais como o de reparar integralmente eventuais danos que causar com sua conduta. O princípio não permite a poluição,

conduta absolutamente vedada e passível de diversas e severas sanções. Ele apenas reafirma o dever de preservação e de reparação integral por parte de quem pratica atividade que possa poluir. Esse princípio também impõe ao empreendedor a internalização das externalidades ambientais negativas das atividades potencialmente poluidoras, buscando evitar a socialização dos ônus (ou seja, que a sociedade pague pelos danos causados pelo empreendedor) e a privatização dos bônus (ou seja, que somente o empreendedor ganhe os bônus de gastar o meio ambiente).

116) **Princípio do Protetor-Recebedor** – é aquele que possibilita aos agentes que protegem um bem de modo especial o direito de receberem uma compensação financeira por isso, que pode ser feita, por exemplo, com a isenção de impostos. Assim, o referido princípio fundamenta a isenção do Imposto Territorial Rural (ITR) concedida às áreas de preservação permanente, de reserva legal e as declaradas de interesse ecológico pelo órgão ambiental competente, incluídas nestas últimas as Reservas Particulares no Patrimônio Nacional (RPPNs).

117) **Princípio da Responsabilidade Objetiva e da Reparação Integral** – impõe o dever de qualquer pessoa responder integralmente pelos danos que causar ao meio ambiente, independentemente de prova de culpa ou dolo. Perceba que a proteção é dupla. Em primeiro lugar, fixa-se que a responsabilidade é objetiva, o que impede que o causador do dano deixe de ter a obrigação de repará-lo sob o argumento de que não agiu com culpa ou dolo. Em segundo lugar, a obrigação de reparar o dano não se limita a pagar uma indenização, mas impõe que a reparação seja específica, isto é, deve-se buscar a restauração ou recuperação do bem ambiental lesado, procurando, assim, retornar à situação anterior ou ao mais próximo possível do *status quo ante*.

118) **Princípio da Ubiquidade** – impõe que as questões ambientais devem ser consideradas em todas as atividades humanas. Ubiquidade quer dizer existência concomitante em todos os lugares. De fato, o meio ambiente está em todos os lugares, de modo que qualquer atividade deve ser feita com respeito à sua proteção e à sua promoção.

119) **Princípio do Usuário-Pagador** – as pessoas que usam recursos naturais devem pagar por tal utilização. Esse princípio difere do princípio do poluidor-pagador, pois o segundo diz respeito a condutas ilícitas ambientalmente, ao passo que o primeiro, a condutas lícitas ambientalmente. Assim, aquele que polui (conduta ilícita) deve reparar o dano, pelo princípio do poluidor-pagador. Já aquele que usa a água (conduta lícita) deve pagar pelo seu uso, pelo princípio do usuário-pagador. A ideia é que o usuário pague com o objetivo de incentivar o uso racional dos recursos naturais, além de fazer justiça, pois há pessoas que usam mais e pessoas que usam menos recursos naturais.

120) **Potencial climático** – assim como o meio ambiente é o meio referido, toda a sociedade deve se ajustar ao clima, cuja ação é dupla: por um lado, produtora de obstáculos, de incômodos, de inconvenientes; por outro lado, fonte de vantagens, de amenidades, de benefícios.

121) **Processos ecológicos** – a Constituição Federal, em seu art. 225, § 1º, refere-se aos *processos ecológicos essenciais*, que seriam as correlações recíprocas entre as espécies vegetais e animais e as relações destas com o meio que ocupam. Cumpre ressaltar que os processos ecológicos essenciais são governados, sustentados ou intensamente afetados pelos ecossistemas, sendo indispensáveis à produção de alimentos, à saúde e a outros aspectos da sobrevivência humana e do desenvolvimento sustentado. Configuram processos vitais: a manutenção das cadeias alimentares; os ciclos das águas, do carbono, do oxigênio, do hidrogênio, do nitrogênio, dos minerais; a produção humana

de alimentos, de energia e de materiais orgânicos, inorgânicos e sintéticos com que se fazem vestuário, abrigos e ferramentas[19].

122) **Pousio** – corresponde a uma terra lavrada que se deixa descansar. Consiste em um descanso periódico de uma terra cultivada.

123) **Povos Indígenas** – estima-se que a população indígena tenha sido de cerca de 5 milhões de pessoas em 1500 no território que é hoje o Brasil. Atualmente, são 234 povos, que falam 180 línguas diferentes. Estão presentes em todos os Estados brasileiros e somam mais de 750 mil pessoas, vivendo em aldeias, comunidades e também nas cidades. O que os distingue é que, além de serem brasileiros e terem direitos como qualquer cidadão, os índios possuem uma identidade anterior e específica, que é herdada de seus ancestrais.

124) **Preservacionismo** – define-se em oposição ao conservacionismo. Firma-se na primeira metade do século XX, principalmente em redes dos parques nacionais norte-americanos. É uma corrente da ecologia que considera que os espaços a proteger devem excluir toda ação humana, toda forma de exploração dos recursos naturais.

125) **Recifes de coral** – são formas litorâneas muito originais. Nascem do acúmulo de múltiplas espécies vivas e, por isso, são notáveis marcadores da qualidade ambiental.

126) **Recursos ambientais** – são constituídos pela atmosfera, pelas águas interiores, superficiais e subterrâneas, pelos estuários, pelo mar territorial, pelo solo, pelo subsolo, pelos elementos da biosfera, pela fauna e pela flora.

127) **REDD** – é a sigla para Redução de Emissões por Desmatamento e Degradação Florestal. Parte da ideia de incluir na conta-

19 Cf. José Afonso da Silva, *Direito ambiental constitucional*, p. 87.

bilidade das emissões de gases de efeito estufa as emissões evitadas pela redução do desmatamento e da degradação florestal.

128) **Resíduos** – são os "restos" de um processo de produção, de transformação ou de utilização toda substância, material, produto ou, de modo geral, todo bem móvel abandonado ou que é destinado ao abandono por seu detentor.

129) **Resiliência** – remete à capacidade de se recuperar de um choque ou de uma perturbação e sublinha a flexibilidade de uma pessoa, de um objeto ou de um sistema.

130) **Resistasia** – caracteriza-se, em dado meio, como um período de instabilidade bioclimática que se traduz pela destruição da cobertura vegetal, o que permite processos morfogenéticos capazes de degradar os solos e de criar novos modelados.

131) **Saberes locais** – por muito tempo ignorados, e até mesmo desprezados, os saberes locais sobre a natureza ocupam atualmente um lugar central nas políticas de conservação da biodiversidade: são não somente considerados instrumentos de gestão sustentável do meio ambiente, mas também, eles mesmos, patrimônios. No Brasil, usa-se a expressão "conhecimento tradicional". A diversidade cultural expressada através dos saberes locais é reconhecida como uma dimensão essencial da biodiversidade.

132) **Saneamento** – consiste em coletar, tratar e evacuar as águas servidas urbanas ou industriais e as águas pluviais, a fim de eliminar os riscos de insalubridade para os moradores e neutralizar as diversas formas de poluição inaceitáveis para os ambientes aquáticos.

133) **Savana** – o termo "savana" designa um conjunto de formações compostas principalmente de plantas herbáceas vivazes da família das gramíneas, salpicado de árvores ou de arbustos.

134) **Serviços ambientais** – são chamadas serviços ambientais as funções exercidas pela natureza para a produção de água, regulação do clima, conservação dos solos, polinização das plantas, entre tantas outras. Atualmente, com os altos índices de desmatamento, poluição e emissão de gases de efeito estufa, essas funções começam a ficar comprometidas e se passa a procurar maneiras de valorizar e valorar os serviços ambientais.

135) **Sismo** – abalo do solo que se define por sua magnitude calculada com base nos registros dos sismógrafos. Exprime a energia liberada, sob forma de ondas sísmicas, no foco, definido como o lugar onde se produz o movimento inicial.

136) **Sistema Agroflorestal (SAF)** – o SAF é aquele em que culturas agrícolas são manejadas em associação a espécies nativas, sobretudo árvores, com alta diversidade de espécies e interação entre esses componentes. No SAF maduro, deve predominar a fisionomia florestal. Em pequenas propriedades ou posses familiares ou de povos e comunidades tradicionais, a legislação permite que o sistema seja adotado inclusive para a recuperação de Áreas de Preservação Permanente (APP), desde que não comprometa sua função ambiental.

137) **Sistema Nacional de Unidades de Conservação (SNUC)** – a gestão integrada das áreas protegidas no Brasil é regida pelo Sistema Nacional de Unidades de Conservação, instituído pela Lei n. 9.985, de 2000. Segundo a lei, existem dois tipos de unidades de conservação no País: as de proteção integral, que não permitem qualquer uso direto dos recursos naturais (são os parques, estações ecológicas, reservas biológicas etc.), onde apenas atividades de pesquisa e lazer são permitidas; e as de uso sustentável, que permitem o uso direto, mas com regras restritas (são as áreas de proteção ambiental, as florestas nacionais, as reservas extrativistas etc.).

138) **Sistema Nacional do Meio Ambiente (SISNAMA)** – o marco legislativo ambiental brasileiro é a Política Nacional do Meio Ambiente (Lei n. 6.938/81), que criou a estrutura administrativa ambiental vigente no País denominada Sistema Nacional do Meio Ambiente (SISNAMA). Esse sistema funciona seguindo os princípios da lei, que determina que os recursos naturais devem ser utilizados de forma sustentável, que todos os ecossistemas existentes no território nacional merecem ser protegidos por unidades de conservação, que o poder público deve controlar as fontes de poluição e que quem degrada um bem ambiental é obrigado a reparar o dano ou indenizar a sociedade.

139) **Sistêmica (abordagem)** – o todo é mais do que a simples soma das partes, já que um sistema é, ao mesmo tempo, definido pelos elementos que o compõem e pela organização deles. A abordagem sistêmica permite apreender as interações entre os elementos do sistema, as consequências dessas interações e as diferentes retroações possíveis. Permite também examinar, em dado período, o conjunto dos fatores causais. Podemos, graças a ela, introduzir a temporalidade, fazendo evoluir o sistema e projetando seus diferentes estados ao longo do tempo. A abordagem sistêmica permite, enfim, levar em conta a incerteza, expressa em termos de probabilidades.

140) **Sociedade de risco** – é o título de uma obra do sociólogo alemão Ulrich Beck, publicada em 1986, cujo subtítulo é "Rumo a uma outra modernidade" e que foi publicada no Brasil em 2010. A obra teve um enorme impacto na maneira de encarar os riscos nas sociedades pós-modernas. Beck propõe, entre outras coisas, uma reflexão sobre as sociedades modernas, industriais, no sentido de que elas produzem ao mesmo tempo riquezas e riscos. Esses riscos não são mais externos à sociedade: tornaram-se internos, nem que seja porque a fronteira entre natureza e cultura está completamente misturada.

141) **Solo** – formação natural de superfície, de estrutura móvel e de espessura variável, resultante da transformação da rocha-mãe subjacente, sob a influência de diferentes processos químicos, físicos e biológicos.

142) **Sustentabilidade** – Termo que assume papel importantíssimo no século XXI, tendo em vista o fato de a relevância da promoção do meio ambiente haver se ampliado em face de grandes acidentes ambientais. A sustentabilidade, ao contrário do desenvolvimento sustentável, que tem como tripé o equilíbrio entre proteção social, econômica e ambiental, dá ênfase à tutela do meio ambiente, já que é essa dimensão do desenvolvimento sustentável que se impõe no século XXI, ante o dever transgeracional de garantir vida digna às futuras gerações, como bem expressa a teoria da complexidade.

143) **Tsunami** – em japonês *tsu*, porto e *nami*, onda, portanto, literalmente "onda portuária", impropriamente chamado "maremoto", já que o fenômeno não tem relação nenhuma com as marés, pois é uma onda de gravidade devida na maior parte do tempo, a um sismo ou a um deslizamento brusco que afeta o fundo do mar. Pode também sobrevir na sequência de uma erupção vulcânica ou da queda de um meteorito.

144) **Unidades de Conservação (UC)** – são áreas protegidas com a finalidade principal de conservar a biodiversidade, mas também as paisagens. Podem ser públicas ou privadas (reservas particulares do patrimônio natural – RPPN) e ocupam aproximadamente 14% do território nacional. Podem ser de âmbito federal, estadual ou municipal e seguem os princípios do Sistema Nacional de Unidades de Conservação (Snuc). Entre os maiores problemas das UC brasileiras estão a falta de recursos para fiscalização e gestão, fazendo de muitas delas "unidades de conservação de papel", ou seja, criadas em lei, mas não efetivamente implantadas. Outro problema é que há

muitos ecossistemas, como a maior parte dos existentes nos biomas Pantanal e Caatinga, praticamente sem nenhuma unidade de conservação.

145) **Vegetação** – é formada pela quantidade total de plantas e partes vegetais como folhas, caules e frutos que integram a cobertura da superfície de um solo. O termo também é usado de modo mais restrito para designar o conjunto de plantas que vivem em determinada área.

146) **Zoneamento** – é a delimitação fixa no espaço de zonas definidas em função de critérios e limites de gravidade estabelecidos. Princípio sobre o qual se efetua a gestão dos riscos no espaço: o risco é visualizado sob a forma de zonas hierarquizadas em torno da fonte de perigo. Essas zonas servem de base à negociação entre os atores locais para a tomada de decisão. A delimitação das zonas passa por um cálculo da concepção que a coletividade faz dos riscos.

Indicação de Leitura

ALLAND, Denis e RIALS, Stéphane. *Dicionário de cultura jurídica*. São Paulo: Martins Fontes, 2012.

HINRICHS, Roger A. et al. *Energia e meio ambiente*. São Paulo: Cengage Learning, 2010.

KRIEGER, Maria da Graça et al. *Glossário multilingue de direito ambiental internacional*. Rio de Janeiro: Forense, 2004.

VEYRET, Ivette (Org.) *Dicionário do meio ambiente*. São Paulo: Senac, 2012.

Indicação de Filmes

TERRA (EUA). Direção de Mark Linfield e Alastair Fothergill. 2007.

O filme é um documentário que segue a trilha de três famílias de animais: no Ártico, um urso polar e seus dois filhotes buscam comida antes que o gelo à sua volta derreta. No deserto do Kalahari, uma aliá e seu filhote vão em busca de água, mas, ao encontrá-la, terão que dividi-la com um grupo de leões. Durante a migração do Equador à Antártida, uma baleia precisa manter seu filhote a salvo. O filme alerta para a importância do equilíbrio ecológico e ambiental e mostra a luta dos animais pela sobrevivência.

WALL-E (EUA). Direção de Andrew Stanton. 2008.

Esta animação conta uma história futurista sobre as consequências da poluição e do lixo. Um robô é programado para limpar o planeta, retirando um cubo de lixo de cada vez, e certo dia acaba se envolvendo com um robô de busca de alto design chamada Eva. Em meio a diversas aventuras que os robôs passam, revela-se o alerta da necessidade de uma humanidade mais consciente e capaz de evitar a destruição da Terra.

AVATAR (EUA). Direção de James Cameron. 2009.

O filme traz uma história futurista para alertar os seres humanos para a necessidade de respeitar as diferenças e preservar a natureza. Um militar, que ficou paraplégico em combate, recebe a oportunidade de entrar em contato com um povo de outro planeta, que possui riquezas minerais que interessam aos humanos.

Questões

1) Quais são as principais unidades de proteção ambiental no Brasil? Quais as especificidades de cada uma e a repercussão no mundo prático delas decorrente?

2) O que vem a ser a chamada "sociedade do risco" e como a observância de alguns princípios do Direito Ambiental podem promover uma maior proteção contra os riscos ambientais?

3) A "economia ecológica" encontra respaldo no ordenamento jurídico brasileiro? Qual o seu alcance?

4) A “Agenda 21” foi criada durante a Convenção das Nações Unidas para o Meio Ambiente de 1992. Qual a sua importância? Ela ainda exerce algum papel importante atualmente?

5) Qual a importância de uma “postura holística” na abordagem ambiental?

2

Proteção Internacional do Meio Ambiente

Conforme afirmado na Introdução, foi na seara internacional que a necessidade de proteção formal ao meio ambiente se consolidou, principalmente por meio da Conferência de Estocolmo, de 1972, e da Declaração do Rio de Janeiro, de 1992, as quais geraram reverberações jurídicas, mediante os princípios que estabeleceram. Estes foram, posteriormente, incorporados pelos ordenamentos internos de vários países.

2.1. Definições de meio ambiente

Paulo Affonso Leme Machado[20] lembra que o termo "ambiente" vem do latim – *ambiens, entia*: "que rodeia". Diante disso, os termos "meio" e "ambiente" seriam sinônimos, e, portanto, constituiria redundância falar em "meio ambiente".

François Ost (1995, p. 288) afirma, no entanto, que a ideia de meio é infinitamente mais fecunda do que a de ambiente. Para ele, o ambiente pressupõe ainda um ponto central – que é o homem – o qual é rodeado por qualquer coisa: não nos afastamos, assim, de uma perspectiva essencialmente antro-

20 *Direito ambiental brasileiro*, p. 119-120.

pocêntrica, monológica e unilateral. O "meio", em contrapartida, é simultaneamente o que fica entre as coisas e o que as engloba; pode ser construído e pensado, tanto a partir do homem como a partir dos ecossistemas. Ele é simultaneamente o natural e o cultural, o subjetivo e o objetivo, o coletivo e o individual. O que o define é um núcleo de relações, um conjunto de práticas: entrecruzamento e gênese recíproca do ecológico, do técnico, do estético, do político (LATOUR, apud OST, p. 289).

Sabiamente, a expressão adotada pela nossa Constituição foi "meio ambiente" e deve ser por nós respeitada e utilizada, não somente pelo caráter dogmático como pelo amplo sentido que a expressão comporta, conforme comentado acima.

A Lei n. 6.938/81[21] define meio ambiente, baseada em conceito oriundo das ciências naturais, como "o conjunto de condições, leis, influências e interações de ordem física, química e biológica, que permite, abriga e rege a vida em todas as suas formas" (art. 3º, I).

Pensamos que essa definição foi recepcionada pela Constituição de 1988, que a ampliou para além do meio ambiente natural, inserindo em seu âmbito o meio ambiente artificial, cultural e do trabalho[22], quando se utiliza da expressão "sadia qualidade de vida", de acordo com o que foi estabelecido na letra do art. 225:

"Art. 225. Todos têm direito ao meio ambiente ecologicamente equilibrado, bem de uso comum do povo e essencial à sadia qualidade de vida, impondo-se ao Poder Público e à coletividade o dever de defendê-lo e preservá-lo para as presentes e futuras gerações".

---

21 A Lei n. 6.938/81 dispõe sobre a Política Nacional do Meio Ambiente, seus fins e mecanismos de formulação e aplicação, e dá outras providências.

22 Trataremos das modalidades de meio ambiente no Capítulo 3.

2.2. Definição de direito ambiental

No presente tópico, cuidaremos da definição geral do direito ambiental. Vários doutrinadores, no âmbito nacional e internacional, que se ocuparam do tema oferecem definições acerca desse ramo do direito[23]. No entanto, pensamos que José Luis Serrano Moreno[24] o define de forma mais ampla, completa e coerente, tendo em vista a natureza e o objeto do direito ambiental.

Antes de abordar a definição de direito ambiental propriamente dita, José Luis Serrano Moreno introduz o tema, afirmando que a teoria tradicional da subjetividade jurídica nem poderia imaginar a crise ecológica[25]. A pergunta acerca da outorga de direitos à natureza estava muito dissociada de seu acervo de respostas. Para a teoria clássica, somente o ser humano era pessoa, portanto somente ele poderia ser sujeito de direitos e obrigações. Dessa maneira, a ordem jurídica cumpre com o estabelecido pelas próprias leis da natureza. Tão somente a condição humana teria sido contemplada por essas leis com o livre-arbítrio, o que lhe permitiria reivindicar direitos e cumprir obrigações. Somente o homem poderia assumir deveres. Os animais e vegetais regeriam sua vida por meio de instintos e pela mecânica vegetal, seriam seres dominados pela lei da natureza. Esta não lhes teria concedido o atributo da responsabilidade; não existiriam deveres para a natureza e, portanto, também não existiriam direitos. Só os teria aquela espécie de ser natural que somos os humanos – o que viria corroborado por

23 Cf. Paulo Affonso Leme Machado, *Direito ambiental brasileiro*, p. 120-122; Édis Milaré, *Direito do ambiente*, p. 90; Ramón Martin Mateo, *Tratado de direito ambiental*, vol. 1, p. 72-73.

24 *Ecología y derecho*, p. 101-102.

25 Nesse sentido, igualmente, Willis Santiago Guerra Filho, *Processo constitucional e direitos fundamentais*, Cap. XI, esp. p. 189.

uma autoimagem de nossa espécie, cultivada no âmbito da religião, como aquela de um ser "mais que natural", ou seja, literalmente, "sobrenatural", criado à imagem e semelhança de Deus como o senhor da natureza e de suas criaturas, conforme o relato bíblico do Livro do Gênese.

Aqui, vale lembrar que mesmo em um pensamento tão considerado pelo "senso comum teórico dos juristas", a que se refere Luis Alberto Warat[26], como é o de Hans Kelsen, já se encontra uma rigorosa crítica do "naturalismo" contido na noção clássica de direito subjetivo como o necessário correlato de um dever a ser arcado, impreterivelmente, por um sujeito humano, afirmando a possibilidade de conceber animais e plantas como sujeitos de direitos a que se tenha determinado comportamento que lhes seja devido, em face do direito objetivo.

José Luis Serrano Moreno[27] defende que é de aceitação pacífica entre os juristas a autonomia de uma disciplina, quando esta apresenta um objeto próprio e normas jurídicas diferenciadas das demais disciplinas existentes. O objeto do direito ambiental não pode ser outro senão o ordenamento jurídico ambiental. Partindo desse entendimento, o autor acha conveniente uma delimitação do conceito de direito ambiental. E propõe, de início, duas definições:

a) seria o conjunto de leis que regulam os sistemas ambientais com a finalidade de alcançar o livre desenvolvimento humano;

b) *seria o sistema de normas, princípios, instituições, práticas operativas e ideologias jurídicas que regulariam as relações entre os sistemas sociais e os "entornos" naturais.*

26 *Epistemologia e ensino do direito*: o sonho acabou. v. II, p. 27 e s. Cf. Kelsen, *Teoria pura do direito*, Cap. IV, n. 3, p. 140 e s.; *Reine Rechtslehre*, n. 29, let. a, p. 130 e s.

27 *Teoría general del derecho ambiental y derecho ambiental comparado*. Programa y apuntes del curso 2001/2002, p. 3-5.

Segundo o autor, a primeira delas concentra todos os erros possíveis da definição desse ramo do direito. A segunda seria, então, a correta. Isso se mostra por quatro razões que derivam, precisamente, de quatro diferenças importantes entre as definições, que são:

1) O direito ambiental não é um conjunto, mas sim um sistema. Diz-se que determinados elementos formam um conjunto quando possuem um atributo comum. Diz-se também que um conjunto é um sistema quando os elementos se relacionam entre si e com um entorno do qual ele se diferencia e com o qual se comunica. Assim, por exemplo, os "homens altos" constituem um conjunto, mas não podem ser tidos como um sistema, já que não interagem entre si, necessariamente. As normas jurídicas ambientais estabelecem relações constantes entre si, a partir de cada caso concreto que envolva o direito ambiental. Dessa forma, elas formam um subsistema, diferenciado no interior do sistema jurídico, com o qual se comunicam e do qual se diferenciam.

2) O referido ramo do direito não regulamenta os sistemas ambientais. Primeiro porque o meio ambiente não é um sistema, mas sim um entorno. E segundo porque o que regula o direito não é o curso de um rio, nem os movimentos migratórios das aves: tudo isso se regula por si, naturalmente, sem que seja necessária a intervenção das condutas individuais, das práticas sociais ou dos órgãos públicos.

Nesse sentido, José Luis Serrano Moreno defende que, ao falar de condutas individuais, práticas socioeconômicas e intervenções públicas, alude-se aos indivíduos, à sociedade, ao mercado e ao Estado. Com essas quatro alusões, na esteira do anti-humanismo metodológico de Niklas Luhmann, podemos dizer que nos livramos de uma referência ao homem, como ser humano. Cumpre lembrar que o problema do conceito de homem na ciência jurídica ambiental não vem tanto dos indícios do antropocentrismo como da sobrecarga ideológica que produz polissemia e acarreta um obstáculo epistemológico: o que quer dizer "Homem"? A espécie humana da biologia? Os sistemas psíquicos da psicologia? Os seres dotados de alma imortal da teologia? Os corpos humanos da medicina? Seria, então, a biologia um ramo das "humanidades"? As atividades do mercado são humanas? O Estado é somente um conjunto de homens. Como o Estado seria somente um conjunto de homens, então, com relação a ele, somos nós, os humanos, o "entorno problemático?"[28].

3) O direito não tem fins: é um instrumento. Quem tem fins é o Estado. Na teoria constitucional do Estado de Direito, é o povo quem estabelece os fins do Estado. Estes estão consolidados na Constituição e no ordenamento jurídico. Dessa forma, o direito converte-se em uma espécie de idioma com o qual os sistemas sociais se comunicam com seus sistemas políticos. Esta visão instrumental do direito libera-nos de tendências a "diabolizá-lo" ou, também, a canonizá-lo. A norma ambiental é ferramenta nas mãos do Estado. Não se pode imputar ao instrumento nem seu uso adequado para a otimização do equilíbrio entre sistema e entorno, nem seu uso perverso, em forma de tolerância de ilícitos ou arbitrariedades. Tal imputação deve dirigir-se aos poderes públicos, que a programam (Legislativo), aplicam (Judiciário) e executam (administração).

4) A diferença mais importante é que o direito ambiental não é composto apenas por leis, nem mesmo somente por normas, mas sim por normas, princípios, instituições, estruturas, processos, relações, práticas operativas etc. Dizer que esse

28 Cf. José Luis Serrano Moreno, *Teoría general del derecho ambiental y derecho ambiental comparado*, p. 4.

ramo do direito é um conjunto de leis pode acarretar dois tipos de erros: um deles, que nem sequer mereceria ser mencionado, se não fosse pela sua frequência, consiste em confundir a "norma jurídica" com uma de suas possíveis manifestações formais, ou seja, com a lei, esquecendo-se que existem instrumentos normativos que não são "lei" mas apresentam um caráter normativo, como, por exemplo, a Constituição, os costumes, os princípios gerais do direito e os regulamentos.

José Luis Serrano Moreno chama a atenção para o fato de que somente até certo ponto é tolerável e desculpável o uso da linguagem jurídica que fala de "legislação ambiental" no lugar de "disciplina normativa ambiental", o que traduziria erroneamente a expressão inglesa *legal system* por "sistema legal", em vez de "sistema jurídico"[29].

O outro erro, que estaria contido na definição do direito ambiental como "conjunto de leis", pode ser mais grave metodologicamente e merece que nos detenhamos mais sobre ele porque é mais relevante no que tange ao discernimento da autonomia do referido ramo do direito. Com efeito, o uso das expressões "conjunto de leis ambientais" ou "legislação ambiental" no lugar de "direito ambiental" pode indicar o reducionismo em virtude do qual somente a validade seria um problema jurídico, assumindo, dessa forma, a eficácia e a justiça o patamar de problemas extrajurídicos. Partindo dessa afirmação, temos que os ambientalistas deveriam dedicar-se a estudar somente as normas e problemas de validade das normas, deixando o estudo da eficácia para a sociologia e o estudo da justiça para a ética. Ante esse reducionismo, a definição do direito ambiental como sistema de normas, princípios, instituições,

29 Cf. José Luis Serrano Moreno, *Teoría general del derecho ambiental y derecho ambiental comparado*, p. 4.

práticas e ideologias jurídicas implica reconhecer duas coisas: em primeiro lugar, que o sistema jurídico ambiental tem, ao menos, quatro momentos suscetíveis de ser analisados: o legislativo, que programa a decisão pública ambiental; o judicial, que interpreta e aplica o caso concreto envolvendo direito ambiental, os programas gerais do legislativo; o executivo, que desenvolve, gere e executa os programas gerais; e, finalmente, o momento científico-doutrinal ou dogmático, que avalia os três momentos anteriores e, ao propor possibilidades de atuação para cada um ou possibilidades de relação entre eles, também resulta "interatuante" – portanto, parte do sistema jurídico ambiental. Cumpre ressaltar, ainda, que a definição de direito ambiental como sistema de normas, princípios e práticas operativas implica a afirmação de que a principal tarefa contemporânea dos juristas ambientalistas não consiste em descrever normas, mas sim em estabelecer pontos que aproximem o plano das normas do plano da realidade. É importante salientar, também, o equívoco em acreditar que um bom "sistema normativo ambiental" seja suficiente para alcançar os fins ambientais do Estado, e, por outro lado, em crer que o "sistema jurídico ambiental" é desnecessário e as normas não servem de nada sem práticas. O primeiro posicionamento, ainda de acordo com José Luis Serrano Moreno, confundiria a necessidade com a suficiência, um exercício com idealismo inútil. Crer no segundo, o que é mais frequente, é confundir a ineficiência com a desnecessidade. Crer que o jurídico ambiental é desnecessário significa esquecer que o Estado de Direito não poderá alcançar os seus fins ambientais sem o concurso do sistema jurídico e que nunca alcançaremos uma situação ecologicamente aceitável sem um corpo normativo que o garanta, da mesma maneira que nunca alcançaremos liberdade real sem liberdade formal, igualdade real sem igualdade formal ou democracia real sem democracia formal.

José Luis Serrano Moreno afirma, nesse sentido, que o problema do distanciamento entre as normas protetoras e as práticas devastadoras não é somente um problema jurídico, senão também um problema ecológico. Por isso, a compreensão global da crise ecológica ou da problemática ambiental exige o conhecimento da forma em que se regula juridicamente a relação entre os sistemas sociais e "seus entornos naturais", ou seja, exige que se saiba Direito[30].

2.3. Modalidades de direito ambiental

O direito ambiental nasceu das fontes internacionais de direito. Daí o surgimento do direito ambiental internacional, com fontes e objeto próprios. Algumas dessas normas foram adotadas pelos ordenamentos jurídicos internos de cada país, que lhes conferiram uma extensão específica, sobretudo quando as normas originalmente adotadas constituíam normas-princípio e não normas-regra, como ocorreu na formação do direito ambiental como ramo do direito. As definições modificam-se, no que diz respeito à amplitude atribuída a esse ramo do direito, de acordo com sua especificidade. Como exemplo de modalidades do direito ambiental temos o direito ambiental internacional e o direito ambiental constitucional, além do direito ambiental, em sua concepção genérica, suprarreferida. Ele pode ser, ainda, concebido como direito ambiental material e direito processual ambiental.

2.3.1. Direito ambiental internacional

Para Geraldo Eulálio do Nascimento e Silva[31], o direito ambiental internacional seria *um conjunto de regras e princí-*

30 Cf. José Luis Serrano Moreno, *Teoria general del derecho ambiental y derecho ambiental comparado*, p. 5.

31 *Direito ambiental internacional*, p. 5-21.

pios que criam obrigações e direitos de natureza ambiental para os Estados, as organizações intergovernamentais e os indivíduos. O referido autor afirma ainda que o direito ambiental internacional, apesar de a expressão ser aceita por inúmeros autores e reconhecida pela Assembleia Geral das Nações Unidas, em 1992, não constitui ramo autônomo do direito, mas sim uma manifestação das regras de direito internacional. Não concordamos de todo com a afirmação do referido autor. Pensamos que o direito ambiental internacional se configura, sim, ramo autônomo do direito internacional, tal como o direito internacional penal e o internacional comercial, já que versa sobre objeto próprio, o meio ambiente, inserido em ramo (novo e) específico do direito, qual seja o ramo dos direitos difusos, que exige a criação de normas jurídicas específicas e distintas das demais existentes.

2.3.2. Direito ambiental constitucional

As normas de direito ambiental foram adotadas pelos ordenamentos internos, em sua maioria, pela via constitucional. No Brasil, já existiam normas protetoras do meio ambiente antes da Constituição de 1988, como aquelas inseridas na Lei n. 6.938/81, que dispõe sobre a Política Nacional do Meio Ambiente. Foi, no entanto, a proteção ao meio ambiente estabelecida pela Constituição de 1988 que conferiu o *status* de direito fundamental ao meio ambiente, originando o direito ambiental constitucional. José Afonso da Silva[32] define o direito ambiental objetivo, que consistiria no *conjunto de normas jurídicas disciplinadoras da proteção da qualidade do meio ambiente.* Partindo dessa definição, temos que o direito ambiental constitucional diz respeito às normas de direito ambiental objetivo

32 *Direito ambiental constitucional*, p. 42.

contidas na Constituição de cada país. No Brasil, conforme já afirmamos, ao abordar a definição de meio ambiente, a Constituição de 1988 ampliou o objeto de proteção do direito ambiental ao nele inserir, além do meio ambiente natural, o meio ambiente artificial, o cultural e do trabalho. A proteção à qualidade do meio ambiente tem como objetivo proporcionar vida digna às presentes e futuras gerações, tal como disciplina o art. 1º, III, combinado com o art. 225 da nossa Carta Magna.

2.3.3. Direito material ambiental

A tutela dos bens difusos ou interesses metaindividuais, nos quais se insere o meio ambiente, foi destacada pela Lei n. 6.938/81, definindo-o e protegendo-o, na forma da lei. Essa lei foi significativamente representativa no que diz respeito à tutela do meio ambiente, como poderemos verificar mais adiante, no correr do nosso estudo. A ela se seguiu outra lei, esta de cunho eminentemente instrumental, a Lei da Ação Civil Pública – Lei n. 7.347/85 –, conferindo o aparato processual para ser utilizado sempre que houvesse lesão ou ameaça de lesão ao meio ambiente, entre outros bens de cunho metaindividual. Em 1988, a nossa Constituição consagrou a proteção ao meio ambiente ao estabelecer, no art. 225, nova espécie de bem a ser protegido pelo ordenamento jurídico brasileiro: o "bem ambiental", que não é de natureza pública nem privada, é "bem de uso comum do povo" e essencial à sadia qualidade de vida, ou seja, pertencente ao rol dos bens ou interesses difusos. Assim, o objeto do direito material ambiental é o bem ambiental, em todas as suas formas de expressão, que estudaremos mais detidamente nos capítulos que se seguem.

2.3.4. Direito processual ambiental

Conforme afirmamos, tendo em vista a natureza do bem protegido, o meio ambiente é bem de natureza difusa e será tutelado pelas normas disciplinadoras da jurisdição coletiva, ou seja, pela Lei da Ação Civil Pública e pelo Código do Consumidor, primordialmente. De forma subsidiária, além do Código de Processo Civil, serão aplicadas as demais normas do ordenamento jurídico interno quando compatíveis com a natureza e as especificidades do bem a ser protegido.

Desse modo, o direito processual ambiental serve-se de todas as regras e princípios, de todos os instrumentos jurídicos, enfim, que possam ser utilizados tendo em vista uma efetiva tutela do bem ambiental.

2.4. Princípios gerais do direito ambiental

Concordamos com Paulo Affonso Leme Machado[33] quando afirma que os *princípios ambientais* devem ser tidos como o *alicerce do direito ambiental*. Segundo o referido autor, os princípios ambientais *estão formando e orientando a geração e a implementação do Direito Ambiental*. A nosso ver, eles formam um todo concatenado que tem como fim uma adequada preservação do meio ambiente. Sua origem decorre, como afirmamos, dos enunciados constantes nas declarações e tratados internacionais, e de um enunciado pode ser extraído mais de um princípio, como verificaremos em seguida, ao analisar os diferentes princípios ambientais. Assim, o desmembramento dos princípios constantes nas declarações internacionais teria o objetivo de esclarecer esse enunciado maior, delimitando e especificando as partes do todo. Entendemos que essa divisão é necessária, na medida em que se necessite atribuir maior ou menor ênfase a um ou outro aspecto do princípio internacional, tendo em mira sua aplicabilidade a cada caso concreto em estudo. Cumpre ressaltar também que a doutrina e a jurisprudência nacio-

33 *Direito ambiental brasileiro*, p. 41.

nal e internacional não abordam os princípios de maneira uniforme, tanto que essa diferenciação aparece na nomenclatura[34], na classificação pelo grau de importância e mesmo pelo alcance conferido a cada um. Alguns autores não admitem a diferenciação entre, por exemplo, o princípio da precaução e da prevenção – por nós acolhida no presente trabalho –, adotando uma ou outra nomenclatura.

Trataremos, em seguida, dos princípios do direito ambiental que são apontados mais frequentemente pela doutrina e pela jurisprudência dos nossos tribunais superiores.

2.4.1. Princípio da equidade

Paulo Affonso Leme Machado destaca o "princípio da *equidade* do acesso aos recursos naturais" como princípio do direito ambiental. Afirma que ele consta na Declaração de Estocolmo de 1972, que em seu "Princípio 5" estabelece que "os recursos não renováveis do Globo devem ser explorados de tal modo que não haja risco de serem exauridos e que *as vantagens extraídas de sua utilização sejam partilhadas a toda a humanidade*" (grifo nosso).

É certo que desse enunciado podem ser extraídos outros princípios do direito ambiental, como o do desenvolvimento sustentável (primeira parte) e da prevenção (segunda parte). De acordo com a segunda parte do enunciado, por nós grifada, a utilização saudável do meio ambiente deve ser partilhada de forma equitativa por toda a humanidade. O acesso equitativo aos recursos naturais dependerá, no entanto, da legislação de cada país. A legislação brasileira permite, ao menos do ponto de vista formal, o acesso equitativo aos recursos naturais, ao

34 Cf. Celso Antonio Pacheco Fiorillo, *Curso de direito ambiental brasileiro*, p. 36-37.

estabelecer que "todos têm direito ao meio ambiente (...)" (art. 225 da Constituição de 1988).

No que tange ao direito brasileiro, o direito ambiental é ramo dos chamados direitos difusos, que têm como uma de suas principais características a "indeterminabilidade dos sujeitos": todos são responsáveis pelo meio ambiente, e igualmente dele beneficiários, devendo mantê-lo saudável para que seja usufruído pelas presentes e futuras gerações. Assim, no Brasil, o acesso equitativo aos recursos naturais tem respaldo constitucional, já que pela letra do aludido art. 225 o meio ambiente configura "*bem de uso comum do povo*".

2.4.2. Princípio da ubiquidade

Ubiquidade é termo sinônimo de "onipresença". Desse modo, o princípio ambiental da *ubiquidade* significa que o meio ambiente, além de bem de uso comum do povo, configura condição prévia para a existência e exercício dos direitos humanos, devendo ser levado em consideração toda vez que uma política, atuação, legislação etc. tiver de ser criada. Esse princípio também é decorrente do enunciado do "Princípio 5" acima referido, já que o objeto de proteção do meio ambiente, que constitui o epicentro dos direitos humanos, possibilita a existência de uma vida sadia[35]. De acordo com a nossa Carta Magna, o meio ambiente equilibrado é um direito (art. 225) diretamente vinculado ao direito à vida com dignidade (arts. 1º, III, 5º, *caput,* e 6º). Como bem salienta Marcelo Abelha Rodrigues[36], pelo princípio da ubiquidade, os bens ambientais naturais, tendo caráter onipresente, colocam-se em posição soberana a qualquer limitação espacial ou geográfica, podendo ser partilhados

35 Cf. Celso Antonio Pacheco Fiorillo, *Curso de direito ambiental brasileiro*, p. 42.

36 *Instituições de direito ambiental*, p. 134.

por toda a humanidade, como quer o "Princípio 15" da Declaração de Estocolmo.

2.4.3. Princípio da cooperação

O princípio da *cooperação* configura, a nosso ver, uma exigência do princípio da ubiquidade: em matéria de proteção ao meio ambiente, é imprescindível que exista estreita relação de cooperação entre os povos para que os limites espaciais e geográficos não se transformem em empecilho à efetiva tutela do meio ambiente. Segundo esse princípio, torna-se necessário que se estabeleça uma política mundial para a proteção e preservação da natureza. Essa política deve acompanhar o caráter de onipresença (ubiquidade) da natureza e fixar regras menos voltadas para a soberania e mais vinculadas à cooperação internacional. Como a ideia de sistematização dos princípios ambientais se deu na esfera internacional, temos que o princípio da cooperação configura um dos princípios retores do direito ambiental. Mas a cooperação em matéria ambiental não se dá somente no âmbito internacional. Segundo Bender, Sparwasser e Engel, o princípio da cooperação é um princípio político procedimental, que pode ser deduzido do princípio constitucional do Estado de Direito e dos deveres de proteção do Estado – proteção à vida, conforme estipula o art. 2º da Lei Fundamental alemã (*Grundgesetz*)[37]. Segundo o referido princípio, o Estado deve atuar conjuntamente com todos os interessados – também no âmbito da sociedade civil: indústrias, empresas, organizações não governamentais –, tendo em vista a proteção ao meio am-

37 "Das Kooperationsprinzip ist ein politisches Verfahrensprinzip, das auf eine innerhalb der vom Grundgesetz – insbesondere dem Rechtsstaatsprinzip und er staatlichen Schutzpflicht nach Art. 2II GG – gezogenen Grenzen möglichst einvernehmliche Verwirklichung umweltpolitischer Ziele gerichtet ist." Cf. Bender, Sparwasser e Engel, *Grundzuge des öffentlichen Umweltschutzrechts*, p. 29.

biente[38]. Nesse sentido, podemos afirmar que a Constituição brasileira é ainda mais "específica" quanto ao princípio em estudo, mesmo que não haja referência explícita da doutrina a esse respeito[39], quando estabelece expressamente, em seu art. 225, que se impõe ao Poder Público e à coletividade o dever de defender e preservar o meio ambiente ecologicamente equilibrado. Na doutrina brasileira, Édis Milaré refere-se ao "princípio da cooperação entre os povos", afirmando ser ele estabelecido pela Constituição brasileira, no art. 4º, IX, como princípio das suas relações internacionais, tendo em mira "o progresso da humanidade". No entanto, não se refere à cooperação como princípio interno, como faz o direito alemão. A especificidade da norma brasileira, em relação à alemã, repousa no fato de que não é necessário subsumir do direito à vida a necessidade de cooperação entre as diversas instâncias dos setores públicos e privados, atendendo à proteção ao meio ambiente. A necessidade de cooperação encontra-se diretamente determinada na incumbência ao Poder Público e à coletividade do dever de defesa e preservação, expressos no art. 225 da Constituição Federal de 1988[40].

2.4.4. Princípio da participação

É o "agir em conjunto" para a preservação do meio ambiente que Celso Antonio Pacheco Fiorillo[41] denomina "princípio da *participação*". É certo que esse princípio refere-se mais

---

38 "Nach dem Kooperationsprinzip soll der Staat auf dem Gebiet des Umweltschutzes möglichst umfassend mit allen betroffenen und interessierten gesellschaftlichen Kräften (Unternehmen, Industrie- und Umweltschutzverbände usw.) zusamentarbeiten." Cf. Bender, Sparwasser e Engel, *Grundzuge des öffentlichen Umweltschutzrechts*, p. 29.

39 Cf. Édis Milaré, *Direito do ambiente*, p. 108.

40 Sobre o princípio da cooperação internacional para a preservação do meio ambiente, cf. Carlos Ernani Constantino, *Delitos ecológicos*, p. 223.

41 *Curso de direito ambiental brasileiro*, p. 38-41.

especificamente à colaboração no âmbito interno, objetivando a proteção ao meio ambiente, daí a sua especificidade. Trata-se, portanto, de cooperação específica entre o Poder Público e a coletividade beneficiária do meio ambiente ecologicamente equilibrado. Para o referido autor, configura "dever" da coletividade e do Poder Público a preservação, existindo dois elementos fundamentais para a sua efetivação, quais sejam a *informação ambiental* – arts. 6º, § 3º, e 10 da Lei n. 6.938/81; art. 225, § 1º, IV, da Constituição Federal – e a *educação ambiental* – art. 6º da Lei n. 9.795/99, que estabeleceu a Política Nacional da Educação Ambiental. Essa lei foi regulamentada pelo Decreto n. 4.281/2002, no sentido de que a aludida política deverá fixar-se em metas de preservação do meio ambiente mediante a promoção dos valores e atitudes sociais voltadas precisamente para a preservação do referido bem.

2.4.5. Princípio do desenvolvimento sustentável

O princípio do *desenvolvimento sustentável*[42], também decorrente do "Princípio 5" do Protocolo de Estocolmo de 1972, é reafirmado pela Declaração do Rio de Janeiro, em 1992, quando esta estabelece que "o direito ao desenvolvimento deve ser exercido de modo a permitir que sejam atendidas equitativamente as necessidades de gerações presentes e futuras". Esse princípio foi recepcionado pela nossa Constituição vigente, ao determinar, no art. 225, que o meio ambiente deverá ser defendido e preservado para as presentes e futuras gerações. Cumpre ressaltar que o princípio do desenvolvimento sustentável veio modificar o conceito de desenvolvimento formado em um Estado de base liberal, passando a exigir que o Poder Público aja de

42 Sobre o princípio do desenvolvimento sustentável, cf. o importante trabalho de Cristiane Derani, *Direito ambiental econômico*, 2001.

forma positiva, no sentido da sustentabilidade da coletividade. Assim, como assevera Celso Antonio Pacheco Fiorillo[43], *a proteção ao meio ambiente e o fenômeno desenvolvimentista (tendo por base a livre iniciativa) passaram a fazer parte de um objetivo comum, pressupondo a convergência de objetivos das políticas de desenvolvimento econômico, social, cultural e de proteção ambiental.* É isso o que reza o art. 170, *caput* e VI, da nossa Carta Magna, ao estabelecer que "a ordem econômica, fundada na valorização do trabalho humano e na livre iniciativa, tem por fim assegurar a todos existência digna, conforme os ditames da justiça social, observados os seguintes princípios: (...) VI – defesa do meio ambiente (...)". Desse modo, a ordem econômica brasileira adotou como princípio a defesa do meio ambiente e a ideia de desenvolvimento na perspectiva da sustentabilidade. Como bem salienta Marcelo Abelha Rodrigues[44], o princípio do desenvolvimento sustentável faz-se presente em diversos instrumentos de tutela ambiental, como, por exemplo, na imposição de um *estudo prévio de impacto ambiental* para toda atividade que possa causar alteração no meio ambiente, objetivando viabilizar soluções ambientais que minimizem a futura impactação. Também na Lei de Zoneamento Industrial – Lei n. 6.803/80, art. 1º – procura-se compatibilizar as atividades econômicas com a proteção ambiental. Com base nesse princípio, a doutrina ambiental tem procurado estabelecer um norte para a atividade econômica e a da sociedade de consumo, que se fixaria em três pontos fundamentais, quais sejam: o afastamento da produção de bens supérfluos e agressivos ao meio ambiente; orientação ao consumidor no sentido de que evite o consumo de bens prejudiciais ao meio ambiente; e estímulo ao uso de "tecnologias limpas" no exercício da atividade econômica.

43 *Curso de direito ambiental brasileiro*, p. 25.

44 *Instituições de direito ambiental*, p. 137.

2.4.6. Princípio da proporcionalidade

O princípio da *proporcionalidade* merece ser apontado, no presente contexto, não como princípio exclusivo do direito ambiental, mas como um importante *princípio instrumental* ou procedimental – para alguns o mais importante, pela peculiaridade de que, tal como as regras, podem a ele subsumir-se diretamente situações concretas, exatamente aquelas em que há conflito ou colisão entre direitos e princípios fundamentais, na seara da aplicabilidade das demais regras e princípios do direito e também quando atinentes à proteção ao meio ambiente, em decorrência da necessidade de preservação da vida, especialmente com o respeito à dignidade própria da pessoa humana, em quem essa vida se faz consciente[45]. Pensamos que é nesse sentido que Cristiane Derani[46] se refere ao princípio da proporcionalidade, quando afirma que, *procurando uma justa medida na aplicação dos princípios, a doutrina alemã tem-se referido a um princípio da proporcionalidade* (Verhältnismässigkeit), que *procura estabelecer um relacionamento entre meio e fim, para a aplicação dos princípios, a fim de que se torne possível o controle do excesso* (Uebermasskontrolle). De acordo com esse princípio, torna-se claro o caráter instrumental do direito, regido por uma adequação entre fim e meio, dentro da relação do todo. De acordo com Paulo Bonavides[47], com o princípio da proporcionalidade nasce um novo Estado de Direito, cuja solidez constitucional resulta da necessidade de instaurar em toda ordem social os chamados direitos de segunda e terceira dimensões, ou seja, os direitos sociais, econômicos e culturais, a par dos direitos da comunidade, como, por exemplo, a autonomia, a proteção ao meio ambiente, o desenvolvimento e a fraternidade.

---

45 Cf., mais amplamente, Willis Santiago Guerra Filho, *Processo constitucional e direitos fundamentais*, esp. Caps. VI e VII, p. 77 e s.

46 *Direito ambiental econômico*, p. 51.

47 *Curso de direito constitucional*, p. 358.

A concepção de gerações de direitos traz consigo a ideia de renovação e sucessão de direitos fundamentais. O surgimento de novos direitos, no entanto, não exclui os anteriormente prestigiados; pelo contrário, aqueles se somam a estes. Por isso preferimos, com parte da doutrina, utilizar a expressão "dimensão de direitos", em vez de geração de direitos. Os direitos de primeira dimensão, surgidos no decorrer do século XVIII, dizem respeito às liberdades civis básicas e clássicas, abrangendo direitos chamados negativos, ou seja, aqueles exercidos contra o Estado: as liberdades físicas, as de expressão, os direitos de propriedade privada e as garantias de direitos, entre outros; direitos de segunda dimensão são os direitos sociais, econômicos e culturais, bem como os direitos chamados coletivos. Os direitos de *terceira dimensão*, ou direitos de fraternidade, são o direito ao desenvolvimento, o direito à paz, o *direito ao meio ambiente*, o direito de propriedade sobre o patrimônio comum da humanidade e o direito de comunicação. Os direitos de quarta dimensão são o direito à informação, à democracia e ao pluralismo.

2.4.7. Princípio da prevenção

O princípio da *prevenção*, aclamado pela Declaração do Rio de Janeiro sobre Meio Ambiente, de 1992, como um dos mais importantes ali elencados, torna-se cada vez mais o princípio norteador do direito ambiental. É mais amplamente descrito no "Princípio 15" da referida Declaração nos seguintes termos:

"Para proteger o meio ambiente medidas de precaução devem ser largamente aplicadas pelos Estados segundo suas capacidades. Em caso de risco de danos graves ou irreversíveis, a *ausência de certeza científica absoluta não deve servir de pretexto para procrastinar a adoção de medidas efetivas visando a prevenir a degradação do meio ambiente*" (grifo nosso).

Esse princípio foi igualmente recepcionado pela nossa Constituição Federal, art. 225, quando estabelece como dever do Poder Público e da coletividade proteger e preservar o meio ambiente para as presentes e futuras gerações. A partir da determinação constitucional, foram criados instrumentos não jurisdicionais e jurisdicionais, tendo em mira a efetivação desse princípio. Como instrumentos não jurisdicionais podemos citar: o estudo prévio de impacto ambiental, o manejo ecológico, as licenças, o tombamento, o zoneamento industrial, as sanções administrativas, as fiscalizações, as autorizações, as auditorias ambientais, entre outros atos do Poder Público. No que diz respeito aos instrumentos jurisdicionais, além da aplicação da jurisdição coletiva, que contempla mecanismos de tutela adaptados aos direitos difusos, com vistas a impedir a continuidade do evento danoso, há a possibilidade de ajuizamento de ações que visem a uma atuação preventiva, para que se evite o início mesmo da degradação. Isso se dá por meio de instrumentos de tutela de urgência, como as liminares antecipatórias dos efeitos do mérito e as medidas cautelares, sempre com eficácia mandamental e executiva *lato sensu*[48]. Também são importantes, no sentido da atuação jurisdicional preventiva, a aplicação do real e efetivo acesso à justiça e o princípio da igualdade real, estabelecendo tratamento paritário entre os litigantes, como bem enfatiza Celso Antonio Pacheco Fiorillo[49].

2.4.8. Princípio da precaução

Segundo Paulo Affonso Leme Machado[50], o princípio da *precaução* foi introduzido no ordenamento jurídico brasileiro posteriormente ao princípio da prevenção. Nas palavras do au-

48 Cf. Marcelo Abelha Rodrigues, *Instituições de direito ambiental*, p. 148-149.

49 *Curso de direito ambiental brasileiro*, p. 38.

50 *Direito ambiental brasileiro*, p. 47.

tor, *(A) Lei de Política Nacional do Meio Ambiente no Brasil (Lei 6.938, de 31.08.81) inseriu como objetivos dessa política pública a compatibilização do desenvolvimento econômico-social com a preservação da qualidade do meio ambiente e do equilíbrio ecológico e a preservação dos recursos ambientais, com vistas à sua utilização racional e disponibilidade permanente (art. 4º, I e VI). Entre os instrumentos da Política Nacional do Meio Ambiente colocou-se a avaliação dos impactos ambientais (art. 9º, III). A prevenção passa a ter fundamento no Direito Positivo nessa lei pioneira na América Latina. Incontestável tornou-se a obrigação de prevenir ou evitar o dano ambiental quando o mesmo pudesse ser detectado antecipadamente. Contudo, no Brasil de 1981, ainda não havíamos chegado expressamente a introduzir o princípio da precaução.* Na Alemanha, esse princípio já existe desde a década de 1970, ao lado do princípio da cooperação e do poluidor-pagador, que trataremos em seguida. *O princípio da precaução consistiria não somente na eliminação ou redução da poluição já existente ou iminente, ou seja, na redução do perigo (objeto do princípio da prevenção), mas no combate da poluição desde o início, no combate ao risco de poluição, tendo em vista que o recurso natural seja desfrutado sobre a base de um rendimento duradouro*[51].

Gerd Winter, professor da Universidade de Bremen, na Alemanha, bem distingue o perigo do risco ambiental: *Os perigos são geralmente proibidos; o mesmo não acontece com os riscos. Os riscos não podem ser excluídos, porque sempre permanece a probabilidade de um dano menor. Os riscos podem ser minimizados. Se a legislação proíbe ações perigosas, mas possibilita a mitigação dos riscos, aplica-se o princípio da pre-*

51 Cf. Gerd Winter, apud Paulo Affonso Leme Machado, *Direito ambiental brasileiro*, p. 47.

caução, o qual requer a redução da extensão, da frequência ou da incerteza do dano.

O princípio da precaução também encontra base no "Princípio 15", já referido, especificamente quando se fala na "precaução" e em "ameaça de danos irreversíveis". Desse modo, assevera o referido autor que, *em caso de certeza do dano ambiental, deve este ser prevenido, de acordo com o princípio da prevenção. No caso de dúvida ou incerteza, também se deve agir prevenindo, sendo essa a grande inovação do princípio da precaução.* A dúvida científica, expressa com argumentos razoáveis, não dispensaria a prevenção. Havendo incerteza, deve-se optar pela solução que proteja imediatamente o ser humano e conserve o meio ambiente: *in dubio pro salute* ou *in dubio pro natura.* O princípio da precaução foi recepcionado também pela legislação ordinária. A Lei n. 9.605/98, em seu art. 54, estabelece que "causar poluição de qualquer natureza em níveis tais que resultem ou possam resultar em danos à saúde humana, ou que provoquem a mortandade de animais ou a destruição significativa da flora: Pena – reclusão, de um a quatro anos, e multa". O § 3º do referido artigo estabelece que "incorre nas mesmas penas previstas no parágrafo anterior quem deixar de adotar, quando assim o exigir a autoridade competente, medidas de *precaução em caso de risco de dano ambiental grave ou irreversível*". Assim, pensamos que os mecanismos não jurisdicionais, bem como os jurisdicionais utilizados para a proteção do meio ambiente, podem ser tidos como corolário dos princípios da prevenção e da precaução, de acordo com o alcance que se quiser dar à tutela do bem ambiental, se essa tutela se der em torno do perigo ou do risco ao meio ambiente, de acordo com cada caso concreto que se apresente. Como exemplo, podemos citar o Estudo Prévio de Impacto Ambiental (EPIA), exigência estabelecida pela Constituição Federal de 1988, em seu art. 225,

§ 1º, IV, de que, "(...) para instalação de obra ou atividade potencialmente causadora de significativa degradação do meio ambiente, estudo prévio de impacto ambiental, a que se dará publicidade". O termo "potencialmente", segundo Paulo Affonso Leme Machado[52], abrangeria tanto o dano de que não se duvida como o dano incerto e o dano provável. Também no tocante ao EPIA, e ao princípio da precaução, temos decisão judicial do Tribunal Regional Federal da 5ª Região, com sede em Pernambuco, nos seguintes termos: "O Relatório de Viabilidade Ambiental não é idôneo e suficiente para substituir o Estudo de Impacto Ambiental e respectivo relatório"[53]. *O princípio da precaução tem como consequência, na seara processual, fazer com que o ônus da prova deva ser sempre do proponente do empreendimento, devendo este demonstrar que não há risco ambiental.* Desse modo, fica proibida a atividade que se quiser consumar sob a alegação de que nada se conseguiu provar contra ela. Pelo contrário, o ônus é do proponente: deve provar que a atividade não polui. Há, portanto, *inversão do ônus da prova, por conta do princípio da precaução, e, em caso de tutela do meio ambiente, devem-se "provar os fatos negativos"*[54]. Quando se trata de direito processual ambiental, a regra de distribuição do ônus da prova é clara e ditada pelo direito material constitucional, *de acordo com o § 1º, IV, do art. 225 da nossa Carta Magna: ao poluidor em potencial (como medida de precaução), assim como ao poluidor propriamente dito, cabe a prova do fato positivo de que foram tomadas medidas efetivas contra a poluição e dos fatos negativos de que a atividade não causará ou não causou poluição*[55].

52 *Direito ambiental brasileiro*, p. 60.

53 Cf. AC 5.173.820-CE, rel. Juiz José Delgado, j. 2-8-1994, *DJU*, 23 set. 1994.

54 Cf. Marcelo Abelha Rodrigues, *Elementos de direito processual civil*, p. 170-171.

55 Cf. Marcelo Abelha Rodrigues, *Instituições de direito ambiental*, p. 151.

Cumpre ressaltar que, em junho de 2016, o STF deu provimento ao Recurso Extraordinário (RE) 627.189, interposto pela Eletropaulo Metropolitana, e fixou tese que reproduz a definição de precaução. De acordo com o STF, enquanto não houver certeza científica acerca dos efeitos nocivos da exposição ocupacional e da população em geral a campos elétricos, magnéticos e eletromagnéticos, gerados por sistemas de energia elétrica, devem ser adotados os parâmetros propostos pela Organização Mundial da Saúde (OMS), conforme estabelece a Lei n. 11.934/2009. A matéria teve repercussão geral reconhecida.

2.4.9. Princípio da responsabilidade

O princípio da *responsabilidade* ambiental foi inserido na Constituição brasileira, quando estabelece, no § 3º do art. 225, a responsabilidade objetiva por danos ambientais, nos seguintes termos:

"Art. 225. (...) § 3º As condutas e atividades consideradas lesivas ao meio ambiente sujeitarão os infratores, pessoas físicas ou jurídicas, a sanções penais e administrativas, independentemente da obrigação de reparar os danos causados".

A responsabilização dos poluidores foi inicialmente estabelecida no âmbito da Organização para a Cooperação e Desenvolvimento Econômico (OCDE), mediante a Recomendação C (72), 128, de 28-5-1972, que instituiu o princípio do poluidor-pagador. A Declaração do Rio de Janeiro, em seu Princípio 16, adotou o princípio do poluidor-pagador nos seguintes termos:

"As autoridades nacionais devem procurar assegurar a internalização dos custos ambientais e o uso de instrumentos econômicos, levando em conta o critério de que quem contamina deve, em princípio, arcar com os custos da contaminação, levando-se em conta o interesse público e sem distorcer o comércio e os investimentos internacionais".

O que se busca com esse princípio é que a sociedade não tenha de arcar com os custos da recuperação de um ato lesivo ao meio ambiente causado por poluidor identificável. Para Paulo de Bessa Antunes[56], de acordo com o princípio da responsabilidade, o poluidor deve responder por suas ações ou omissões em prejuízo do meio ambiente de maneira o mais ampla possível, de forma que se possa repristinar a situação ambiental degradada e que a penalização aplicada tenha efeitos pedagógicos, impedindo-se que os custos recaiam sobre a sociedade.

No dia 2 de agosto de 2010 foi instituída no Brasil a Política Nacional de Resíduos Sólidos, por meio da Lei n. 12.305, que dispõe sobre seus princípios, objetivos e instrumentos, bem como sobre as diretrizes relativas à gestão integrada e ao gerenciamento de resíduos sólidos, incluídos os perigosos, às responsabilidades dos geradores e do Poder Público e aos instrumentos econômicos aplicáveis. A referida lei veio coroar o entendimento no sentido de que a responsabilidade pelo meio ambiente deve ser sim dividida entre o Poder Público e a coletividade, cabendo a cada um a justa medida de responsabilização.

2.4.10. Princípio do poluidor-pagador

O princípio do *poluidor-pagador* é de origem econômica, e tem seu fundamento na constatação de que os recursos naturais são escassos. Desse modo, seu uso na produção e no consumo acarretam-lhe a redução e degradação. Como o custo da redução dos recursos naturais deve ser considerado no sistema de preços, sob pena de o mercado não ser capaz de refletir a escassez, são necessárias políticas públicas capazes de eliminar a falha de mercado, de modo a assegurar que os preços dos produtos reflitam os custos ambientais.

56 *Direito ambiental*, p. 32.

Para Paulo de Bessa Antunes[57], a *diferença essencial entre o princípio do poluidor-pagador e o da responsabilidade em sua concepção tradicional repousa no fato de que através dele se busca afastar o ônus do custo econômico das costas da coletividade e dirigi-lo diretamente àquele que utiliza os recursos ambientais. Dessa forma, ele não está fundado no princípio da responsabilidade, mas no princípio da solidariedade social e na prevenção mediante a imposição da carga pelos custos ambientais nos produtores e consumidores.*

Para Marcelo Abelha Rodrigues, esse princípio está ligado à ideia de prevenção e de repressão (responsabilidade civil e administrativa), não traduzindo a ideia de "pagar para poluir". Nesse sentido, Cristiane Derani afirma que *o custo a ser imputado ao poluidor não está exclusivamente vinculado à imediata reparação do dano. O verdadeiro custo está numa atuação preventiva*[58].

O princípio do poluidor-pagador foi expressamente adotado pelo texto constitucional, como pode ser visto, entre outros dispositivos, no art. 170, VI, que estabelece a proteção e a preservação do meio ambiente como princípio da ordem econômica; no art. 225, § 1º, V, ao estabelecer como incumbência do Poder Público adotar medidas de controle da produção, comercialização e emprego de técnicas, métodos e substâncias que comportem risco para a vida, a qualidade de vida e o meio ambiente; no art. 225, § 3º, ao determinar que as condutas e atividades consideradas lesivas ao meio ambiente sujeitarão os infratores, pessoas físicas ou jurídicas, a sanções penais e administrativas, independentemente da obrigação de reparar os danos causados.

57 *Direito ambiental*, p. 33.

58 Cf. Cristiane Derani, apud Paulo Affonso Leme Machado, *Direito ambiental brasileiro*, p. 46.

2.4.11. *Princípio da informação*

O direito à informação é garantido a todos pela Constituição Federal de 1988, quando estabelece, no art. 5º, XXXIII, no rol dos direitos fundamentais, o "direito a receber dos órgãos públicos informações de seu interesse particular, ou de interesse coletivo ou geral, que serão prestadas no prazo da lei, sob pena de responsabilidade".

Vários são os instrumentos jurídicos que servem de fundamento específico ao princípio da informação ambiental, além do direito fundamental geral à informação acima referido. Já a Declaração de Estocolmo de 1972 (Princípios 19 e 20) e a Declaração do Rio de Janeiro de 1992 apontam para a necessidade da informação pública acerca dos atos envolvendo a questão ambiental. A primeira realça a importância da divulgação da pesquisa científica, tendo em vista garantir o acesso dos países em desenvolvimento às tecnologias ambientais. A Declaração do Rio, em seu Princípio 10, afirma que, "(...) no nível nacional, cada indivíduo deve ter acesso adequado a informações relativas ao meio ambiente de que disponham as autoridades públicas, inclusive informações sobre materiais e atividades perigosas em suas comunidades". Também a Agenda 21, fruto da Convenção do Rio de Janeiro de 1992, determina como ação prioritária, para efetivação da proteção ao meio ambiente, a existência de um sistema de informação eficiente, com a definição de indicadores de desenvolvimento sustentável para o gerenciamento das políticas públicas (Objetivo 18).

De acordo com Paulo Affonso Leme Machado, a informação ambiental não tem o fim exclusivo de formar a opinião pública. Mais importante que isso é formar a consciência ambiental, por meio de canais próprios, administrativos e judiciais, para que possam se manifestar devidamente. Para o referido autor, o grande destinatário da informação, que é o povo, em todos os seus segmentos, incluindo o científico não governamental, tem o que dizer e opinar. Ainda de acordo com o mesmo autor, temos que a não informação de eventos significativamente danosos ao meio ambiente, por parte dos Estados, mereceria ser considerada crime internacional[59].

Concordamos com Édis Milaré e Antônio Herman V. Benjamin quando afirmam que "o direito à informação só é devidamente respeitado quando o administrador assegura o recebimento da informação, no momento adequado, na profundidade necessária e com clareza suficiente"[60].

Diante de todos esses argumentos, podemos afirmar que o respeito ao princípio da informação ambiental configura pressuposto necessário e fundamental da concretização do direito constitucional ao meio ambiente ecologicamente equilibrado.

2.4.12. Princípio da função socioambiental da propriedade

A Constituição Federal de 1988 aborda o tema da função social da propriedade no Título II dos Direitos e Garantias Fundamentais (art. 5º, XXII e XXIII) e também como princípio geral Da Ordem Econômica e Financeira no Título VII (art. 170, III), onde também insere o meio ambiente (inciso VI).

O princípio da função social da propriedade privada tem em vista submeter o interesse individual ao interesse coletivo. Como bem assevera Eros Grau[61], a função social da propriedade "(...) impõe ao proprietário o dever de exercê-la em benefício de outrem e não apenas de não exercer em prejuízo de outrem".

---

59 *Direito ambiental brasileiro*, p. 97-100. Direito à informação e meio ambiente.

60 Cf. Édis Milaré, *Direito do ambiente*, p. 202.

61 Cf. Norma Sueli Padilha, *Fundamentos constitucionais do direito ambiental brasileiro*. Rio de Janeiro: Elsevier, 2010, p. 271.

A função social da propriedade passa a ser definitivamente ampliada pela Constituição Federal de 1988 para abarcar a concepção de função socioambiental da propriedade privada, quando esta impõe regimes jurídicos específicos para o uso e aproveitamento dos recursos ambientais, como bem de natureza difusa, que não se coaduna com a concepção da propriedade como bem de natureza eminentemente privada ou mesmo com as restrições de natureza publicística que vigoravam sob a égide do Código Civil de 1916. A função socioambiental da propriedade solidifica-se quando vislumbramos o exposto no art. 186 da Constituição de 1988, o qual estabelece expressamente que *a função social da propriedade é cumprida* quando a propriedade rural atende, simultaneamente, segundo critérios e graus de exigência estabelecidos em lei, aos requisitos do aproveitamento racional e adequado e à utilização adequada dos recursos naturais disponíveis e *preservação do meio ambiente*, dentre outros.

De acordo com Canotilho[62], a ecologização da Constituição teve o intuito de, a um só tempo, instituir um regime de exploração limitada e sustentável e agregar à função social da propriedade, tanto urbana como rural, um forte componente ambiental, de maneira explícita. Os arts. 170, VI e 186, II, da Constituição brasileira inserem-se nessa linha de pensamento de alteração radical do paradigma clássico de exploração econômica dos chamados bens ambientais. Como novo perfil, o regime de propriedade passa do direito pleno de explorar, respeitado o direito dos vizinhos, para o direito de explorar, só e quando respeitados a saúde humana e os processos e funções ecológicos essenciais.

62 *Direito constitucional ambiental brasileiro*, José Rubens Morato Leite (Org.). São Paulo: Saraiva, 2007, p. 72.

De uma forma mais abrangente, no sentido de conter a proteção socioambiental da propriedade, o Código Civil de 2002 define o direito de propriedade nos seguintes moldes: art. 1.228, 1º: "O direito de propriedade deve ser exercido em consonância com as suas finalidades econômicas e sociais e de modo que sejam preservados, de conformidade com o estabelecido em lei especial, a flora, a fauna, as belezas naturais, o equilíbrio ecológico e o patrimônio histórico e artístico, bem como evitada a poluição do ar e das águas". Dessa forma, o referido artigo do Código Civil limita o direito de propriedade acolhendo não somente a proteção ao meio ambiente natural, mas também ao meio ambiente dito cultural, ao proteger os patrimônios histórico e artístico.

Édis Milaré[63] coroa o princípio da função socioambiental da propriedade, quando afirma que é o referido princípio que sustenta a possibilidade de imposição ao proprietário rural do dever de recomposição da vegetação em áreas de preservação permanente e reserva legal, mesmo que ele não tenha sido responsável pelo desmatamento.

2.4.13. Princípio da proibição de retrocesso ecológico

Configura uma espécie de cláusula *rebus sic stantibus*, no sentido de que ao menos que as circunstâncias de fato se alterem significativamente, não se admite o recuo para níveis de proteção inferiores aos anteriormente alcançados. Assim sendo, o princípio impõe limites à adoção de legislação de revisão ou revogatória. A suspensão ou alteração da legislação em vigor somente se admite diante de calamidade pública, estado de sítio ou estado de emergência. O retrocesso ecológico deverá ser necessariamente transitório e correspondente ao período em que se verifica o estado de exceção.

63 Cf. Norma Sueli Padilha, ob. cit., p. 276.

2.4.14. Princípio do progresso ecológico

Identifica-se com a ideia de não estagnação legislativa, tendo em vista o dever da legislação ser constantemente revista, no sentido da proteção ao meio ambiente. De acordo com este princípio, qualquer melhoria sensível no campo da proteção econômica deve favorecer proporcionalmente a seara ambiental.

Cumpre lembrar que o princípio do não retrocesso ecológico vincula os agentes econômicos à manutenção em funcionamento do sistema pró-ambientais instalados. O princípio do progresso, por sua vez, obriga a manter um nível de investimentos ambientais proporcional à situação econômica da empresa, à adaptação dos processos industriais pró-ecológicos à evolução tecnológica, assim como à adaptação com vistas ao cumprimento da legislação ambiental em evolução (CANOTILHO E LEITE, 2007, p. 36-40).

Indicação de Leitura

AMIRANTE, Domenico. *Diritto ambientale e costituzione*. 2. ed. Milano: Franco Angeli, 2001.

ANTUNES, Paulo de Bessa. *Direito ambiental*. 7. ed. São Paulo: Lumen Juris, 2005.

BONAVIDES, Paulo. *Curso de direito constitucional*. 20. ed. São Paulo: Malheiros, 2010.

CANOTILHO, J. J. Gomes; LEITE, José Rubens Morato (Org.). *Direito constitucional ambiental brasileiro*. São Paulo: Saraiva, 2007.

FIORILLO, Celso Antonio Pacheco. *O direito de antena em face do direito ambiental no Brasil*. São Paulo: Saraiva, 2000.

__________. *Curso de direito ambiental brasileiro*. 5. ed. ampl. São Paulo: Saraiva, 2004.

GUERRA FILHO, Willis Santiago. Princípio da proporcionalidade e devido processo legal. In: SILVA, Virgílio Afonso da

(Org.). *Interpretação constitucional.* São Paulo: Malheiros, 2005.

MACHADO, Paulo Affonso Leme. *Direito ambiental brasileiro.* 18. ed. São Paulo: Malheiros, 2010.

________. Princípio da precaução no direito brasileiro, no direito internacional e comparado. In: VARELLA, Marcelo Dias; PLATIAU, Ana Flávia Barros (Org.) *Princípio da precaução.* Belo Horizonte: Del Rey, 2004.

________. Meio ambiente e Constituição Federal. In: FIGUEIREDO, Guilherme José Purvin (Org.). *Direito ambiental em debate.* Rio de Janeiro: APROOAB, 2004.

________. *Direito à informação e meio ambiente.* São Paulo: Malheiros, 2006.

MILARÉ, Édis. *Direito do ambiente.* São Paulo: Revista dos Tribunais, 2010.

NASCIMENTO E SILVA, Geraldo Eulálio do. *Direito ambiental internacional.* Rio de Janeiro: Thex, 1995.

________. NASCIMENTO E SILVA, Geraldo Eulálio do; ACCIOLY, Hildebrando. *Manual de direito internacional público.* 13. ed. São Paulo: Saraiva, 1998.

PADILHA, Norma Sueli. *Fundamentos constitucionais do direito ambiental brasileiro.* Rio de Janeiro: Elsevier, 2010.

PARDO, José Esteves. *Técnica, riesgo y derecho*: tratamiento del riesgo tecnológico en el derecho ambiental. Barcelona: Ariel, 1999.

PARGA Y MASEDA, Patricia Jiménez. *El princípio de prevención en el derecho internacional del medio ambiente.* Madrid: Ecoiuris, 2001.

PINHEIRO, Carla. Fundamentos constitucionais da proteção ao meio ambiente e risco. In: TORRENS, Haradja Leite; ALCOFORADO, Mário Sawatani Guedes (Org.). *A expansão do direito*: estudos de direito constitucional e teoria do direito em homenagem a Willis Santiago Guerra Filho (por duas décadas de docências e pesquisas). Rio de Janeiro: Lumen Juris, 2004.

PORTO-GONÇALVES, Carlos Walter. *Os (des)caminhos do meio ambiente*. São Paulo: Contexto, 2000.

_________. *A globalização da natureza e a natureza da globalização*. Rio de Janeiro: Civilização Brasileira, 2006.

RODRIGUES, Marcelo Abelha. *Instituições de direito ambiental*. São Paulo: Max Limonad, 2002.

_________. *Elementos de direito ambiental*. 2. ed. São Paulo: Revista dos Tribunais, 2005.

SACHS, Ignacy. *Caminhos para o desenvolvimento sustentável*. 2. ed. Rio de Janeiro: Garamond, 2002.

SANTOS, Maria Luiza Werneck dos. O princípio constitucional da proteção ao meio ambiente e as restrições impostas ao direito de propriedade pela MP 1.511, de 1996. *Revista de Direito da Associação dos Procuradores do Novo Estado do Rio de Janeiro*, Rio de Janeiro: Lumen Juris, 1999.

SILVA, José Afonso da. *Comentário contextual à Constituição*. 4. ed. São Paulo: Malheiros, 2007.

_________. *Direito ambiental constitucional*. 3. ed. São Paulo: Malheiros, 2000.

SOARES, Guido Fernando Silva. *Direito internacional do meio ambiente*. São Paulo: Atlas, 2001.

_________. *A proteção internacional do meio ambiente*. São Paulo: Manole, 2003.

USERA, Raúl Canosa. *Constitución y medio ambiente*. Buenos Aires: Ed. Ciudad Argentina, 2000.

VIANA, Gilney; SILVA, Marina; DINIZ, Nilo (Org.). *O desafio da sustentabilidade*. São Paulo: Fundação Perseu Abramo, 2001.

Indicação de Filmes

HOME: nosso planeta, nossa casa (França). Direção de Yann Arthus-Bertrand. 2009.

Este é um documentário, filmado inteiramente por meio da visão de um pássaro, que retrata a Terra sobrevoando mais de 50 países e, apesar do tom de alerta, mostra que ainda há chance de salvarmos nosso planeta. O documentário visa sensibilizar, educar e conscientizar a respeito da fragilidade de nosso meio ambiente, ao mostrar que tudo que é vivo e belo sobre nosso planeta está interligado.

A ERA DA ESTUPIDEZ (Inglaterra). Direção de AdFranny Armstrong. 2009.

Trata-se de um filme que mostra a que ponto chegou a destruição ambiental no mundo e alerta para a responsabilidade de cada indivíduo em impedir a anunciada catástrofe global. Misturando documentário e ficção, o filme conta a história de um velho sobrevivente no devastado mundo em 2055. Ao analisar cenas das muitas tragédias ambientais ocorridas no início do século 21, ele se pergunta por que os seres humanos não se salvaram quando ainda tinham a chance.

O DIA DEPOIS DE AMANHÃ (EUA). Direção de Roland Emmerich. 2004.

O filme, apesar de considerado *blockbuster*, denuncia os males das alterações climáticas provocadas pelo homem. Na história, o aquecimento global provoca uma nova era glacial, atingindo todo o hemisfério norte, o que obriga os seres humanos a buscarem sobrevivência indo para o sul.

Questões

1) A expressão "meio ambiente" é discutida pela doutrina, gerando uma interessante controvérsia acima

apontada. Em que consiste o conteúdo da controvérsia? Qual o seu posicionamento sobre o tema?

2) São complementares os princípios da proibição de retrocesso ecológico e do progresso ecológico?

3) Dentre os princípios ambientais anteriormente elencados, quais você reputa serem os mais importantes? Por quê? Qual a implicação dos princípios escolhidos na efetiva implementação da proteção ao meio ambiente?

4) O Direito Processual Ambiental apresenta significativas distinções relativamente ao Direito Processual Civil. Quais são elas? Discorra sobre eles.

5) Que aspectos especiais se destacam na definição de meio ambiente proposta por José Luis Serrano Moreno?

3

Proteção Constitucional do Meio Ambiente

O ordenamento jurídico brasileiro estabelece importantes normas protetoras do meio ambiente na Constituição, assim como na legislação ordinária. Não possuímos um código de proteção ambiental. O presente capítulo cuida especificamente da proteção constitucional ao meio ambiente por meio de regras e princípios. São estes, conforme já apontamos, os instrumentos de tutela do meio ambiente por excelência. A proteção infraconstitucional referente a cada subtema específico encontra-se inserida no capítulo respectivo.

Entre os dispositivos infraconstitucionais atinentes à proteção ao meio ambiente destacam-se: a Lei n. 12.651/2012 – novo Código Florestal; a Lei n. 6.938/81 – Lei da Política Nacional do Meio Ambiente; a Lei n. 7.347/85 – Ação Civil Pública; a Lei n. 9.433/97 – Política Nacional dos Recursos Hídricos; a Lei n. 9.605/98 – Lei dos Crimes Ambientais; a Lei n. 9.795/99 – Lei da Educação Ambiental; a Lei n. 9.985/2000 – Lei do Sistema Nacional de Unidades de Conservação; a Lei n. 10.257/2001 – Estatuto da Cidade; e a Lei n. 13.123/2015, que cuida do acesso ao patrimônio genético, ao conhecimento tradicional, acesso à tecnologia e à conservação e utilização da diversidade biológica, entre outros.

3.1. Proteção ao meio ambiente nas Constituições estrangeiras

Conforme afirmamos, a tutela do meio ambiente originou-se no âmbito internacional e passou aos ordenamentos jurídicos internos como tema constitucional de grande importância, inserindo-se nele como direito fundamental da pessoa humana. A Constituição da Alemanha, de 1949 (arts. 20, 24 e 74), já estabelecia normas protetoras do comércio de produtos alimentares, artigos de consumo, sementes e plantas agrícolas e florestais, eliminação de lixo, combate à poluição e luta contra o ruído, entre outros; a Suíça insere em sua Constituição, por meio de emenda constitucional, em 1957 (art. 24), a proteção das florestas e das águas superficiais e subterrâneas contra a poluição; a Constituição da Bulgária, de 1971 (art. 31), estabelece que a proteção da natureza e das riquezas naturais do solo, da água e do ar é incumbência do Estado e do cidadão; a Constituição de Cuba, de 1976 (art. 27), declara que cabe ao Estado e à sociedade proteger a natureza para assegurar o bem-estar dos cidadãos, assim como a manutenção da limpeza das águas, da atmosfera e a proteção do solo, da fauna e da flora; a Constituição soviética de 1977 (art. 18) – hoje revogada – estabelecia que "no interesse da presente e das futuras gerações se adotam na URSS as medidas necessárias para a proteção e o uso racional, cientificamente fundamentado, da terra e do solo, dos recursos hídricos, da flora, da fauna, para conservar limpos o ar e a água, assegurar a reprodução das riquezas naturais e o melhoramento do meio ambiente"; a Constituição espanhola de 1976 (art. 66) inseriu vários dispositivos relativos à proteção ao meio ambiente, como o que estabelece que "todos têm direito a um ambiente de vida humana sadio e ecologicamente equilibrado e o dever de o defender"; a Constituição do Chile, de 1981, determina o direito de viver em um ambiente livre de contaminação e o dever do Estado de zelar para que este direito não seja afetado, como também o seu dever de preservar a natureza; por fim, a Constituição da China, de 1982, declara que os recursos naturais e ambientais são propriedade do Estado ou da coletividade (art. 9º) e que o Estado protege e melhora o meio ambiente e o ambiente ecológico e previne e elimina a poluição ambiental e outros males comuns, assim como organiza e estimula o reflorestamento e protege tanto os bosques como as árvores (art. 26).

3.2. Proteção ao meio ambiente no âmbito interno

A partir da Declaração de Estocolmo, outras manifestações no sentido da proteção ao meio ambiente foram consolidando as necessidades ali elencadas: a Carta Mundial da Natureza de 1982, o Protocolo de Montreal para proteção da camada de ozônio de 1987, a Declaração do Rio, constante da Agenda 21, a Declaração Universal dos Direitos Humanos (art. 25), a Conferência Internacional sobre a Biosfera de 1988, o Pacto das Nações Unidas (art. 11), a Lei n. 13.123/2015, até chegarmos à COP-21, ocorrida em Paris em 2015, e à COP-22, ocorrida em Marrakesh em 2016.

A COP-21 buscou e alcançou um novo acordo internacional sobre o clima, aplicável a todos os países, com o objetivo de manter o aquecimento global abaixo dos 2°C. A UNFCCC foi adotada durante a Cúpula da Terra do Rio de Janeiro, em 1992, e entrou em vigor no dia 21 de março de 1994. Ela foi ratificada por 196 Estados, que constituem as "Partes" para a Convenção.

A COP-22 visa colocar em prática o acordo sobre o clima de Paris. No entanto, entraves importantes à consecução do objetivo da COP-22 se devem à posição dos Estados Unidos, um dos que mais contribuem para o aquecimento global, a partir de 2017, com o novo governo que se instala naquele país.

A Declaração de Estocolmo, de 1972, determina, em seu artigo primeiro, que o meio ambiente deve ser tutelado, por ser o meio onde vivem os seres humanos. Com base nesse entendimento, os juristas, os organismos internacionais, os pactos, os tratados e as Constituições de diversos países do mundo têm que as normas constitucionais passaram a proclamar e assegurar o direito ao meio ambiente sadio e ecologicamente equilibrado, considerando-o como um direito difuso. A partir de então, surge o que se pode denominar "constitucionalismo ecológico", tendo a maioria dos países imposto ao Estado o dever de defender o meio ambiente e controlar as atividades que possam inviabilizar essa proteção, bem como a obrigação de abster-se de ações atentatórias ou lesivas ao ambiente, conferindo aos lesados o direito de fazer cessar, por meio do emprego de medidas jurisdicionais, esses atentados e de pleitear indenizações por danos patrimoniais e morais.

No Brasil, já no início da década de 1980, havia a preocupação em proteger o meio ambiente. Em 1981 foi editada a Lei n. 6.938[64], tratando da Política Nacional do Meio Ambiente. A referida lei impôs a responsabilidade civil objetiva por dano ecológico. Em 1985 surgiu a Lei n. 7.347[65], que regulamentou a ação civil pública para a tutela e defesa em juízo do meio ambiente e de outros interesses difusos e coletivos. Nessa mesma década, em 1988, foi implementada a nossa Constituição Federal vigente, que dedicou tratamento especial ao meio ambiente, de forma implícita e explícita.

64 A Lei n. 6.938, de 31-8-1981, dispõe sobre a Política Nacional do Meio Ambiente, seus fins e mecanismos de formulação e aplicação, e dá outras providências.

65 A Lei n. 7.347, de 24-7-1985, disciplina a ação civil pública de responsabilidade por danos causados ao meio ambiente, ao consumidor, a bens de direitos de valor artístico, estético, histórico, turístico e paisagístico (*vetado*) e dá outras providências.

3.3. Proteção ao meio ambiente no constitucionalismo brasileiro

A proteção ao meio ambiente natural foi inserida no constitucionalismo brasileiro a partir da Constituição de 1946, na qual constava orientação protetora da saúde e sobre a competência da União para legislar sobre água, florestas, caça e pesca, o que possibilitava a elaboração de leis como o Código Florestal e os códigos de saúde pública, de Águas e de Pesca, tal qual assevera José Afonso da Silva[66].

A Constituição de 1988 recepcionou plenamente a proteção ao meio ambiente: a matéria é tratada de forma expressa em capítulo específico sobre o tema, inserido no título da Ordem Social, constituindo, portanto, um direito social do homem – art. 225 (Cap. VI do Título VIII). Esse artigo encerra toda a matéria do capítulo, atinente ao meio ambiente:

"Art. 225. Todos têm direito ao meio ambiente ecologicamente equilibrado, bem de uso comum do povo e essencial à sadia qualidade de vida, impondo-se ao Poder Público e à coletividade o dever de defendê-lo e preservá-lo para as presentes e futuras gerações.

§ 1º Para assegurar a efetividade desse direito, incumbe ao Poder Público:

I – preservar e restaurar os processos ecológicos essenciais e prover o manejo ecológico das espécies e ecossistemas;

II – preservar a diversidade e a integridade do patrimônio genético do País e fiscalizar as entidades dedicadas à pesquisa e manipulação de material genético;

66 Direito ambiental constitucional, p. 46.

III – definir, em todas as unidades da Federação, espaços territoriais e seus componentes a serem especialmente protegidos, sendo a alteração e a supressão permitidas somente através de lei, vedada qualquer utilização que comprometa a integridade dos atributos que justifiquem sua proteção;

IV – exigir, na forma da lei, para instalação de obra ou atividade potencialmente causadora de significativa degradação do meio ambiente, estudo prévio de impacto ambiental, a que se dará publicidade;

V – controlar a produção, a comercialização e o emprego de técnicas, métodos e substâncias que comportem risco para a vida, a qualidade de vida e o meio ambiente;

VI – promover a educação ambiental em todos os níveis de ensino e a conscientização pública para a preservação do meio ambiente;

VII – proteger a fauna e a flora, vedadas, na forma da lei, as práticas que coloquem em risco sua função ecológica, provoquem a extinção de espécies ou submetam os animais a crueldade.

§ 2º Aquele que explorar recursos minerais fica obrigado a recuperar o meio ambiente degradado, de acordo com solução técnica exigida pelo órgão público competente, na forma da lei.

§ 3º As condutas e atividades consideradas lesivas ao meio ambiente sujeitarão os infratores, pessoas físicas ou jurídicas, a sanções penais e administrativas, independentemente da obrigação de reparar os danos causados.

§ 4º A Floresta Amazônica Brasileira, a Mata Atlântica, a Serra do Mar, o Pantanal Mato-Grossense e a Zona Costeira são patrimônio nacional, e sua utilização far-se-á, na forma da lei, dentro de condições que assegurem a preservação do meio ambiente, inclusive quanto ao uso dos recursos naturais.

§ 5º São indisponíveis as terras devolutas ou arrecadadas pelos Estados, por ações discriminatórias, necessárias à proteção dos ecossistemas naturais[67].

§ 6º As usinas que operem com reator nuclear deverão ter sua localização definida em lei federal, sem o que não poderão ser instaladas".

De acordo com o art. 225 e respectivos incisos, o direito a um meio ambiente ecologicamente equilibrado é de *todos*, portanto de *brasileiros e estrangeiros*, inclusive das *gerações presentes e futuras*.

O *dever de defendê-lo e preservá-lo* cabe ao *Poder Público e à coletividade* (e não somente ao Poder Público), devendo também a sociedade se mobilizar para sua efetiva proteção.

O meio ambiente é *bem de uso comum do povo* e essencial à sadia qualidade de vida. Nesse sentido, o meio ambiente assume o caráter de bem, atendendo à possibilidade de uma proteção concreta e efetiva por parte do direito; no entanto, configura uma espécie de bem original, fora dos parâmetros do direito de propriedade ou do direito privado ou mesmo público, por não poder caber no âmbito da disponibilidade, seja da pessoa privada, seja da pessoa pública, daí sua caracterização como bem de natureza difusa.

Por "processos ecológicos essenciais", de acordo com o § 1º, I, do art. 225, entendemos os processos que asseguram as condições necessárias para uma adequada interação biológica.

67 No ED no AgRg no RE 259.267/SP estabeleceu-se que "a propriedade particular situada nas florestas e matas mencionadas no art. 225, § 4º, da Constituição Federal permanece como bem privado, devendo o Estado em que essa estiver localizada responder pela restrição que a ela impuser, visto que a expressão patrimônio nacional não as converteu em bens públicos da União" (STF, Min. Rel. Maurício Corrêa, *DJ*, 25-4-2003).

"Prover o manejo ecológico das espécies" significa lidar com as espécies de modo a conservá-las, recuperá-las, quando necessário. "Prover o manejo dos ecossistemas" quer dizer cuidar do equilíbrio das relações entre a comunidade biótica e o seu *habitat*, composto pelo mar, florestas, rios, pântanos etc.

"Preservar a diversidade e a integridade do patrimônio genético" (§ 1º, II) consistiria em preservar todas as espécies por meio do fator caracterizante e diferenciador da imensa quantidade de espécies vivas do País.

"Definir espaços territoriais e seus componentes a serem especialmente protegidos" (§ 1º, III) significa estabelecer a delimitação de área ecologicamente relevante, onde o uso do patrimônio ali inserido ficaria condicionado a disposições legais.

O "estudo prévio de impacto ambiental" (§ 1º, IV) configura um instrumento de prevenção de degradações significativas ao meio ambiente.

O controle da produção, comercialização e "emprego de técnicas, métodos e substâncias que comportem risco para a vida, a qualidade de vida e o meio ambiente" (§ 1º, V) tem em vista a interferência do Poder Público na seara privada, com o objetivo de impedir práticas danosas ao meio ambiente e à saúde da população.

"Promover a educação ambiental em todos os níveis de ensino e a conscientização pública para a preservação do meio ambiente" (§ 1º, VI) configura uma forma de promover a conscientização ecológica para a efetivação de práticas conscientemente preservacionistas.

José Afonso da Silva defende que o artigo é composto de três tipos de normas: o primeiro, que o autor chamou de "norma-princípio" ou "norma-matriz", revela que *o meio ambiente ecologicamente equilibrado é um direito de todos*; o segundo, formado pelo § 1º e seus respectivos incisos, estabelece os instrumentos de garantia da efetividade do direito a um meio ambiente ecologicamente equilibrado: são as *"normas-instrumentos" da eficácia do princípio*, assim como são normas que outorgam direitos e impõem deveres relativamente ao setor ou ao recurso ambiental que é objeto delas; o terceiro é formado por um conjunto de determinações particulares em relação a objetos e setores, referidos nos §§ 2º a 6º, especialmente no § 4º do art. 225, *nos quais a incidência do princípio contido no* caput *se revela de primordial exigência e urgência, dado que são elementos sensíveis que requerem imediata proteção e direta regulamentação constitucional, a fim de que sua utilização, necessária talvez ao progresso, se faça sem prejuízo ao meio ambiente*[68].

O meio ambiente também é tratado de forma *implícita* ou *atrelado a temas fundamentais da ordem constitucional.*

3.4. Proteção ao meio ambiente na Constituição de 1988

O meio ambiente encontra-se implicitamente protegido no capítulo atinente aos direitos fundamentais do homem, mais especificamente como parte integrante do direito à vida (art. 5º, *caput*). Encontra-se protegido expressamente, no mesmo art. 5º, LXXIII, quando é prevista a ação popular como instrumento judicial contra ato atentatório ao meio ambiente. Também é mencionado expressamente em dispositivos como o art. 20, II, IX e X, quando se determina que entre os bens da União constam as terras devolutas indispensáveis à preservação do meio ambiente, os recursos minerais, inclusive os do subsolo, as cavidades naturais subterrâneas e os sítios arqueológicos e pré-históricos, que deverão ser preservados pelo fato

68 *Direito ambiental constitucional*, p. 52.

de fazerem parte do patrimônio histórico natural do Brasil; no art. 22, IV e XII, reafirma a competência legislativa privativa da União sobre águas, energia, jazidas, minas e outros recursos minerais; nos arts. 23, III, IV, VI e VII, e 24, VI, VII e VIII, dispõe sobre a competência legislativa comum e concorrente da União, dos Estados, do Distrito Federal e dos Municípios no que atina às questões ambientais e à proteção do meio ambiente; o art. 129, III, enumera entre as funções institucionais conferidas ao Ministério Público a de promover o inquérito civil e a ação civil pública para a tutela do meio ambiente e de outros interesses difusos e coletivos; o art. 170, III e VI, ao se referir à função social da propriedade como princípio constitucional estabelece a defesa do meio ambiente como princípio norteador da ordem econômica, em consonância com o desenvolvimento sustentável. Nesse tocante, cumpre ressaltar que, a partir da referida determinação constitucional, tudo o que estiver relacionado ao desenvolvimento econômico deverá levar em consideração também a manutenção de um meio ambiente saudável.

No art. 174, § 3º, a Constituição estabelece um elo entre a organização da atividade de garimpagem em cooperativas pelo Estado e a preservação ou proteção ambiental; nos arts. 182 e 183, resguarda o meio ambiente artificial quando traça diretrizes para a política urbana e determina a preservação dos direitos à moradia, às condições adequadas de trabalho e de circulação humana; no art. 186, II, determina que a adequada utilização dos recursos naturais e a preservação do meio ambiente constituem requisitos da função social da propriedade rural, e a falta de atenção a esses preceitos poderá acarretar a desapropriação para reforma agrária (art. 184 da CF); nos arts. 196 a 200, reconhece a saúde como direito de todos e dever do Estado, garantindo que esse direito possa ser efetivado mediante políticas socioeconômicas que visem à redução do risco de doença, assim como por meio de normas sobre o Sistema

Único de Saúde. No art. 200, VIII, combinado com os arts. 1º, III e IV, 5º, *caput*, e 7º, XXII, determina que o Sistema Único de Saúde deve colaborar na proteção ao meio ambiente do trabalho e pleiteia a redução dos riscos inerentes ao trabalho por meio de normas de saúde, higiene e segurança. A partir desse dispositivo, vincula o direito à saúde ao direito a um meio ambiente saudável. Isso pelo fato de que, para a Organização Mundial da Saúde, integra o conceito de saúde, além da ausência de uma doença, o bem-estar físico, mental e social.

Nos arts. 205, 215, 216, 218 e 219, assegura a todos a educação, o acesso à cultura, protegendo o patrimônio cultural e incentivando a ciência e a tecnologia (preservando assim o patrimônio cultural como um direito difuso). Nos arts. 220 a 224 traça o regime jurídico da comunicação social, resguardando a todos não só o direito de antena ou o direito de ser informado ou comunicado no âmbito jornalístico, cultural, educativo e artístico, senão também o de defender-se de propagandas de produtos, práticas e serviços lesivos à saúde e ao meio ambiente; no art. 208, protege os portadores de deficiência físico-mental cujos interesses são difusos e coletivos, sendo dever do Estado atender à sua educação especializada. Nos arts. 226 a 230, ampara a família, a criança, o adolescente e o idoso, vinculando direitos difusos com absoluta prioridade ao atendimento de seus interesses voltados à saúde, à alimentação etc. Por fim, o art. 225, dedicado exclusivamente à proteção ao meio ambiente, estabelece a garantia do Estado no que diz respeito ao direito de acesso de todos a um meio ambiente sadio e ecologicamente equilibrado. No referido artigo, o legislador constituinte considera o meio ambiente bem de uso comum do povo e essencial à sadia qualidade de vida, sendo dever do Poder Público: preservar e restaurar os processos ecológicos essenciais; preservar a diversidade e a integridade do patrimônio genético do País; fiscalizar as entidades destinadas à pesquisa e manipulação de material genético; definir espaços territoriais a serem protegidos; exigir, para instalação de obra ou atividade potencialmente causadora de significativa degradação ambiental, estudo prévio de impacto ambiental; controlar a produção, a comercialização e o emprego de técnicas, métodos e substâncias que comportem risco para a vida, a qualidade de vida e o meio ambiente; promover a educação ambiental e a conscientização pública para a preservação ambiental e proteger a fauna e a flora. Além disso, o referido artigo estabelece obrigação de recuperar o meio ambiente degradado a todo aquele que explorar recursos minerais; sujeita os infratores, pessoas físicas ou jurídicas, a sanções penais e administrativas, sem prejuízo do dever de ressarcir o dano causado ao meio ambiente; nomeia como patrimônio nacional a Floresta Amazônica brasileira, a Mata Atlântica, a Serra do Mar, o Pantanal Mato-Grossense e a Zona Costeira; declara a indisponibilidade das terras devolutas ou arrecadadas pelo Estado necessárias à proteção dos ecossistemas naturais e estabelece a possibilidade de instalação de usinas nucleares nos locais definidos por lei.

Artigos da Constituição Federal de 1988 diretamente relacionados ao Direito Ambiental

Artigo(s) da CF	Sistema de Proteção
Art. 5º, *caput*	Direito à vida.
Art. 5º, LXXIII	Ação popular.
Art. 20, II, IX e X	Bens da União.
Art. 22, IV e XII	Competência legislativa privativa da União.
Arts. 23, III, IV, VI e VII, e 24, VI, VII e VIII	Competência legislativa comum e concorrente da União, dos Estados, do Distrito Federal e dos Municípios.
Art. 129, III	Ministério Público – tutela do meio ambiente.
Art. 170, III e VI	Função social da propriedade.
Art. 174, § 3º	Garimpagem.
Arts. 182 e 183	Resguardam o meio ambiente artificial.
Art. 186, II	Função social da propriedade rural.
Arts. 196 a 200	Saúde e meio ambiente.

Art. 200, VIII, combinado com os arts. 1º, III e IV, 5º, *caput*, e 7º, XXII	Vinculam o direito a saúde a um meio ambiente saudável.
Arts. 205, 215, 216, 218 e 219	Preservam o patrimônio cultural como um direito difuso.
Arts. 220 a 224	Direito de antena e de defender-se de propagandas enganosas.
Art. 225	Dedicado exclusivamente à proteção ao meio ambiente, estabelece a garantia do Estado no que diz respeito ao direito de acesso de todos a um meio ambiente sadio e ecologicamente equilibrado.
Arts. 226 a 230	Defesa de segmentos sociais.

3.5. Meio ambiente e sua divisão em espécies

José Afonso da Silva[69] define o direito ambiental objetivo como o "conjunto de normas jurídicas disciplinadoras da *proteção da qualidade do meio ambiente*" (grifo nosso). A nosso ver, essa definição tem como suporte fundamental o disposto no art. 225 da Constituição Federal, que determina que "todos têm direito ao meio ambiente ecologicamente equilibrado, bem de uso comum do povo e *essencial à sadia qualidade de vida*, impondo-se ao Poder Público e à coletividade o dever de defendê-lo e preservá-lo para as presentes e futuras gerações" (grifo nosso). De acordo com o art. 3º, I, da Lei n. 6.938/81 – Lei da Política Nacional do Meio Ambiente –, entende-se por meio ambiente "o conjunto de condições, leis, influências e interações de ordem física, química e biológica, que permite, abriga e rege a vida em todas as suas formas". Os recursos ambientais seriam "a atmosfera, as águas interiores, superficiais e subterrâneas, os estuários, o mar territorial, o solo, o subsolo, os elementos da biosfera, a fauna e a flora". José Afonso da Silva, com base na Constituição, amplia essa definição, ao dizer que o meio ambiente configuraria a *interação do conjunto de elementos natu-*

69 *Direito ambiental constitucional*, p. 42.

rais, artificiais e culturais que propiciem o desenvolvimento equilibrado da vida em todas as suas formas[70]. A partir dessa definição, o referido autor estabelece como *modalidades do meio ambiente*: o meio ambiente natural, o artificial, o cultural e o do trabalho.

Assim, podemos afirmar que as inovações trazidas pela Constituição de 1988 – especialmente no art. 225 –, no que diz respeito ao nosso objeto de estudo, deram-se por meio da inserção: a) do conceito de meio ambiente como, além de um bem de uso comum do povo – direito público –, um bem essencial à sadia qualidade de vida – direito difuso; b) do meio ambiente artificial, cultural e do trabalho como modalidades de meio ambiente, além do meio ambiente natural. Com isso, a Constituição estabelece, a nosso ver, uma proteção especial aos objetos de outros ramos do direito, como ao objeto do direito urbanístico e do direito do trabalho, ou seja, ao espaço urbano e ao espaço onde são desenvolvidas atividades laborais, conferindo a eles *status* de bem ambiental.

3.5.1. Meio ambiente natural

O *meio ambiente natural* é a matriz e o objeto maior protegido pela Constituição; as demais espécies de meio ambiente configuram uma ampliação desse conceito. É constituído do solo, da água, do ar atmosférico, da flora, da fauna e da interação dos seres vivos com o seu meio. É ele que o art. 3º da Lei n. 6.938/81 conceitua. A proteção ao meio ambiente dito natural, além de visar a preservá-lo com qualidade satisfatória, tendo em vista a sobrevivência da vida humana na terra, visa também a promover o equilíbrio entre o desenvolvimento econômico e a referida preservação. Objetiva, ainda, evitar o desmata-

70 *Direito ambiental constitucional*, p. 2.

mento, a poluição[71], a degradação do solo, dos mares, dos rios e do ar, identificar os poluidores e os poluentes, assim como promover uma consciência ecológica protetora desse bem maior.

A Lei n. 6.938/81, em seu art. 3º, IV, entende por poluidor "a pessoa física ou jurídica, de direito público ou privado, responsável, direta ou indiretamente, por atividade causadora de degradação ambiental". Para Mário Guimarães Ferri, *poluente é todo fator de perturbação das condições ambientais, não importa a sua natureza, viva ou não, química ou física, orgânica ou inorgânica*[72].

Segundo José Afonso da Silva[73], a ação predatória do meio ambiente natural manifesta-se mediante a destruição dos elementos que o compõem – por meio da derrubada das matas –, e a contaminação por substâncias que lhes alterem a qualidade, impedindo o seu uso normal – poluição do ar, das águas do solo e da paisagem. A atmosfera – o ar e o clima –, a hidrosfera – os rios, lagos e oceanos – e a litosfera – o solo – configuram três órbitas que, entrelaçadas, mantêm a vida orgânica. Representam também um sistema porque, conforme apontamos no conceito de meio ambiente e de direito ambiental – Capítulo 2 –, a contaminação de uma das órbitas compromete a pureza das outras, direta ou indiretamente. E essa contaminação é vetada por lei: a alteração adversa das características do meio ambiente é definida como degradação da qualidade ambiental – art. 3º, II, da Lei n. 6.938/81.

O solo configura a base espacial dos recursos ambientais. Da perspectiva ecológica, ele é constituído pela camada da su-

71 Sobre o conceito de poluição, *vide* o art. 1º do Decreto-Lei n. 303/67 e o Decreto federal n. 76.389/75, que versa sobre a poluição industrial.

72 Cf. Mário Guimarães Ferri, *Ecologia e poluição*, p. 179.

73 *Direito ambiental brasileiro*, p. 28-29.

perfície da crosta terrestre, onde são abrigadas as raízes de plantas. É o meio em que a litosfera, a hidrosfera e a atmosfera entram em contato. As normas protetoras do meio ambiente têm em vista evitar todas as formas de deterioração do solo, tais como a poluição, a degradação química, a erosão e o esgotamento. No que diz respeito à poluição, a legislação federal, por meio do Decreto n. 49.974-A, de 21-1-1961, chamado Código Nacional de Saúde, que regulamenta a Lei n. 2.312/54, referente às Normas Gerais sobre Defesa e Proteção da Saúde (art. 40), estabelece normas concernentes às condições da coleta, transporte e destino do lixo, que devem ser processadas sem causar danos à saúde, ao bem-estar público e à estética. Também a Resolução n. 6, de 15-6-1988, do Conselho Nacional do Meio Ambiente (CONAMA), dispõe sobre o controle específico de resíduos gerados ou existentes no processo de licenciamento de indústrias metalúrgicas, químicas e geradoras de resíduos perigosos, indústrias que possuam sistema de tratamento de águas residuárias do processo industrial e as de qualquer natureza que possuam mais de 500 funcionários (*v.* Resolução CONAMA n. 5, de 5-8-1993). No que diz respeito ao sistema de manejo do solo agrícola, a Lei n. 6.225/75 determina que o Ministério da Agricultura discrimine regiões para a execução de planos de proteção do solo e de combate à erosão.

A poluição atmosférica constitui a presença de substância(s) estranha(s) ou a variação importante na proporção de seus constituintes, o que pode provocar efeitos prejudiciais ou gerar doenças. Inúmeros são os agentes poluidores da atmosfera, na sociedade atual: as indústrias, os veículos movidos a combustíveis líquidos ou gasosos, as chaminés domésticas, a queima de campos e florestas, a instalação de incineração, de combustão ou de aquecimento. A tutela da qualidade do ar consta no art. 38 da Lei das Contravenções Penais, quando estabelece como contraventor aquele que provocar, abusivamente, emissão de fumaça, vapor ou gás que possa ofender ou molestar alguém. Também o art. 252 do Código Penal estabelece que fica sujeito à pena de reclusão, de um a quatro anos, e multa quem expuser "a perigo a vida, a integridade física ou o patrimônio de outrem, usando de gás tóxico ou asfixiante". O Decreto-Lei n. 1.413/75 dispõe sobre o controle da poluição do meio ambiente provocada por atividades industriais. Quanto à poluição do ar por veículos automotores, o Código de Trânsito Brasileiro (CTB) – Lei n. 9.503/97, em seu art. 104, determina que os veículos em circulação terão suas condições de segurança, de controle de emissão de gases poluentes e de ruído avaliadas mediante inspeção, que será obrigatória, na forma e periodicidade estabelecidas pelo CONTRAN para os itens de segurança e pelo CONAMA para a emissão de gases poluentes e ruídos. A Lei n. 8.723/93, no art. 1º, determina que os fabricantes de motores e de veículos automotores e os fabricantes de combustíveis fiquem obrigados a tomar as providências necessárias para reduzir os níveis de emissão de monóxido de carbono, óxido de nitrogênio, hidrocarbonetos, alcoóis, aldeídos, fuligem, material particulado e outros componentes poluentes nos veículos comercializados no País, enquadradando-se nos limites fixados nessa lei.

A poluição da água é tida como qualquer alteração em suas propriedades físicas, químicas ou biológicas que possa gerar prejuízos à saúde, à segurança e ao bem-estar das populações, causar dano à flora e à fauna ou comprometer seu uso para fins sociais e econômicos (*v.* o art. 13, § 1º, do Dec. n. 73.030/73[74]). O Código Penal prevê a proteção das águas potáveis[75] contra envenenamento, corrupção ou poluição – arts. 270 e 271. A Resolução do CONAMA n. 20, de 18-7-1986, fixou parâmetros para a classificação das águas doces, salinas e salobras, segundo

74 Esse conceito harmoniza-se com o conceito de poluição do meio ambiente estabelecido pela Lei da Política Nacional do Meio Ambiente, Lei n. 6.938/81, em seu art. 3º, III.

75 Água potável é aquela isenta de elementos insalubres e adequada para beber. Cf. Paulo José da Costa Jr., *Direito penal objetivo*, p. 540.

seus usos predominantes, em vista dos quais os órgãos competentes devem estabelecer programas de controle da poluição hídrica para que os padrões de qualidade das diversas classes sejam obedecidos. A Lei n. 9.433/97 instituiu a Política Nacional de Recursos Hídricos, o que significa dar organicidade, assim como sistematizar as formas de proteção dos recursos hídricos brasileiros, tendo em vista, além da proteção contra a poluição, a promoção da qualidade da água satisfatória para a manutenção da vida na superfície terrestre.

Os instrumentos da Política Nacional dos Recursos Hídricos – art. 5º da Lei n. 9.433/97	
I	os Planos de Recursos Hídricos;
II	o enquadramento dos corpos de água em classes, segundo os usos preponderantes da água;
III	a outorga dos direitos de uso de recursos hídricos;
IV	a cobrança pelo uso de recursos hídricos;
V	a compensação a municípios; e
VI	o sistema de informações sobre recursos hídricos.

A Lei n. 9.433/97 criou o Sistema de Gerenciamento de Recursos Hídricos, que tem como objetivos (art. 32):

I – coordenar a gestão integrada das águas;

II – arbitrar administrativamente os conflitos relacionados com os recursos hídricos;

III – implementar a Política Nacional de Recursos Hídricos;

IV – planejar, regular e controlar o uso, a preservação e a recuperação dos recursos hídricos;

V – promover a cobrança pelo uso de recursos hídricos.

Cumpre ressaltar que o Sistema Nacional dos Recursos Hídricos é formado por uma grande quantidade de órgãos que o integram, constituindo uma organização complexa e burocratizada: o Conselho Nacional, os Conselhos Estaduais, os Comitês de Bacia, a Agência de Águas, além das organizações civis.

3.5.2. Meio ambiente artificial

O *meio ambiente artificial* é formado pelo espaço urbano construído, como o conjunto de edificações, equipamentos urbanos e comunitários, arquivos, pinacotecas, museus, registros, bibliotecas e instalações científicas, ou seja, pelos espaços urbanos fechados. Também configuram o meio ambiente artificial os espaços abertos como ruas, praças, áreas verdes.

Até o advento da Constituição de 1988, o espaço das cidades era protegido por ser um bem público, em sentido amplo, já que dentro do espaço das cidades encontram-se encravados bens de natureza privada, mesmo que estes sofram limitações de ordem pública. Com a nova Carta Magna, o espaço urbano passou à categoria de direito difuso, essencial à sadia qualidade de vida. Desse modo, a regulamentação da organização da cidade – objeto do direito urbanístico – assumiu outra dimensão, já que a cidade configura bem essencial à sadia qualidade de vida – vida com dignidade –, devendo, portanto, o aspecto difuso do meio ambiente artificial ser levado em consideração sempre que nos depararmos com um bem objeto de proteção do direito urbanístico.

De acordo com a definição de meio ambiente artificial, acima exposta, encontra-se ele inserido no conceito de cidade. Assim, esta assume natureza jurídica de bem ambiental, além da natureza jurídica de objeto do direito urbanístico, na Constituição de 1988 e, especialmente, no Estatuto da Cidade – Lei n. 10.257/2001. A Constituição de 1988 estabelece normas gerais de proteção ao meio ambiente, contemplando também o meio ambiente artificial de forma indireta, como espécie do gênero meio ambiente. O art. 182 da nossa Carta Magna trata especificamente do meio ambiente artificial ou urbano:

"Art. 182. A política de *desenvolvimento urbano*, executada pelo Poder Público municipal, conforme diretrizes gerais fixadas em lei, tem por objetivo ordenar o pleno desenvolvimento das *funções sociais da cidade* e garantir o *bem-estar de seus habitantes*" (grifo nosso).

O art. 30, VIII, da Constituição Federal atribui ao Município a competência para promover o adequado ordenamento territorial, mediante planejamento e controle do uso, do parcelamento e da ocupação do solo urbano, assim como a competência suplementar residual (incisos I e II do art. 30).

Dessa forma, as principais funções sociais da cidade podem ser identificadas na promoção: da habitação, com a moradia digna, cabendo ao Poder Público proporcionar as condições de habitação adequada e fiscalizar sua ocupação; da circulação, por meio de um adequado sistema de transportes; do lazer, com a criação de praças e áreas verdes; e do trabalho, viabilizando o desenvolvimento das atividades laborais mediante a criação de espaços apropriados em que ele poderá desenvolver-se[76].

Além da competência municipal para a proteção do meio ambiente artificial, a Constituição Federal, em seu art. 21, XX, atribui à União competência material para instituir diretrizes ao desenvolvimento urbano, inclusive habitação, saneamento básico e transportes urbanos. Atribui, ainda, em seu art. 24, XII, à União no que diz respeito à tutela do bem ambiental artificial, a competência legislativa concorrente para a proteção e defesa da saúde. Assim, cabe à União fixar diretrizes gerais relativamente à política urbana a ser desenvolvida pelos Estados e Municípios. O Município tem autonomia para organização de serviços públicos de interesse local, conforme preceitua o art. 30, V, da nossa Carta Magna.

De acordo com a Constituição, a propriedade urbana, encravada em espaço pertencente ao meio ambiente artificial,

76 Cf. Celso Antonio Pacheco Fiorillo, *Curso de direito ambiental brasileiro*, p. 249.

deve cumprir sua função social. Nesse sentido, os §§ 1º e 2º do art. 182 da Constituição estabelecem:

"§ 1º O plano diretor, aprovado pela Câmara Municipal, obrigatório para cidades com mais de vinte mil habitantes, é o instrumento básico da política de desenvolvimento e de expansão urbana.

§ 2º A propriedade urbana cumpre sua função social quando atende às exigências fundamentais de ordenação da cidade expressas no plano diretor".

Cabe, portanto, ao Município com mais de 20.000 habitantes, por meio do plano diretor, fixar as exigências fundamentais de ordenação da cidade, com vistas a limitar o direito de propriedade dos particulares e proporcionar, assim, sadia qualidade de vida a toda a coletividade[77].

A origem das cidades tem como marco desencadeador as grandes mudanças, no que diz respeito à organização produtiva, já que essa forma de organização transformou, ao longo da história, o cotidiano das pessoas, ocasionando, de maneira bastante acelerada, elevado desenvolvimento demográfico.

Viver em um ambiente ecologicamente equilibrado envolve não só uma relação material territorial dos seres humanos com o meio, objeto do direito urbanístico, mas também relações complexas fundamentais, no sentido de assegurar a dignidade da pessoa humana (art. 1º, III, da Constituição). Dessarte, os chamados "espaços habitáveis" pelas pessoas, os quais compõem o conceito e a definição doutrinária de meio ambiente artificial, devem ser entendidos em termos de piso vital mínimo, de acordo com o art. 6º da Constituição Federal, e das

77 Nesse sentido, cf. Celso Antonio Pacheco Fiorillo, *Curso de direito ambiental brasileiro*, p. 251.

demais necessidades inerentes à existência humana, tendo em vista não somente a ordem econômica capitalista, ou seja, o trabalho, o consumo, a locomoção etc., senão também aspectos ligados ao direito à intimidade, a ser adepto de uma religião, ao lazer, à morte etc.

Existe estreita vinculação entre a tutela constitucional do meio ambiente artificial e os dispositivos ambientais constitucionais, que delimitam os espaços construídos e habitáveis pela pessoa humana, sempre levando em consideração a ordem econômica (arts. 1º, IV, e 170 da CF), assim como a observância ao princípio da dignidade da pessoa humana (art. 1º, IV, da CF).

O Estatuto da Cidade – Lei n. 10.257/2001 – configura a norma norteadora do meio ambiente artificial. Referida lei disciplina o uso da propriedade urbana, as principais diretrizes do meio ambiente artificial, baseada no equilíbrio do meio ambiente (*v.* art. 1º), sempre observando os dispositivos jurídicos descritos nos arts. 182 e 183 da Constituição Federal. O art. 2º, I, da Lei n. 10.257/2001 tem como diretriz geral a garantia do direito às cidades sustentáveis, entendido como o direito à terra urbana, à moradia, ao saneamento ambiental, à infraestrutura urbana, ao transporte e aos serviços públicos, ao trabalho e ao lazer, sempre levando em consideração a observância da dignidade da pessoa humana e seus destinatários, que são os brasileiros e os estrangeiros residentes no País.

No que diz respeito à terra urbana, o Estatuto da Cidade assegura aos brasileiros e estrangeiros residentes no País o uso de determinada porção territorial no âmbito das cidades para que possam realizar as atividades fundamentais vinculadas às suas necessidades de existência digna dentro da ordem econômica do Brasil.

O direito à moradia garante também o uso de determinada porção territorial no âmbito das cidades, denominado direito à casa (art. 5º, XI, da CF), para que possam ter um local destinado a assegurar asilo inviolável com a finalidade de garantir fundamentalmente seu direito à intimidade, à vida privada (art. 5º, X, da CF), assim como a organização de sua família (arts. 226 a 230 da CF).

O direito ao saneamento ambiental permite a preservação da incolumidade físico-psíquica (saúde), vinculada ao local onde vivem, bem como a dos demais valores vinculados à tutela dos bens ambientais adstritas a determinado meio em que referidas pessoas humanas se relacionam.

O direito à infraestrutura urbana assegura a efetiva realização por parte do Poder Público municipal de obras ou mesmo atividades destinadas a tornar efetivo o pleno desenvolvimento das funções sociais da cidade, fixando o direito ao espaço urbano construído, consistente tanto no chamado espaço urbano aberto como no fechado.

O direito ao transporte garante os meios necessários destinados à livre locomoção. E, com isso, o direito a vias na cidade adaptadas à circulação de pessoas como de operações próprias, tendo em vista o pleno desenvolvimento das atividades econômicas e observando as necessidades fundamentais, que dizem respeito à dignidade da pessoa humana.

O direito aos serviços públicos é conferido pelo Poder Público, na condição de fornecedor de serviços de rede de esgotos, abastecimento de água, energia elétrica, coleta de águas pluviais, rede telefônica etc.

O direito ao trabalho é entendido como toda e qualquer atividade humana vinculada à transformação dos recursos ambientais, para satisfazer determinadas necessidades da pessoa humana.

O direito ao lazer permite exercício de atividades prazerosas no âmbito da cidade (atividades culturais e disposição de áreas livres).

A execução da política urbana, conforme anteriormente salientado, encontra-se prevista no Estatuto da Cidade – Lei n. 10.257/2001 –, devendo pautar-se sempre na promoção da dignidade da pessoa humana. A referida lei estabelece como instrumentos planos (art. 4º, I), planejamentos (art. 4º, II e III) e institutos (art. 4º, IV e V), assim como impõe a utilização do Estudo Prévio de Impacto Ambiental (art. 4º, VI), como principal instrumento, com vistas a efetiva tutela do meio ambiente. A partir dessa ideia, instituiu o Estudo Prévio de Impacto de Vizinhança, tratado no mesmo art. 4º, VI, e arts. 36 a 38. No que diz respeito ao planejamento municipal, estabelece o plano diretor (arts. 4º, III, *a*, e 39 a 42) e disciplina o parcelamento, o uso e a ocupação do solo (arts. 4º, III, *b*, e 5º e 6º). No âmbito tributário e financeiro destaca o Imposto sobre a Propriedade Predial e Territorial Urbana – IPTU (arts. 4º, V, *a*, e 7º). Utiliza institutos jurídicos e políticos, tais como: a desapropriação (arts. 4º, V, *a*, e 8º), a concessão de uso especial para fins de moradia (arts. 4º, V, *h*, e 15 a 20 – vetados – Mensagem de Veto n. 730), usucapião especial de imóvel urbano (arts. 4º, V, *j*, e 9º a 14), o direito de superfície (arts. 4º, V, *l*, e 21 a 24), o direito de preempção (arts. 4º, V, *m*, e 25 a 27), outorga onerosa do direito de construir e de alteração de uso (arts. 4º, V, *n*, e 28 a 31), transferência do direito de construir (arts. 4º, V, *o*, e 35) e o instituto das chamadas operações urbanas consorciadas (arts. 4º, V, *p*, e 32 a 34).

3.5.3. Meio ambiente cultural

O *meio ambiente cultural* é formado pelo patrimônio histórico, artístico, arqueológico, paisagístico e turístico. Essa espécie de meio ambiente, por resultar da ação do homem, poderia ser igualmente considerada meio ambiente artificial; no entanto, dado o valor especial a ele atribuído, pelas caracterís-

ticas antes elencadas, o valor histórico, artístico, arqueológico etc. é tido como pertencente ao meio ambiente cultural. O objeto da tutela quando se fala na proteção do meio ambiente cultural é o patrimônio cultural de um povo. O art. 1º do Decreto-Lei n. 25/37 determinava constituir patrimônio histórico e artístico nacional o conjunto dos bens móveis e imóveis existentes no País cuja conservação fosse de interesse público, por vinculação a fatos memoráveis da história do Brasil ou por seu excepcional valor arqueológico ou etnográfico, bibliográfico ou artístico. A Constituição Federal de 1988 amplia esse conceito, ao determinar:

"Art. 216. Constituem patrimônio cultural brasileiro os bens de natureza material e imaterial, tomados individualmente ou em conjunto, portadores de referência à identidade, à ação, à memória dos diferentes grupos formadores da sociedade brasileira, nos quais se incluem:

I – as formas de expressão;

II – os modos de criar, fazer e viver;

III – as criações científicas, artísticas e tecnológicas;

IV – as obras, objetos, documentos, edificações e demais espaços destinados às manifestações artístico-culturais;

V – os conjuntos urbanos e sítios de valor histórico, paisagístico, artístico, arqueológico, paleontológico, ecológico e científico".

Como se pode verificar, o rol dos bens pertencentes ao meio ambiente cultural não é taxativo, mas exemplificativo, podendo ser nele incluídos outros bens da mesma natureza, desde que haja uma vinculação entre o referido bem e a identidade, a ação, a memória do povo brasileiro. Também não existem especificações próprias dos bens pertencentes ao patrimônio público ou privado, no sentido estrito que essas expressões possam alcançar, tais como materiais ou imateriais, singulares ou coletivos, móveis ou imóveis. Cremos que isso se dá pelo fato de serem bens de natureza difusa.

Os arts. 215 e 216, § 1º, da Constituição de 1988 a ele se referem:

"Art. 215. O Estado garantirá a todos o pleno exercício dos direitos culturais e acesso às fontes da cultura nacional, e apoiará e incentivará a valorização e a difusão das manifestações culturais.

"Art. 216. (...) § 1º O *Poder Público, com a colaboração da comunidade*, promoverá e protegerá o patrimônio cultural brasileiro, por meio de inventários, registros, vigilância, tombamento e desapropriação, e de outras formas de acautelamento e preservação" (grifo nosso).

Nesses artigos, a Constituição não somente estabelece a proteção do meio ambiente cultural, no sentido de sua preservação ou manutenção, mas determina a promoção dele, por meio da difusão, para que também as futuras gerações possam ter acesso às nossas manifestações culturais, podendo a elas acrescentar novas formas de expressão popular. Ainda no que se refere ao meio ambiente cultural, a Constituição fixa expressamente a necessidade de colaboração entre o Poder Público e a coletividade com vistas à implementação da tarefa de preservação e promoção dele, nos moldes do que é estabelecido no art. 225 da nossa Carta Magna.

A competência legislativa, no que diz respeito à proteção do meio ambiente cultural, é concorrente (art. 24, VII, da CF). Cabe aos Municípios legislar em caráter suplementar no que for de interesse local (art. 30, I e II, da CF); à União, estabelecer normas gerais acerca do patrimônio cultural; aos Estados, Municípios e Distrito Federal caberá a competência legislativa suplementar. No que diz respeito à competência comum da União, dos Estados, do Distrito Federal e dos Municípios, a Constituição determina, em seu art. 23, III, IV e V, caber a eles: proteger documentos, obras e outros bens de valor histórico, artístico e cultural, os monumentos, as paisagens naturais notáveis e os sítios arqueológicos; impedir a evasão, a destruição e a descaracterização de obras de arte e de outros bens de valor histórico, artístico ou cultural; e proporcionar os meios de acesso à cultura, à educação e à ciência.

A principal forma de proteção do bem ambiental cultural, dada a sua natureza, dá-se por meio do tombamento. Como bem assevera Celso Antonio Pacheco Fiorillo[78], *o tombamento ambiental é um dos instrumentos utilizáveis como forma de se tutelar o patrimônio cultural do País.*

Formas de tombamento	Características
1. Instituído por lei	Com isso ele não perde sua natureza de ato administrativo eivado de autoridade competente, cabendo à lei somente estabelecer as regras para sua efetivação.
2. Resultado de um ato do Poder Executivo	Previsto no Decreto-Lei n. 25/37, deve-se obedecer a todo o processo administrativo.
3. Instituído por via jurisdicional	Como quando, por meio de uma ação coletiva de natureza mandamental, o juiz determina que um bem cultural específico seja tombado.

3.5.4. Meio ambiente do trabalho

O *meio ambiente do trabalho* (*v.* art. 200, VIII, da CF) foi especialmente protegido pelo legislador constituinte, por configurar o espaço onde o trabalhador permanece durante grande parte do dia, o que pode afetar, portanto, a sua qualidade de vida, dependendo da adequação do ambiente à atividade a ser desenvolvida pelo trabalhador. A partir da exigência de um meio ambiente do trabalho adequado, torna-se necessária a

78 *Curso de direito ambiental brasileiro*, p. 214.

intervenção tutelar do Poder Público, que deverá encontrar formas de diminuição de riscos laborais, mediante a edição de normas de saúde, higiene e segurança e a percepção do adicional de remuneração para atividades perigosas ou insalubres, cabendo ao Sistema Único de Saúde (SUS) a execução das ações de saúde do trabalhador e de colaboração na tutela do meio ambiente, nele compreendido o do trabalho (CF, arts. 7º, XXII e XXIII, e 200, II e VIII; CLT, arts. 189 a 197). O direito ambiental contém normas que visam a proteger o trabalhador da degradação e poluição no local onde exerce suas atividades laborais, fiscalizar e controlar a insalubridade e o perigo, fornecer o necessário material de proteção e investir em segurança e treinamento, trabalhando, portanto, para a efetivação do direito a um meio ambiente de trabalho saudável, limpo e seguro[79].

Em razão do caráter difuso do direito ambiental e da importância do bem a ser protegido, sua tutela pode dar-se por meio de medidas jurisdicionais e de importantes medidas não jurisdicionais, que juntas viabilizam os preceitos constitucionais de defesa do meio ambiente. Também em decorrência do caráter difuso e da importância do bem em apreço, cabe ao Poder Público e à coletividade o dever de protegê-lo e preservá-lo, tendo ambos legitimação para tanto. Maria Helena Diniz, com base no ensinamento de Celso Antonio Pacheco Fiorillo, afirma que, pelo princípio da participação, *Estado e sociedade civil deverão atuar, conjuntamente, na escolha dos meios preventivos, para a preservação ambiental, e dos reparatórios, para recomposição e proteção do meio ambiente*[80]. De fato, os princípios retores do meio ambiente, ou seja, o princípio da precaução e o

79 Cf. Guilherme José Purvin de Figueiredo e Daniela Câmara Ferreira, Direito constitucional ao meio ambiente do trabalho seguro e saudável, in *Temas de direito ambiental e urbanístico*, apud Maria Helena Diniz, *O estado atual do biodireito*, p. 627.

80 Cf. Maria Helena Diniz, *O estado atual do biodireito*, p. 692.

da prevenção, conferem legitimidade às normas que impõem meios de eliminação de riscos à sustentabilidade de um meio ambiente saudável e tentam promover uma vida saudável e sustentável, em termos de desenvolvimento das gerações futuras. Também o princípio do poluidor-pagador traduz o sentido das normas ambientais, ao estabelecer prescrições que visam a coibir o poluidor de dar continuidade a práticas lesivas ao meio ambiente, assim como impondo àquele que o lesa a obrigação de assumir as despesas de prevenção, reparação e repressão do dano (*v.* art. 225, §§ 2º e 3º, da CF/88; art. 1.228, § 1º, do CC; e arts. 4º, VII, e 14 da Lei n. 6.938/81).

3.6. Competência ambiental

De acordo com a Constituição de 1988 (arts. 1º e 18), o Brasil é uma República Federativa, compreendendo a União, os Estados, o Distrito Federal e os Municípios, todos autônomos entre si. A autonomia repousa no fato de existirem órgãos governamentais próprios e na posse de competências exclusivas, conferidas aos entes federados. A repartição de competências entre a União, os Estados-Membros, os Municípios e o Distrito Federal constitui a base do Estado Federal, que dá origem a uma estrutura estatal complexa em que diversas esferas governamentais se manifestam sobre a mesma população e o mesmo território: as esferas da União, dos Estados, do Distrito Federal e dos Municípios. É a Constituição quem atribui o campo de atuação governamental a cada ente federado. Competência seria, para José Afonso da Silva, *as diversas modalidades de poder de que se servem os órgãos ou entidades estatais para realizar suas funções, suas tarefas, prestar serviços*[81].

81 José Afonso da Silva, *Direito ambiental constitucional*, p. 69.

A Constituição organiza sua distribuição de competências da seguinte forma: enumera os poderes da União (arts. 21 e 22), com poderes remanescentes para os Estados (art. 25, § 1º) e poderes definidos indicativamente para os municípios (arts. 29 e 30). Prevê, porém, a atuação paralela da União, dos Estados, do Distrito Federal e dos Municípios (art. 23), assim como setores concorrentes entre a União, os Estados e Municípios, cabendo à União as políticas, diretrizes e normas gerais e aos Estados e Municípios a competência suplementar (arts. 24 e 30). A Constituição separa, ainda, a competência material da formal (arts. 21 a 25 e 30).

Cumpre ressaltar que muitos problemas podem decorrer da repartição de poderes governamentais em unidades que não correspondem às divisões em matéria ambiental: muitas vezes, o problema ambiental de um Estado é gerado pelo vizinho ou a atividade ambiental regulada por um Estado pode atingir a área de competência do vizinho. De acordo com a nossa Constituição, a divisão de competência em matéria ambiental segue os mesmos princípios daquela adotada para outras matérias, ou seja, é dividida entre a União, os Estados, os Municípios e o Distrito Federal. Também a amplitude da competência segue a das outras matérias, ou seja, temos competência ambiental material comum, legislativa, exclusiva e legislativa concorrente.

O Poder Público, ao qual se refere o art. 225 da Constituição, é expressão genérica que se refere a todas as entidades territoriais públicas e autônomas que o compõem, devendo cada uma delas exercer os limites de competência atribuídos pela Constituição, de forma implícita ou explícita (arts. 21 a 24).

Compete à União, em matéria ambiental: 1) elaborar e executar planos nacionais e regionais de ordenação do território (art. 21, IX); 2) instituir, privativamente, o Sistema Nacional de Gerenciamento dos Recursos Hídricos e definir critérios de outorga de direitos de seu uso (art. 21, XIX); 3) legislar, privativamente, sobre águas e energia (art. 22, IV), mesmo que *as águas superficiais ou subterrâneas, fluentes, emergentes e em depósito tenham sido incluídas entre os bens dos Estados*. Dessa forma, mesmo sendo de sua propriedade, os Estados somente podem administrá-las nos termos da lei federal pertinente. Como bem salienta José Afonso da Silva, à União cabe uma posição de supremacia no que tange à proteção ambiental, cabendo a ela a Política Geral do Meio Ambiente, materializada já na Lei n. 6.938, de 1981[82].

Alguns incisos do art. 23 dispõem sobre a *competência ambiental* (meio ambiente natural e cultural) *comum* material da União, dos Estados, do Distrito Federal e dos Municípios. Essa competência diz respeito à prestação dos serviços referentes à matéria ambiental e à tomada de providências para a sua realização. Assim, atribui-se aos entes federados, cumulativamente, a competência para: 1) proteger as obras e outros bens de valor histórico, artístico e cultural, os monumentos, as paisagens naturais notáveis e os sítios arqueológicos (inciso III); 2) impedir a destruição e a descaracterização de obras de arte e de outros bens de valor histórico, artístico e cultural (inciso IV); 3) proteger o meio ambiente natural e combater a poluição em qualquer de suas formas (inciso VI); 4) preservar as florestas, a fauna e a flora (inciso VII).

José Afonso da Silva[83] afirma que a competência estabelecida nos incisos VI e VII é mais voltada para a execução das diretrizes, políticas e preceitos relativos à proteção ambiental.

O art. 24 estabelece a esfera de *competência ambiental legislativa concorrente*. Segundo o referido artigo, compete à

82 Cf. José Afonso da Silva, *Direito ambiental constitucional*, p. 73.

83 *Direito ambiental constitucional*, p. 74.

União, aos Estados e ao Distrito Federal legislar sobre; 1) florestas, caça, pesca, fauna, conservação da natureza, defesa do solo e dos recursos naturais, proteção do meio ambiente e controle da poluição (inciso VI); 2) a proteção ao patrimônio histórico, cultural, artístico, turístico e paisagístico (inciso VII); 3) e responsabilidade por dano ao meio ambiente, a bens e direitos de valor artístico, estético, histórico, turístico e paisagístico (inciso VIII).

José Afonso da Silva[84] lembra que nesse âmbito da legislação concorrente a competência da União limita-se a estabelecer normas gerais. Embora seja prevista a competência concorrente para legislar sobre a responsabilidade pelo dano ecológico no art. 24, VIII, o que, nos termos dos parágrafos desse artigo, supõe o estabelecimento de normas gerais da União e suplementares dos Estados, encontramos aí uma fonte de dúvidas e controvérsias, diante do disposto no art. 22, I, da Constituição, que dá à União a competência privativa para legislar sobre direito penal e civil (art. 22, I).

De acordo com o disposto anteriormente, os Estados não têm competência exclusiva em matéria ambiental. Têm competência comum com a União, o Distrito Federal e os Municípios (art. 23, III, IV, VI e VII). A *competência ambiental dos Estados é legislativa suplementar* de normas gerais estabelecidas pelo governo federal, de acordo com o art. 24, VI, VII e VIII, e seu § 2º. A União já expediu várias leis de política e diretrizes gerais sobre a matéria que não excluem a competência suplementar dos Estados: o Código Florestal (Lei n. 4.771/65); a lei de proteção à fauna (Lei n. 5.197/67); a lei que instituiu a Política Nacional do Meio Ambiente (Lei n. 6.938/81); a lei que dispõe sobre a criação de Estações Ecológicas e Áreas de Proteção Ambiental (Lei n. 6.902/81); a lei que institui o Plano Nacional de Gerenciamento Costeiro (Lei n. 7.661/88), entre outras. A Lei n.

84 *Direito ambiental constitucional*, p. 75.

6.938/81 pressupõe mesmo o exercício dessa competência, mencionando-a explicitamente no § 1º do art. 6º, o qual determina que "os Estados, na esfera de suas competências e nas áreas de sua jurisdição, elaborarão normas supletivas e complementares e padrões relacionados com o meio ambiente, observados os que forem estabelecidos pelo Conselho Nacional do Meio Ambiente (CONAMA)"[85]. Sobre a *competência ambiental material dos Estados*, o art. 24, VI, VII e VIII, da Constituição reconhece a competência concorrente deles com a União para legislar sobre a matéria. E isso se dá por meio de um entrelaçamento das normas gerais da União com as normas suplementares dos Estados.

A *competência ambiental dos Municípios*, de acordo com o art. 23, III, IV, VI e VII, *é material* em comum com a União, os Estados e o Distrito Federal. Assim, a competência fica mais no âmbito da execução de leis protetivas do que no de legislar sobre o assunto. No entanto, a competência ambiental suplementar também é reconhecida: cabe aos Municípios promover adequado ordenamento territorial, mediante planejamento e controle do uso, do parcelamento e da ocupação do solo urbano (art. 30, VIII); executar a Política de Desenvolvimento Urbano e estabelecer o Plano Diretor (art. 182), assim como promover a proteção do patrimônio histórico-cultural local, sempre levando em consideração a legislação e a ação fiscalizadora federal e estadual. José Afonso da Silva defende que *não se recusa aos Municípios competência para ordenar a proteção do meio ambiente, natural e cultural. Logo, é plausível reconhecer, igualmente, que na norma do art. 30, II, entra também a competência para suplementar a legislação federal e a estadual na matéria. Isso é reconhecido em leis federais, bastando lembrar, além do já transcrito § 1º do art. 5º da Lei 7.661, de 1988, que reconhece aos Municípios costeiros a possibilidade de instituir,*

85 Cf. José Afonso da Silva, *Direito ambiental constitucional*, p. 76.

mediante lei, os respectivos Planos de Gerenciamento Costeiro, o art. 2º da Lei 6.938, de 1981, que diz que os municípios, observadas as normas e os padrões federais e estaduais, poderão elaborar normas supletivas e complementares e padrões relacionados com o meio ambiente[86].

3.7. Política Nacional do Meio Ambiente

A *Lei n. 6.938/81*, que estabelece a Política Nacional do Meio Ambiente, fixa as *diretrizes*, o *conteúdo geral*, os *objetivos*, os *fins*, os *mecanismos*, o *sistema* e os *instrumentos* dela. A ideia de uma política nacional do meio ambiente veio dar tratamento global e unitário à defesa da qualidade do meio ambiente no País. No entanto, não se pode esquecer que ela é parte integrante das políticas governamentais, devendo *compatibilizar seus objetivos* com aqueles relativos ao *desenvolvimento econômico, social, urbano e tecnológico*. Como bem assevera José Afonso da Silva[87], essa política não pode ser fundada em diretrizes rígidas. É o que dispõe o art. 5º da referida lei, de acordo com o qual "as diretrizes da Política Nacional do Meio Ambiente serão formuladas em normas e planos, destinados a orientar a ação dos Governos da União, dos Estados, do Distrito Federal, dos Territórios e dos Municípios no que se relaciona com a preservação da qualidade ambiental e manutenção do equilíbrio ecológico", em consonância com as quais serão exercidas as atividades empresariais públicas ou privadas. A referência aos planos como instrumento de orientação à ação dos governos é bastante pertinente, tornando possível que se vincule uma orientação preservacionista do meio ambiente aos planos de ordenação territorial e de desenvolvimento econômico e social, os

86 Cf. José Afonso da Silva, *Direito ambiental constitucional*, p. 77.

87 *Direito ambiental constitucional*, p. 194.

quais cabe à União elaborar e executar (arts. 21, IX, e 174, § 1º, da CF). Desse modo, o governo federal deverá formular suas diretrizes de Política Ambiental em consonância com as diretrizes e objetivos do planejamento nacional. A necessidade do entrelaçamento de ambas fica evidenciada por meio do art. 170, VI, que determina ser a defesa do meio ambiente um dos princípios da ordem econômica. Cumpre ressaltar que a Constituição determina a elaboração e execução de planos de ordenação de território e de desenvolvimento econômico e social, não havendo que falar aqui em "discricionariedade governamental" acerca da formulação de diretrizes para a Política Nacional do Meio Ambiente, ou de escolha de sua conveniência e oportunidade. Além disso, o campo de liberdade, no que diz respeito à abordagem da matéria, é relativo, já que devem ser observados os objetivos e os princípios que a lei fixou para a Política Ambiental.

Os *princípios da Política Nacional do Meio Ambiente* que *orientam a ação do Poder Público* (União, Estados, Distrito Federal e Municípios), tendo em vista a preservação, melhoria e recuperação da qualidade ambiental e do equilíbrio ecológico, são os seguintes:

1) O meio ambiente é um *patrimônio público* a ser necessariamente assegurado e protegido, tendo em vista o uso coletivo.

2) A *racionalização do uso do solo, do subsolo, da água e do ar.*

3) *Planejamento e fiscalização do uso dos recursos ambientais.* O referido planejamento representa exigência de uma política governamental racional prevista na Constituição (arts. 21, IX, e 174, § 1º). Já a fiscalização está atrelada ao poder de polícia.

4) A *proteção dos ecossistemas*, por meio da preservação de áreas representativas. Configura, na verdade, um princípio-meio. Exigência do art. 225, § 1º, I, da Constituição.

5) *Controle e zoneamento das atividades potencial ou efetivamente poluidoras.*

6) *Incentivos ao estudo e à pesquisa de tecnologias* orientadas para o uso racional e a proteção dos recursos ambientais.

7) *Acompanhamento do estudo da qualidade ambiental.* Constitui princípio basilar da execução da Política Ambiental.

8) *Recuperação de áreas degradadas.*

9) *Proteção de áreas ameaçadas de degradação.*

10) *Educação em todos os níveis de ensino.* Decorre do art. 225, § 1º, VI, da Constituição Federal.

Os *objetivos da Política Nacional do Meio Ambiente* constam no art. 4º da Lei n. 6.938/81:

1) *A compatibilização do desenvolvimento econômico-social com a preservação da qualidade do meio ambiente e do equilíbrio ecológico.*

2) *A definição de áreas prioritárias de ação governamental relativa à qualidade e ao equilíbrio ecológico,* atendendo aos interesses da União, dos Estados, do Distrito Federal, dos Territórios e dos Municípios.

3) *O estabelecimento de critérios e padrões de qualidade ambiental e de normas relativas ao uso e manejo de recursos ambientais.*

4) *O desenvolvimento de pesquisas e de tecnologias nacionais orientadas para o uso racional dos recursos ambientais.*

5) *A difusão de tecnologias de manejo do meio ambiente.*

6) *A divulgação de dados e informações ambientais e a formação de uma consciência pública sobre a necessidade de preservação da qualidade ambiental e do equilíbrio ecológico.*

7) *A preservação e a restauração dos recursos ambientais com vistas à sua utilização racional e disponibilidade per-*

manente, concorrendo para a manutenção do equilíbrio ecológico propício à vida.

Os *instrumentos da Política Nacional do Meio Ambiente* constam nos arts. 9º a 18 da Lei n. 6.938/81. Para José Afonso da Silva[88], os referidos instrumentos *são medidas, meios e procedimentos pelos quais o Poder Público executa a Política Ambiental tendo em vista a realização concreta de seu objeto, ou seja, a preservação, melhoria e recuperação do meio ambiente e do equilíbrio ecológico.*

Espécies de instrumentos da Política Nacional do Meio Ambiente	Características
a) Instrumentos de intervenção ambiental	Mecanismos normativos com base nos quais o Poder Público interfere no meio ambiente propriamente dito, tendo em mira condicionar a atividade particular ou pública às finalidades estabelecidas pela Política Nacional do Meio Ambiente. São eles: o estabelecimento de padrões de qualidade ambiental; o zoneamento ambiental; a avaliação de impacto ambiental; a criação de espaços territoriais especialmente protegidos pelo poder federal, estadual e municipal, como estações ecológicas, reservas biológicas, áreas de proteção ambiental, de relevante interesse ecológico e reservas extrativistas.
b) Instrumentos de controle ambiental	Atos e medidas do Poder Público que atendam à observância das normas e planos que visem à defesa e recuperação da qualidade do meio ambiente e do equilíbrio ecológico. O controle é exercido pelo Poder Público, mas pode ser de iniciativa dele ou de interessados particulares. São modalidades de controle ambiental: o controle prévio, que ocorre antes da ação suscetível de dano ao meio ambiente, por meio do Estudo e Avaliação de Impacto Ambiental e Licenciamento Prévio de obras ou atividades efetiva ou potencialmente poluidoras; o controle concomitante, por meio de inspeções, fiscalização, produção de Relatório de Qualidade do Meio Ambiente; o controle sucessivo, por meio de vistorias e exames, com a finalidade de verificar se a ação se ateve aos limites legais relativamente à proteção ao meio ambiente.
c) Instrumentos de controle repressivo	Têm em vista corrigir as lesões ao meio ambiente mediante a aplicação de sanções administrativas, civis ou penais.

88 *Direito ambiental constitucional*, p. 198.

O Sistema Nacional do Meio Ambiente (SISNAMA) configura um conjunto articulado de órgãos, entidades, regras e práticas da União, dos Estados e do Distrito Federal, dos Territórios, dos Municípios e de fundações instituídas pelo Poder Público, responsáveis pela proteção e melhoria da qualidade ambiental, sob a direção superior do Conselho Nacional do Meio Ambiente (CONAMA).

São órgãos do SISNAMA: o *órgão superior*, ou o *Conselho de Governo*, que tem a função de assessorar o Presidente da República na formulação da política nacional e nas diretrizes governamentais para o meio ambiente e recursos ambientais; o *órgão consultivo e deliberativo*, denominado *Conselho Nacional do Meio Ambiente*, que deve assessorar, estudar, propor ao Conselho de Governo diretrizes de políticas governamentais para o meio ambiente e os recursos naturais e deliberar, no âmbito de sua competência, acerca de normas e padrões compatíveis com o meio ambiente ecologicamente equilibrado e essencial à sadia qualidade de vida, conforme prescreve o art. 225 da nossa Carta Magna; o *órgão central*, na figura do Ministério do Meio Ambiente, tendo como área de competência a Política Nacional do Meio Ambiente e dos Recursos Hídricos; a política de preservação, conservação e utilização sustentável de ecossistemas e biodiversidade, florestas, proposição de estratégias, mecanismos e instrumentos econômicos e sociais para a melhoria da qualidade ambiental e do uso sustentável dos recursos naturais, políticas para integração do meio ambiente e produção, políticas e programas integrados para a Amazônia Legal (Lei n. 9.649/98, art. 14, XIII); *órgão executor*, que é o *Instituto Nacional do Meio Ambiente e dos Recursos Renováveis* (IBAMA), entidade autárquica de regime especial dotada de personalidade jurídica de direito público, autonomia administrativa e financeira, com a finalidade de formular, coordenar, executar e fazer a *Política Nacional do Meio Am-*

biente e da preservação dos recursos naturais renováveis; órgãos setoriais, constituídos pelos órgãos ou entidades integrantes da Administração Pública Federal direta ou indireta, bem como pelas fundações instituídas pelo Poder Público, cujas atividades estejam, total ou parcialmente, associadas às de preservação da qualidade ambiental ou de disciplina do uso de recursos ambientais; *órgãos seccionais*, que são os órgãos ou entidades estaduais responsáveis pela execução de programas e projetos e pelo controle e fiscalização das atividades suscetíveis de degradar a qualidade ambiental (Secretarias de Meio Ambiente, Conselhos Estaduais do Meio Ambiente, empresas de meio ambiente); e, por fim, os *órgãos locais*, que são órgãos ou entidades municipais responsáveis pelo controle e fiscalização dessas atividades, nas respectivas áreas de jurisdição.

A *atuação* do SISNAMA dá-se por meio da *articulação coordenada dos órgãos e entidades que o constituem*, devendo ser observado o que determina o Decreto n. 99.274/90, em seu art. 14, ou seja, deve ser promovido o *acesso da opinião pública às informações relativas às agressões ao meio ambiente e às ações de proteção ambiental*, na forma estabelecida pelo CONAMA; aos Estados, ao Distrito Federal e aos Municípios caberá a *regionalização das medidas emanadas do SISNAMA*, por meio da elaboração de *normas e padrões supletivos e complementares*; os *órgãos seccionais* deverão prestar informações ao CONAMA sobre seus planos de ação e programas em execução, consubstanciadas em *relatórios anuais*, sem prejuízo de relatórios parciais, para que se consolidem no Ministério do Meio Ambiente os relatórios sobre a situação do meio ambiente no País; deve-se promover a *agilização das atividades de licenciamento, fiscalização e controle*, evitando exigências burocráticas excessivas ou pedidos de informações já disponíveis; os *interessados*, comprovado legítimo interesse, poderão obter no Ministério do Meio Ambiente e nos órgãos executores seccionais e locais os *resultados das análi-*

ses técnicas de que disponham; os órgãos integrantes do sistema, ao solicitarem ou prestarem informações, deverão preservar o sigilo industrial e evitar a concorrência desleal, correndo o processo, quando for o caso, sob sigilo administrativo, pelo qual será responsável a autoridade dele encarregada.

3.8. Bens (e interesses) ambientais

No Brasil, até o advento da Constituição de 1988, os bens, quanto à sua titularidade, eram classificados como bens públicos ou privados. A partir da Constituição de 1988 estabeleceu uma nova categoria de bem (art. 225): o bem de uso comum do povo e essencial à sadia qualidade de vida. O art. 81, parágrafo único, I, da Lei n. 8.078/90 denomina o referido bem "transindividual", tendo como titulares "pessoas indeterminadas" e "ligadas por circunstâncias de fato". Trata-se de um bem de "natureza indivisível", já que não pode ser fracionado por sua natureza, por determinação legal ou por vontade das partes[89]. Como assevera Celso Antonio Pacheco Fiorillo[90], a própria Constituição de 1988 estabelece, indiretamente, uma diferenciação quando, no art. 5º, LXXIII, estabelece que "qualquer cidadão é parte legítima para propor ação popular que vise a anular ato lesivo ao *patrimônio público* ou de entidade de que o Estado participe, à moralidade administrativa, ao *meio ambiente* e ao patrimônio histórico e cultural (...)" (grifo nosso). Também no art. 129 dispõe: "São funções institucionais do Ministério Público: (...) III – promover o inquérito civil e a ação civil pública, para a proteção do *patrimônio público* e social, do *meio ambiente* e de outros interesses difusos e coletivos" (grifo nosso).

89 Cf. Maria Helena Diniz, *Dicionário jurídico*, p. 393.

90 *Curso de direito ambiental brasileiro*, p. 52-53.

Assim, a Constituição diferencia os bens que pertencem ao patrimônio público daqueles pertencentes a toda a coletividade.

Rui Carvalho Piva[91] sugere mesmo um conceito de direito ambiental que contemple de forma adequada a concepção do bem ambiental, já que para se chegar a um conhecimento jurídico é necessário sempre retornar ao conceito de direito. Desse modo, o referido autor conceitua o direito ambiental como *o ramo do direito positivo difuso que tutela a vida humana com qualidade através de normas jurídicas protetoras do direito à qualidade do meio ambiente e dos recursos ambientais necessários ao seu equilíbrio ecológico.*

Rodolfo de Camargo Mancuso utiliza a expressão "interesse difuso". Se o interesse é sempre uma relação entre uma pessoa e um bem, no caso do interesse difuso essa relação se estabelece entre certa coletividade, como sujeito, e um dado bem de vida difuso, como objeto[92]. Trata-se, a nosso ver, de uma referência "processual" ao bem difuso, incluindo nessa seara o nosso objeto de estudo, ou seja o interesse ambiental, como modalidade de interesse difuso. Ao cuidar dos interesses difusos, o autor estabelece distinção entre estes e os interesses públicos quando afirma que os interesses difusos apresentariam um grau de coletivização mais abrangente do que os interesses públicos, pois, enquanto estes compreendem valores pacificamente aceitos, como, por exemplo, a segurança pública, os interesses difusos permitem um posicionamento de conteúdo fluido, como a qualidade de vida. Além disso, *enquanto o interesse geral ou público concerne primordialmente ao cidadão, ao Estado, ao direito, os interesses difusos se reportam ao homem, à nação, à perspectiva do justo*[93].

---

91 *Bem ambiental*, p. 47.

92 Cf. Rodolfo de Camargo Mancuso, *Interesses difusos*, p. 95.

93 Cf. Rodolfo de Camargo Mancuso, *Interesses difusos*, p. 87.

O autor acima citado vislumbra como características básicas dos interesses difusos: 1) a *indeterminação dos sujeitos* – essa característica desponta ao identificar a base do interesse não mais na titularidade dele, como acontece com o direito de propriedade, mas na relevância social do interesse a ser protegido; 2) a *indivisibilidade do objeto* – repousa no fato de que o objeto do interesse difuso não pode ser dividido em quotas atribuíveis a pessoa ou grupos preestabelecidos. A satisfação de um implica a satisfação de todos, e a lesão de um implica, igualmente, a lesão de toda a sociedade; 3) a *intensa conflituosidade* – ao contrário do que ocorre nos embates entre os direitos subjetivos dos particulares ou entre estes e o Estado, quando se verifica uma litigiosidade definida – os direitos e deveres estão definidos em normas jurídicas –, no caso dos interesses difusos acham-se eles espalhados e informais à tutela de necessidades, tendo como referência a qualidade de vida. Tais interesses sofrem, por vezes investidas, contrapondo-se grupo contra grupo, gerando novos conflitos: a proteção dos recursos florestais conflita com os interesses da indústria madeireira e dos lenhadores, quanto à manutenção de seus empregos. Cumpre ressaltar, ainda, que a indeterminação dos sujeitos e a fluidez do objeto ampliam mais ainda a conflituosidade do interesse; e 4) a *duração efêmera e contingencial* – significa que os interesses difusos se modificam, acompanhando a transformação da situação fática que os ensejou, caso não sejam exercitados no momento devido, o que, por vezes, gera a irreparabilidade da lesão sofrida. Importa destacar que, em decorrência da intensa conflituosidade, tais interesses envolvem escolhas de caráter político, as quais muitas vezes são excessivamente demoradas. Em suma, os interesses difusos originam-se de situações fáticas variáveis no tempo e no espaço, sem um vínculo jurídico que lhes confira maior permanência e estabilidade. Daí a dificuldade no que diz respeito a uma tutela efetiva deles[94].

94 Cf. Rodolfo de Camargo Mancuso, *Interesses difusos*, p. 92-112.

No que diz respeito à diferenciação entre os interesses metaindividuais, ou seja, os interesses difusos, os interesses coletivos e os interesses homogêneos, foram eles definidos pelo art. 81 e incisos da Lei n. 8.078/90. No entanto, o debate doutrinário acerca das definições gerou incertezas no âmbito da jurisprudência, de sorte que também ela se pronunciou a respeito do assunto. Assim, em acórdão unânime do Plenário do STF, no RE 163.231-3/SP, j. 26-2-1997, que teve como relator o Ministro Maurício Corrêa, estabeleceu-se que "interesses difusos são aqueles que abrangem número indeterminado de pessoas unidas pelas mesmas circunstâncias de fato, e coletivos aqueles pertencentes a grupos, categorias ou classes de pessoas determináveis, ligadas entre si ou com a parte contrária por uma relação jurídica-base. 3.1. A indeterminabilidade é a característica fundamental dos interesses difusos e a determinabilidade a daqueles interesses que envolvem os coletivos. 4. Direitos ou interesses homogêneos são os que têm a mesma origem comum (art. 81, III, da Lei n. 8.078, de 11 de setembro de 1990), constituindo-se em subespécie de direitos coletivos".

Indicação de Leitura

ALMEIDA, Humberto Mariano de. *Mineração e meio ambiente na Constituição Federal.* São Paulo: LTr, 1999.

ALSINA, Jorge Bustamante. *Derecho ambiental, fundamentación y normativa.* Buenos Aires: Abeledo-Perrot, 1995.

FIORILLO, Celso Antonio Pacheco. *Curso de direito ambiental brasileiro.* 5. ed. ampl. São Paulo: Saraiva, 2004.

MACHADO, Paulo Affonso Leme. *Direito ambiental brasileiro.* 8. ed. São Paulo: Malheiros, 2000.

MANCUSO, Rodolfo de Camargo. *Ação civil pública*: em defesa do meio ambiente, do patrimônio cultural e dos consumidores. 7. ed. São Paulo: Revista dos Tribunais, 2001.

________. *Interesses difusos.* 6. ed. São Paulo: Revista dos Tribunais, 2003.

MILARÉ, Édis. *Direito do ambiente.* São Paulo: Revista dos Tribunais, 2000.

ORTEGA ÁLVAREZ, Luiz. *Lecciones de derecho del medio ambiente.* 3. ed. Nova Valladolid, Espanha: Lex, 2002.

PIVA, Rui Carvalho. *Bem ambiental.* São Paulo: Max Limonad, 2000.

PURVIN DE FIGUEIREDO, Guilherme José (Org.). *Temas de direito ambiental e urbanístico.* São Paulo: Max Limonad, 1998.

RODRIGUES, Marcelo Abelha. *Instituições de direito ambiental.* São Paulo: Max Limonad, 2002.

________. *Elementos de direito ambiental.* 2. ed. São Paulo: Revista dos Tribunais, 2005.

Indicação de Filmes

2012: tempo de mudança (França, EUA, Suíça, Brasil, México). Direção de João G. Amorim. 2010.

Este documentário reúne depoimentos de artistas como Sting, Gilberto Gil e Ellen Page para mostrar que os seres humanos têm administrado os recursos naturais de forma insustentável, mas que ainda é possível buscar maneiras de mudarmos em busca de uma regeneração.

ERIN BROCKOVICH: uma mulher de talento (EUA). Direção de Steven Soderbergh. 2000.

Filme, baseado em fatos reais, que mostra a batalha judicial para provar que a água de uma cidade no deserto que está sendo contaminada é a causadora de doenças entre seus habitantes. O filme aborda a responsabilidade de empresas e do governo pela contaminação que atinge o meio ambiente e os seres humanos.

A MAIOR FLOR DO MUNDO (Espanha). Direção de Juan Pablo Etcheverry. 2006.

Curta-metragem de animação baseada em livro homônimo de José Saramago. O filme conta a história de um menino que fez nascer a maior flor do mundo, retratando a relação da criança com a descoberta do mundo a sua volta e trazendo mensagens de preservação da natureza e sua importância para o planeta.

Questões

1) Qual a importância da Constituição de 1988, no que diz respeito à proteção ao meio ambiente?

2) A Lei da Política Nacional do Meio Ambiente, Lei n. 6.938/81, foi recepcionada pela Constituição Federal de 1988? Justifique sua resposta.

3) Qual a essência do bem ambiental? O que o diferencia das demais espécies dos chamados bens públicos e privados?

4) Quais as modalidades de meio ambiente? Caracterize todas elas.

5) De que forma o Direito Internacional influenciou na normativa constitucional relativa ao meio ambiente?

4

Mecanismos não Jurisdicionais de Tutela Ambiental

O que se denomina "mecanismos não jurisdicionais de tutela ambiental" diz respeito aos instrumentos de aludida tutela, visando à reparação e à prevenção do meio ambiente, que não se situam no âmbito processual mas sim no civil e administrativo. Entre esses mecanismos se destacam:

4.1. Estudo Prévio de Impacto Ambiental

O Estudo Prévio de Impacto Ambiental (EPIA) constitui uma medida de precaução, apresentando-se concomitantemente como uma medida preventiva, prevista no art. 225, § 1º, IV, da Constituição Federal de 1988, necessária sempre que houver uma possibilidade significativa de degradação do meio ambiente por ocasião da instalação de uma obra ou da execução de determinadas atividades. O EPIA deve ser elaborado por uma equipe multidisciplinar de técnicos, de acordo com a Resolução n. 237/97 do CONAMA. A referida equipe deverá estabelecer o que podemos chamar de "diagnóstico ambiental" da área onde será edificada obra nova ou atividade humana que possa causar "impacto ambiental". De acordo com as Resoluções n. 1/86, art. 1º, e n. 305/2002, arts. 7º e 8º, ambas do CONAMA, entende-se por impacto ambiental: qualquer alteração das propriedades físicas, químicas e biológicas do meio ambiente que possa afetar direta ou indiretamente a saúde, a segurança e o bem-estar da população, as atividades sociais e econômicas, a biota, as condições estéticas e sanitárias do meio ambiente e a qualidade dos recursos ambientais.

Advém do anteriormente exposto a necessidade da elaboração de um estudo prévio de impacto ambiental e do respectivo (RIMA) Relatório de Impacto ao Meio Ambiente, que deverão ser submetidos à aprovação do órgão estadual competente e do IBAMA em caráter supletivo. O licenciamento de atividades modificadoras do meio ambiente, tais como: estradas de rodagem com duas ou mais faixas de rolamento; ferrovias; portos e terminais de minério, petróleo e produtos químicos; aeroportos; oleodutos, gasodutos, minerodutos, troncos coletores e emissários de esgotos sanitários, entre outras áreas consideradas de relevante interesse ambiental, fica a critério do IBAMA e dos órgãos municipais e estaduais competentes.

O art. 2º da Resolução n. 1/86 estabelece um rol de atividades modificadoras do meio ambiente meramente exemplificativo e não taxativo. Assim, o órgão ambiental licenciador poderá exigir o EPIA sempre que houver obra, a céu aberto ou em laboratório, ou, ainda, atividade no setor público ou privado "potencialmente causadora de significativa degradação do meio ambiente", como determina o art. 225, § 1º, IV, da Constituição de 1988. Desse modo, o EPIA configura um mecanismo constitucional fundamental à tutela do meio ambiente. Seus objetivos consistem na prevenção e precaução do dano ambiental, na transparência administrativa quanto aos efeitos ambientais de empreendimentos públicos ou privados; na consulta aos interessados e decisões administrativas informadas e motivadas. A exigibilidade do estudo prévio de impacto ambiental é um dever imposto ao Poder Público. Cabe ao administrador público avaliar o risco de dano efetivo ou identificado, sendo suficiente que persista a dúvida acerca do potencial de dano ambiental. O EPIA configura requisito essencial ao procedimento de licenciamento ambiental sempre que persistir a possibilidade de degradação ambiental.

4.2. Estudos ambientais

Os estudos ambientais, segundo o art. 1º, III, da Resolução n. 237/97 do CONAMA estão relacionados à localização, instalação, operação e ampliação de uma atividade ou empreendimento apresentado como subsídio para a análise da licença requerida, como: relatório ambiental, plano e projeto de controle ambiental, relatório ambiental preliminar, diagnóstico ambiental, plano de manejo, plano de recuperação de área degradada e análise preliminar de risco. O EPIA configura um instrumento da Política Nacional do Meio Ambiente – Lei n. 6.938/81, art. 9º, III. A referida lei tem por objetivo a preservação, a melhoria e a recuperação da qualidade ambiental propícia à vida, visando a assegurar condições ao desenvolvimento socioeconômico, aos interesses da segurança nacional e à proteção da dignidade da vida humana, em consonância com princípios como o da racionalização do uso do solo, do subsolo, da água e do ar, o de proteção dos ecossistemas, com a preservação de áreas representativas, o de recuperação de áreas degradadas etc. O EPIA configura, assim, um recurso ou procedimento público que tem por fim a recuperação, a preservação e o incremento da qualidade do meio ambiente e, consequentemente, a melhora na qualidade de vida.

4.3. Licenciamento ambiental

De acordo com o art. 1º da Resolução n. 237/97 e os arts. 4º e 6º da Resolução n. 305/2002 do CONAMA, o licenciamento ambiental consiste em um procedimento administrativo por meio do qual o órgão ambiental competente licencia a localização, a instalação, a ampliação e a operação de empreendimentos e atividades utilizadoras de recursos ambientais consideradas potencial ou efetivamente poluidoras ou daquelas que, sob qualquer forma, possam causar degradação ambiental, considerando as disposições legais e regulamentares e as normas técnicas aplicadas ao caso. Mediante esse procedimento a Administração Pública, fundada no poder de polícia, pode exigir dos administrados o cumprimento de uma série de requisitos que, sendo cumpridos, poderão gerar a expedição de atos administrativos denominados licenças ambientais para a localização, instalação e operação de atividades consideradas efetiva ou potencialmente poluidoras[95].

A definição da natureza jurídica do ato concessório de permissão para exercício de determinada atividade econômica ou utilização da propriedade, quando forem potencialmente causadores de dano ao meio ambiente, é de difícil apreciação. Para tanto, é imprescindível a apreciação do caso concreto em pauta, uma vez que o meio ambiente ecologicamente equilibrado e o desenvolvimento econômico constituem um binômio que só poderá equacionar-se diante da situação real.

Sem a análise do caso concreto, o máximo que se pode afirmar é que se está diante de uma natureza jurídica *sui generis*, que ora se assemelha a licença, ora a autorização do Direito Administrativo. Em outras palavras, a delimitação da natureza jurídica deverá ser feita de acordo com o caso prático, pois, a depender da situação, a licença ambiental de um determinado tipo de empreendimento poderá ter autorização administrativa ou licença administrativa.

---

95 Nesse sentido, cf. Heli Alves de Oliveira, *Da responsabilidade do Estado por danos ambientais*.

Se os estudos ambientais referendarem a concessão da licença ambiental, por estar a atividade perfeitamente adequada à legislação e às normas administrativas ambientais, tratar-se-á de uma licença administrativa. Mas, se houver falhas ou omissões por parte dessa atividade, e ainda assim a Administração Pública apostar na adequação dela, como não se terá gerado nenhum direito subjetivo, ter-se-á uma autorização administrativa (SILVA, 2003).

4.4. Unidades de conservação[96]

As unidades de conservação foram estabelecidas pela Lei n. 9.985, de 18-7-2000, nos arts. 7º, I, II, §§ 1º e 2º, 8º e 14. De acordo com essa lei, as unidades de conservação consistem em áreas de domínio privado ou público protegidas pelo Poder Público com o intuito de assegurar ou resguardar espaços representativos dos recursos naturais do País, mantendo processos e sistemas vitais essenciais como a regeneração e a proteção do solo, a reciclagem dos nutrientes e a purificação das águas, a preservação da diversidade genética, da qual depende o funcionamento dos processos e sistemas acima mencionados, os programas de cruzamento necessários para a proteção e melhoria das plantas cultivadas, dos animais domésticos e dos micro-organismos, o programa médico-científico, a inovação técnica e a segurança das indústrias biotecnológicas, assegurando o aproveitamento sustentável das espécies dos ecossistemas, especialmente da fauna silvestre – também das matas e

96 "Unidades de conservação são áreas especiais, são espaços geográficos que, pelas características biofísicas singulares ou outras qualidades e potencialidades socioculturais, merecem receber do Estado proteção efetiva e permanente através de regimes especiais de administração que lhes garantam a integridade física sem perda de suas características e valores, mediante utilização de acordo com esses objetivos e adequado manejo." Cf. Antônio Herman Benjamin, apud José Afonso da Silva, ob. cit., p. 843.

pastos –, que sustentam as comunidades rurais e industriais. O Sistema Nacional de Unidades de Conservação da Natureza (SNUC) é formado por dois grupos de unidades: 1) as unidades de proteção integral, que visam à preservação da natureza, permitindo apenas o uso indireto de seus recursos naturais, abrangendo as estações ecológicas, as reservas biológicas, os parques nacionais, os monumentos naturais e os refúgios de vida silvestre; 2) e as unidades de uso sustentável, que, como o próprio nome está a dizer, procuram compatibilizar a conservação da natureza com o uso sustentável dos seus recursos. Compreendem as áreas de proteção ambiental (APAs), as de interesse ecológico (APIEs), as florestas nacionais, as reservas extrativistas, as reservas de fauna, reservas de desenvolvimento sustentável e as reservas particulares do patrimônio natural[97].

A Constituição Federal de 1988 destacou como "ecossistemas protegidos como patrimônios nacionais" – no art. 225, § 4º – a Floresta Amazônica Brasileira, a Mata Atlântica, a Serra do Mar, o Pantanal Mato-Grossense e a Zona costeira. No entanto, segundo José Afonso da Silva, a inclusão das referidas unidades de conservação no rol do patrimônio nacional não significa transferir para a União o domínio sobre as áreas particulares, estaduais e municipais situadas nas regiões mencionadas. A intenção do legislador constituinte foi evitar qualquer forma de internacionalização dessas áreas.

4.5. Desapropriação direta e indireta de áreas de interesse ambiental

De acordo com a Lei n. 6.902/81, o Poder Público tem o direito de desapropriar determinadas áreas do território nacio-

97 Para maiores esclarecimentos acerca das categorias de unidades de conservação componentes dos grupos de proteção integral e de uso sustentável, cf. Maria Helena Diniz, *O estado atual do biodireito*, p. 697-706.

nal quando há relevante interesse público, como o referente à proteção ambiental, a fim de assegurar o bem-estar das populações humanas e conservar ou melhorar as condições ecológicas locais. Entre as chamadas áreas de interesse ecológico ou unidades de conservação, anteriormente estudadas, temos, além das APPs (áreas de proteção permanente) e das APAs (áreas de proteção ambiental), acima referidas, as ARIEs (áreas de relevante interesse ecológico), e as áreas de tensão ecológica, entre outras[98]. A desapropriação por interesse ambiental apresenta algumas características relevantes, como assevera Maria Helena Diniz[99]. No caso de desapropriação direta ou indireta da totalidade do bem imóvel, não será incluído o valor da Reserva Florestal Legal e da Área de Preservação Permanente no cálculo da indenização a ser paga pelo imóvel, porquanto configuram limites internos do direito de propriedade e a função social da propriedade constitui base para a proteção ambiental. Assim, a tutela do meio ambiente não pode ser tida como uma incumbência imposta sobre o direito de propriedade, mas sim como uma função inserida no direito de propriedade.

Os limites internos não aceitam a obrigação de indenizar, por constituírem atributos imprescindíveis ao reconhecimento do domínio, do direito de propriedade. Nesse sentido é importante ressaltar que, se a desapropriação de um bem consiste em retirar a titularidade de alguém, não há que falar em ato expropriatório na tutela do meio ambiente por meio de APPs e da Reserva Florestal Legal, que não retiram o domínio do titular[100]. Os proprietários das terras onde o governo insti-

98 Sobre as especificidades das áreas de proteção acima referidas, cf. Pedro Paulo de Lima-E-Silva, et al. *Dicionário brasileiro de ciências ambientais*, p. 17-18.

99 *O estado atual do biodireito*, p. 706-708.

100 Sobre o tema, cf. Antônio Herman de V. e Benjamin, Desapropriação, reserva florestal legal e áreas de preservação permanente, in Guilherme José Purvin de Figueiredo (Org.), *Temas de direito ambiental e urbanístico*, n. 3, p. 77-79 e 68-69.

tuiu espaços ambientais como APPs legais e reserva legal não poderão pleitear indenização por desapropriação indireta; já a referida espécie de indenização não inviabiliza a exploração econômica dos bens de raiz nem aniquila o direito de propriedade. Também no que diz respeito aos pedidos de indenização por desapropriação indireta, por parte de particulares que possuem imóveis encravados em APAs, têm sido negados sob o fundamento de que se trata, na verdade, de um espaço de manejo sustentável que atinge tão somente atividades degradadoras do meio ambiente (*v.* art. 9º da Lei n. 6.902/81), sendo passível de convivência com o domínio privado. As limitações impostas a esse tipo de espaço decorrem da "função socioambiental da propriedade"[101], não gerando nenhum direito a indenização por desapropriação indireta.

Para que haja desapropriação indireta, que daria ao proprietário de imóvel localizado em área de interesse ambiental o direito à justa indenização, é necessário que a Administração Pública dê ao espaço fins de uso comum do povo, como no caso da visitação pública nos parques estatais, por exemplo, além de eliminar o direito de alienação do imóvel e inviabilizar atividade econômica do proprietário nos limites de sua propriedade[102].

4.6. Tombamento ambiental

O tombamento, como instituição do direito administrativo, tem em vista conservar bens móveis e imóveis de interesse público. A especificidade do tombamento ambiental refere-se

101 Nesse sentido, cf. Marcelo D. Aneluzzi e Paulo Penteado Teixeira Jr., Desapropriações diretas e indiretas em áreas de interesse ambiental, in *Manual prático da Promotoria da Justiça do Meio Ambiente* (vários autores), p. 110. Tb. Willis Santiago Guerra Filho, *Processo constitucional e direitos fundamentais*, Cap. IV, n. 2, p. 43, *in fine*.

102 Sobre decisões que envolvem a caracterização de desapropriação indireta, cf. TJSP, 1ª Câm. Cív. de Férias, EI 277.209-2/0-01, rel. Des. Felipe Ferreira, j. 11-3-1997.

ao fato de que os bens tombados fazem parte da chamada categoria de bens ambientais culturais, de excepcional valor arqueológico, etnográfico, bibliográfico ou artístico, como reza a nossa Constituição Federal, em seus arts. 23, III e IV, 24, VII, e 216, V, §§ 1º, 4º e 5º. Dado o valor cultural dos referidos bens, não poderão eles ser demolidos ou alterados, e seus reparos devem obedecer à sua caracterização. Encontram-se sob a proteção especial do Estado: os locais de valor histórico ou artístico, as paisagens naturais notáveis e as jazidas arqueológicas, limitando o direito de propriedade. Cumpre ressaltar que seus proprietários não perdem o domínio pela inscrição do tombamento, mas têm seu exercício restrito; perdem a liberdade de alienação, já que ela dependerá de autorização do Departamento do Patrimônio Histórico e Artístico Nacional. Vale ressaltar, ainda, que caberá ao Poder Público indenizar o proprietário que sofrer prejuízo econômico em decorrência do tombamento[103].

4.7. Zoneamento ambiental

Nas palavras de Celso Antônio Bandeira de Mello, o zoneamento ambiental seria *a disciplina condicionadora do uso da propriedade imobiliária mediante delimitação de áreas categorizadas em vista das utilizações urbanas nela admitidas*[104]. Visa, em linhas gerais, a proteger o meio ambiente, limitando o uso do solo particular. São espécies de zoneamento ambiental: o zoneamento industrial, que diz respeito à localização de indústrias prejudiciais à saúde e ao meio ambiente, as quais devem

103 Sobre o instituto do tombamento, cf. Maria Helena Diniz, *Curso de direito civil brasileiro*, v. 4; e Marcelo Figueiredo, Tombamento – uma análise constitucional e aspectos da discricionariedade aplicáveis ao instituto, in Adilson A. Dallari e Lúcia V. Figueiredo (Coord.). *Temas de direito urbanístico*, v. 1.

104 Cf. Celso Antônio Bandeira de Mello, apud Maria Helena Diniz, *O estado atual do biodireito*, p. 709.

ser construídas em áreas que diminuam o risco da poluição por elas gerada; o zoneamento de pesquisa ecológica, com vistas a que sejam criadas estações ecológicas para a proteção e conservação do meio ambiente; zoneamento em áreas de proteção ambiental, por meio do qual são discriminadas áreas de preservação e conservação da vida silvestre, assim como zonas de uso agropecuário nas quais a utilização de produtos químicos lesivos ao meio ambiente seja proibida; e, por fim, o zoneamento em parques públicos e o zoneamento costeiro.

4.8. Direito de antena

Entre os instrumentos não jurisdicionais de proteção ao meio ambiente, convém mencionar, ainda, o chamado direito de antena[105], que decorre do princípio de política ambiental e encontra-se relacionado ao princípio da participação e ao da informação ambiental dos cidadãos (cf. art. 9º, VII, da Lei n. 6.938/81). O fundamento do direito de antena está no dever do Poder Público de informar a sociedade, por meio de ondas eletromagnéticas, acerca de qualquer atividade ou projeto que possa prejudicar o meio ambiente, possibilitando, assim, a integração da comunidade com a Administração e uma contínua troca de informações, já que todos têm o direito à informação e o de ser informado ou comunicado sobre fatos que lhe digam respeito (cf. art. 5º, XIV, da Constituição de 1988). O direito de antena consiste no direito de captação e transmissão, por meio de ondas eletromagnéticas, da comunicação, sendo corolário do direito de ser informado ou comunicado. Tal direito é exercido pelas ondas propaladas no ar, que constituem um bem ambiental difuso – de acordo com o entendimento do art. 225 da Constituição Federal –, bem de uso

105 Cf. Celso Antonio Pacheco Fiorillo, *O direito de antena em face do direito ambiental no Brasil.*

comum do povo, essencial à sadia qualidade de vida, não sendo suscetível de apropriação. Ao Poder Público compete tão somente administrá-lo, com o intuito de que haja a efetiva captação e transmissão do conteúdo informacional, evitando o que se pode chamar de atividade poluidora, quando, por exemplo, as chamadas "rádios piratas" modifiquem a frequência de captação e transmissão, prejudicando, dessa forma, o pleno exercício do direito de captar e transmitir as informações.

4.9. Sanções administrativas

Como instrumentos não jurisdicionais de proteção ao meio ambiente, as sanções administrativas[106] constituem punições ao infrator, com o intuito de obrigá-lo a recuperar o dano causado ou ressarcir o lesado, com base constitucional no art. 225, § 3º. Tais sanções visam a reprimir abusos ambientais e estão previstas em leis extravagantes, como na Lei n. 6.938/81, complementada pela Lei n. 9.605/98, arts. 72 a 76, e pela Lei n. 8.078/90, arts. 55 a 60. As sanções variam entre multa simples ou diária, suspensão ou interdição de atividades, embargo administrativo de obra, advertência e restrição de direitos, entre outras. Como assevera Maria Helena Diniz[107], foram criados vários órgãos para a proteção ambiental em sede administrativa, vinculados tanto à União como aos Estados e Municípios, tais como o IBAMA, as Secretarias de Estado, o Ministério do Meio Ambiente, as Fundações do Meio Ambiente estaduais e municipais, as Promotorias de Justiça de Meio Ambiente.

A autora assevera ainda que, no tocante às atividades que envolvem o meio ambiente, a ação administrativa é mais preventiva do que repressiva. Tanto que, no exercício de seu

106 Cf. Vladimir Passos de Freitas, *Direito administrativo e meio ambiente*, p. 75.
107 *O estado atual do biodireito*, p. 711-713.

poder de polícia, o Estado deverá tutelar o meio ambiente mediante atividades fiscalizatórias, limitando direitos, suspendendo, paralisando, interditando ou vedando o exercício de determinados atos para preservar o meio ambiente e evitar algum resultado danoso, assim como coibindo ações lesivas, ao impor sanções que impeçam o prosseguimento do dano ambiental ou obriguem o lesante a recuperá-lo. A referida tutela, com base na Lei n. 6.938/81, art. 9º, IX, consiste em uma polícia de segurança, de higiene e de estética. Se ocorrer, por exemplo, qualquer espécie de exploração indevida em áreas de proteção ambiental – por extração ou exploração animal, vegetal ou mineral etc. –, caberá à Administração Pública impedir que essas interferências venham a transformar-se em violação ao meio ambiente ecologicamente equilibrado, adotando as medidas cabíveis ao enfrentamento da situação. Caso haja omissão do agente público competente, poderá ele incorrer no crime de prevaricação, previsto no art. 319 do Código Penal. De acordo com a Lei n. 6.938/81, em seu art. 15, § 2º, incorrerá em crime a autoridade competente que deixar de promover as medidas tendentes a impedir que se exponha a perigo a incolumidade humana, animal e vegetal ou mesmo que não impeça tornar-se mais grave a situação de perigo já existente. O agente administrativo poderá sofrer, ainda, outras sanções relativas ao exercício regular de sua profissão (cf. art. 5º, parágrafo único, IV, da Lei n. 8.027/90 e art. 11, II, da Lei n. 8.429/92) – além das decorrentes do emprego de instrumentos jurisdicionais para a tutela do meio ambiente.

Indicação de Leitura

ALARCÓN FIDALGO, Joaquín. *Estudios sobre la responsabilidad civil medioambiental y su aseguramiento.* Madrid: MAPFRE, 1997.

ANTUNES, Paulo de Bessa. *Curso de direito ambiental.* Rio de Janeiro: Renovar, 1990.

________. *Direito ambiental.* 7. ed. São Paulo: Lumen Juris, 2005.

BASTOS, Celso Ribeiro. *Dicionário de direito constitucional.* São Paulo: Saraiva, 1994.

BETANCOR RODRÍGUEZ, Andrés. *Instituciones de derecho ambiental.* Madrid: La Ley, 2001.

CANOTILHO, José Joaquim Gomes. Procedimento administrativo e ambiente. *Revista de Legislação e Jurisprudência,* Coimbra, 1990-1991, n. 123.

CANOTILHO, José Joaquim Gomes; LEITE, José Rubens Morato (Org.). *Direito constitucional ambiental brasileiro.* São Paulo: Saraiva, 2007.

DIAS, José Eduardo de Oliveira Figueiredo. *Tutela ambiental e contencioso administrativo.* Coimbra: Coimbra Ed., 1997.

DINIZ, Maria Helena. *O estado atual do biodireito.* 2. ed. São Paulo: Saraiva, 2002.

FIORILLO, Celso Antonio Pacheco. *O direito de antena em face do direito ambiental no Brasil.* São Paulo: Saraiva, 2000.

________. *Curso de direito ambiental brasileiro.* 5. ed. ampl. São Paulo: Saraiva, 2004.

LIMA-E-SILVA, Pedro Paulo et al. *Dicionário brasileiro de ciências ambientais.* Rio de Janeiro: Thex, 1999.

MACHADO, Paulo Affonso Leme. *Direito ambiental brasileiro.* 8. ed. São Paulo: Malheiros, 2000.

MILARÉ, Édis. *Direito do ambiente.* São Paulo: Revista dos Tribunais, 2000.

MORAES, Luís Carlos Silva de. *Curso de direito ambiental.* São Paulo: Atlas, 2001.

OLIVEIRA, Antonio Inagê de Assis. *O licenciamento ambiental.* São Paulo: Iglu, 1999.

ORTEGA ÁLVAREZ, Luiz. *Lecciones de derecho del medio ambiente.* 3. ed. Nova Valladolid, Espanha: Lex, 2002.

PURVIN DE FIGUEIREDO, Guilherme José (Org.). *Temas de direito ambiental e urbanístico.* São Paulo: Max Limonad, 1998.

RODRIGUES, José Eduardo Ramos. Aspectos jurídicos das unidades de conservação. *Revista de Direito Ambiental*, São Paulo: Revista dos Tribunais, 1996.

RODRIGUES, Marcelo Abelha. *Instituições de direito ambiental.* São Paulo: Max Limonad, 2002.

__________. *Elementos de direito ambiental.* 2. ed. São Paulo: Revista dos Tribunais, 2005.

SILVA, José Afonso da. Direito ambiental constitucional. 4. ed. São Paulo: Malheiros, 2003.

Indicação de Filmes

LIXO EXTRAORDINÁRIO (Brasil, Inglaterra). Direção de Lucy Walker. 2010.

O documentário mostra a produção de obras de arte com material coletado no aterro do Jardim Gramacho, no Rio de Janeiro, pelo artista plástico Vik Muniz. O lixo que é usado para as obras do artista acabam, por ironia, retornando ao Rio para compor as paredes da alta sociedade carioca.

A ÚLTIMA HORA (EUA). Direção de Nadia Conners e Leila Conners Petersen. 2007.

Este documentário mostra as causas – provocadas pela humanidade – de a Terra estar passando diariamente por enchentes, furacões e uma série de tragédias. Apesar de o ecossistema estar sendo destruído, o filme mostra que ainda é possível reverter este quadro. São feitas entrevistas com mais de 50 renomados cientistas, pensadores e líderes, que ajudam a esclarecer importantes questões e a indicar as alternativas possíveis.

VIDA DE INSETO (EUA). Direção de John Lasseter e Andrew Stanton. 1998.

O filme é uma animação que apresenta o mundo dos insetos e a importância das formigas para o ecossistema. A história acompanha o dia a dia em um formigueiro e, em especial, uma formiguinha que precisa ajudar seus amigos a se livrarem dos gafanhotos que os oprimem.

Questões

1) Qual a importância do estudo prévio de impacto ambiental (EPIA) e do seu respectivo relatório de impacto sobre o meio ambiente (RIMA) para a proteção do meio ambiente?

2) O direito de propriedade sofreu restrições relativamente ao meio ambiente no âmbito constitucional? Por que e quais foram as principais restrições?

3) Qual a natureza jurídica da licença ambiental? Existem controvérsias sobre o tema? Quais?

4) Quais as modalidades de desapropriação de áreas de interesse ambiental? O que as diferencia? Qual a importância dessa diferenciação?

5) O que significa a expressão "mecanismos não jurisdicionais de tutela do meio ambiente"? Qual a abrangência e importância da diferenciação entre os mecanismos jurisdicionais e não jurisdicionais, em matéria ambiental?

5

Proteção Jurisdicional do Meio Ambiente

O art. 225 da Constituição Federal de 1988 reza que o meio ambiente é bem de uso comum do povo, cabendo ao Poder Público e à comunidade o dever de protegê-lo e preservá-lo. Dessa forma, de acordo com a Lei n. 7.347/85, arts. 6º e 7º, todo cidadão pode provocar a iniciativa do Ministério Público e mover ação com vistas à defesa do meio ambiente. Também os grupos sociais intermediários ou organizações não governamentais têm acesso aos instrumentos de tutela jurisdicional do meio ambiente.

Seguem, nos próximos itens, considerações sobre os *mecanismos de proteção jurisdicional do meio ambiente.*

5.1. Princípios do processo coletivo

No que diz respeito à tutela jurisdicional do meio ambiente, torna-se necessário partir do princípio de que a proteção ao chamado "bem ambiental" supera a tutela no âmbito meramente individual ou coletivo em sentido estrito, já que se trata de bem difuso – diferente do bem privado e do bem público. O art. 225 da Constituição Federal determina ser o meio ambiente "bem de uso comum do povo". Assim sendo, essa espécie de bem, mesmo podendo gerar efeitos na esfera pública e (ou) privada, sempre será um bem que deve ser protegido, tendo em vista o seu "uso comum difuso". Na esfera ambiental, não se leva em consideração a propriedade pública ou privada, mas a fruição do meio ambiente – que ultrapassa as esferas privada e pública, interna e internacional – é essencial à promoção de uma sadia qualidade de vida, como reza a nossa Carta Magna, no mesmo art. 225.

Os interesses meramente subjetivos são infinitos; os interesses coletivos – em sentido amplo e estrito – também apresentam amplitude significativamente elevada. Os interesses em geral, sejam individuais ou coletivos, tornam-se jurídicos a partir da proteção dada ao bem em face de sua relevância social. A complexidade das relações estabelecidas na sociedade contemporânea fez com que surgissem novos mecanismos jurídicos para a proteção dos bens atualmente relevante, assim como conferiu alcance mais amplo àqueles já existentes. O art. 6º do Código de Processo Civil[108] é insuficiente, especialmente no que diz respeito a uma efetiva tutela do meio ambiente. Torna-se necessária, portanto, a adoção de um novo sistema de normas processuais, que admita, por exemplo, a substituição processual. O Ministério Público é o órgão competente para substituir a coletividade. No processo civil tradicional a eficácia da coisa julgada é *intra partes* (a sentença faz lei entre as partes). Já o Código de Defesa do Consumidor, em seu art. 81, trata dos interesses difusos, transindividuais e individuais homogêneos, sendo aplicável, quanto ao aspecto processual, assim como o Código de Processo Civil, a todas as ações coletivas, inclusive ações que tenham em vista a proteção ao meio ambiente.

108 O art. 6º do Código de Processo Civil reza que "ninguém poderá pleitear, em nome próprio, direito alheio, salvo quando autorizado por lei".

O interesse coletivo em sentido estrito diz respeito a um grupo determinado, destacado de pessoas. Os titulares ou sujeitos são determináveis ou determinados, ao contrário do que acontece com os interesses difusos. O objeto é indivisível, e o vínculo pressupõe uma relação jurídica básica das partes entre si e com a parte contrária. Os direitos individuais homogêneos formam um grupo, classe ou categoria de pessoas. São nomináveis, seu objeto é indivisível e a relação jurídica decorre do vínculo jurídico, ou seja, da condição de titular do direito. É a partir da lesão jurídica que o grupo se forma, pelo fato do interesse de origem comum – art. 81, III, do CDC. O vínculo formado entre os titulares do direito é fático ou circunstancial. É da origem comum da lesão que decorre o direito. A categoria de direitos transindividuais se caracteriza pela natureza indivisível de que seja titular o grupo, a categoria ou a classe de pessoas ligadas entre si ou com a parte contrária por uma relação jurídica de base – art. 81, II, do CDC. Como exemplo temos as vítimas de um acidente aéreo e as vítimas de um produto com vício. A lesão é de origem comum. É possível que alguém seja vítima sem haver estabelecido qualquer relação jurídica com a companhia aérea, por isso o grupo não é preexistente. É formado a partir do evento lesivo. Pode existir uma relação jurídica subjacente, mas não é dela que decorre a condição de titular do direito. É indivisível em relação ao prejuízo que cada um sofreu. Leva em conta a intensidade da lesão, pelo prejuízo suportável por cada um. É uma ficção jurídica, para facilitar a tutela, tendo em vista a economia processual.

Cumpre ressaltar que a coletividade atingida e que necessita de tutela do Estado deve ter expressão jurídica, econômica ou social, levando-se em conta o número de lesados ou o direito material envolvido. Saúde, educação, economia popular, tudo o que tenha expressão para a lesão de um número reduzido de pessoas, o processo não deve ser o coletivo, mas o individual. Não se pode determinar um interesse somente difuso, individual homogêneo, coletivo. O que os identifica é a pretensão em juízo. O que identifica o direito é a pretensão defendida. É da pretensão, do provimento buscado que pode ser identificado o interesse a ser defendido. Porque do mesmo fato tanto pode decorrer um interesse difuso como um individual homogêneo ou coletivo. Como exemplo, podemos citar a poluição em um rio, que pode gerar indenização ao fundo de reparação, que configura interesse difuso. Pode gerar também a necessidade de indenização aos pescadores, ou seja, um interesse individual homogêneo.

O meio ambiente é direito difuso por excelência: os seus titulares ou sujeitos são indeterminados, já que todos o titularizam com a mesma intensidade; o objeto, bem ambiental, é indivisível; a finalidade é a de garantir a sadia qualidade de vida, e o vínculo estabelecido é fático e circunstancial. Em decorrência da necessidade de uma efetiva tutela dos interesses coletivos, torna-se necessário que se aponte os princípios retores do processo coletivo, no qual se insere o da tutela do meio ambiente:

1. *Princípio da interação entre as normas protetoras dos direitos coletivos*, decorrente, por exemplo, da interação entre a Lei n. 7.347/85, a Lei da Ação Civil Pública, e o Código de Defesa do Consumidor. O art. 81, I, do CDC estabelece as características dos interesses difusos. Essa espécie de interesse juridicamente protegido é constituída por titulares ou sujeitos indeterminados, o seu objeto é indivisível e a relação com o bem jurídico não depende de uma circunstância determinada, ou seja, o vínculo é fático. Os titulares são indeterminados, mas podem ser estimados, medidos, mesmo não sendo identificáveis. O objeto é indivisível, ou seja, não é fracionável, não pode ser repartido, é igual para todos. Tanto que, por vezes, a condenação em pecúnia é revertida para o chamado “fundo de reparação”. Ou-

tra característica dos interesses difusos, decorrente da doutrina[109], é a grande "conflituosidade". Isso significa que o interesse pessoal de algum ou alguns dos sujeitos do direito difuso pode ser contrariado. Essa espécie de interesse é típica da sociedade de massa e não sugere unanimidade. O interesse ambiental diz respeito a toda a população, mas pode não ser desejado por ela em sua totalidade.

2. *Princípio do acesso à jurisdição coletiva* – art. 5º, XXXV da Constituição Federal de 1988. O referido princípio garante que nenhuma lesão ou ameaça de lesão deixará de ser tutelada. O acesso à jurisdição abrange a lesão ou ameaça de lesão a direitos. A Constituição confere legitimidade ativa aos sindicalizados – art. 8º –, às comunidades indígenas – art. 232 –, entre outros. O que se busca por meio desse princípio é a universalidade da jurisdição.

3. *Princípio da igualdade material.* Visa garantir àquele que litiga a mesma condição para a produção da prova, para a demonstração da existência do direito invocado, e por isso autoriza discriminações, como a inversão do ônus da prova, a não antecipação de despesas processuais, ou seja, busca-se a igualdade real, a igualdade substancial.

4. *Princípio da efetividade no processo coletivo.* Esse princípio permite a antecipação de tutela de caráter mandamental da decisão. O mandamento de efetividade permite que o processo se desenvolva com a possibilidade de concessão de liminar de antecipação de tutela, fixação de multa pelo não cumprimento da decisão ou qualquer outra medida que dê eficácia ao provimento jurisdicional. Há quem associe a efetividade à taxatividade – art. 129, III, da Constituição Federal. Para

109 Cf. Rodolfo de Camargo Mancuso, *Interesses difusos*.

muitos, a efetividade também indica o caráter exemplificativo do rol de interesses definidos em ação coletiva. Ex.: meio ambiente, consumidor, economia popular etc.

5. *Princípio da máxima prioridade da tutela coletiva.* De acordo com esse princípio, existindo conflito entre um interesse privado e um interesse coletivo, este terá prioridade. A regra processual deve conferir ao interesse jurídico relevante prioridade sempre que ele for metaindividual, como ocorre na defesa do meio ambiente, assim como no que diz respeito à proteção da criança, do adolescente, do idoso ou de qualquer outra ação coletiva.

6. *Princípio da presunção de legitimidade "ad causam"* (art. 129 da Constituição). Por esse princípio, a legitimidade *ad causam* para todas as ações coletivas deve ser concorrente e disjuntiva, ou seja, a ação de um legitimado não impede a ação do outro, e ela jamais será privativa do Ministério Público – art. 129, I, da Constituição. A jurisprudência vem admitindo a ação coletiva promovida por sociedades de fato, por entidades ainda não constituídas, tendo em vista a relevância do bem jurídico. As associações e, por analogia, os sindicatos e as fundações privadas têm legitimidade para a ação ambiental, desde que atendidos os requisitos da pré-constituição há pelo menos um ano e da pertinência temática. A junção desses dois requisitos constitui a representatividade adequada ou o interesse estável ou, ainda, o interesse juridicamente adequado. A capacidade de produzir prova é outro sentido atribuído à representatividade adequada. Cumpre ressaltar que o juiz da causa pode dispensar o requisito da pré-constituição, tendo em vista a natureza do interesse, a relevância do bem jurídico, por exemplo, no caso da defesa do meio ambiente. Mas não pode dispensar a pertinência temática, porque dela decorre o interesse para o processo. Esse requisito não é exigido das pessoas

jurídicas de direito público, mas somente das pessoas jurídicas de direito privado. Também a defensoria pública tem legitimidade para a ação civil pública, já que atua em defesa do hipossuficiente. Dos órgãos públicos, como a defensoria, as secretarias de Estado, exige-se apenas a pertinência temática, porque devem demonstrar que atuam em juízo na defesa de interesse que lhes é próprio. O município tem legitimidade para ação ambiental desde que esta diga respeito ao seu território. É importante lembrar, no entanto, que a legitimidade conferida às pessoas políticas não pode colocar em risco o pacto federativo.

7. *Princípio da não taxatividade da ação coletiva ou do rol exemplificativo.* De acordo com esse princípio, nada deve limitar o objeto da ação coletiva. O rol de interesses é exemplificativo. Qualquer tipo de interesse pode ser defendido pela ação civil pública. Pela Medida Provisória n. 2.180-2001, alterou-se o parágrafo único do art. 1º da Lei n. 7.347/85, Lei da ACP. De acordo com o referido texto, está impedido o ajuizamento da ação quando a matéria envolver tributo, FGTS, contribuição previdenciária ou outros fundos institucionais. Para o Superior Tribunal de Justiça, o não cabimento da ação civil pública se justifica pelo fato de que, nessas hipóteses, há sempre beneficiários determinados, pessoas certas. No entanto, a referida vedação não impede eventuais ações individuais, já que todas essas matérias decorrem de lei. Para o Superior Tribunal de Justiça, a ação civil pública não deve substituir o controle de constitucionalidade. Também não se admite a substituição dos instrumentos de controle de constitucionalidade por ação civil pública. Nessas hipóteses, em regra, o que se discute é a inconstitucionalidade de lei ou ato normativo, lei que fixou conteúdo de melhoria etc.

8. *Princípio do máximo benefício da tutela coletiva.* De acordo com esse mandamento, a sentença de procedência deve deter eficácia *erga omnes*, e a improcedência por falta de provas não impede o ajuizamento de nova ação coletiva. Pode

ocorrer o transporte em *utilitus* da sentença de procedência para a esfera individual. Há o aproveitamento na ação individual do que foi decidido na ação coletiva.

9. *Princípio da fungibilidade ou da máxima amplitude da tutela coletiva.* Significa que qualquer espécie de ação é admitida em matéria coletiva. Nesse sentido, não prevalece o disposto no art. 3º da Lei da Ação Civil Pública, mas sim o disposto no art. 83 do CDC. O art. 3º do CDC tem caráter meramente declaratório. Em matéria ambiental, o termo de ajustamento de conduta firmado com o causador do dano ambiental tem, independentemente de qualquer homologação, a natureza de título extrajudicial. E, se descumprido, permite a execução. Cumpre ressaltar que não se admite a transação do Termo de Ajustamento de Conduta quando a ação coletiva versar sobre moralidade ou improbidade administrativa. As pessoas jurídicas de direito privado não podem firmar compromisso de ajustamento de conduta, como as associações, por exemplo. Às pessoas políticas, aos órgãos públicos e ao Ministério Público é permitido firmar compromisso de ajustamento de conduta.

10. *Princípio da intervenção obrigatória do Ministério Público.* O Ministério Público funciona ou como autor ou como *custos legis* – fiscal da lei – na ação coletiva. Na ação popular, atua como fiscal da lei, assim como deverá assumir o polo ativo no caso de desistência ou de abandono da ação. É o próprio Ministério Público que define a justa causa para sua intervenção. Ele não deve necessariamente assumir o polo ativo da ação, mas não pode deixar de assumi-lo quando o direito material já for reconhecido. O Ministério Público não deixará de promover a execução da sentença proferida em ação coletiva ou do Termo de Ajustamento de Conduta não cumprido.

11. *Princípio da disponibilidade motivada.* De acordo com esse princípio, a desistência da ação coletiva pressupõe a ocorrência de motivo justo, inibindo o abandono ou a desistên-

cia infundada. O Ministério Público e as pessoas políticas não devem jamais dar causa ao abandono da ação ou apresentar desistência infundada. A Lei da Ação Civil Pública não estabelece expressamente essa vedação; ela se presume, é intuitiva: da disponibilidade imotivada da ação decorreria, dessa forma, o descumprimento do dever funcional, a improbidade jurídica. O Estado não estabelece controle sobre as associações. O legislador dispõe, no entanto, que, em caso de desistência ou abandono da ação, qualquer outro legitimado poderá assumir o polo ativo da ação – art. 5º, § 3º, da Lei da Ação Civil Pública.

12. *Princípio da obrigatoriedade da execução coletiva.* Quando o interesse individual é homologado, quem promove a ação é a vítima do dano; já nos interesses difusos e coletivos a execução é obrigatória. De acordo com o princípio em estudo, nas ações que tutelam interesses difusos e coletivos a execução deve ser promovida pelo legitimado que promoveu a ação de conhecimento. Ela é obrigatória porque já constituído o título executivo. O prazo para promoção da execução é de 60 dias. Vencido esse prazo, qualquer outro legitimado poderá promover a execução. Em se tratando de direitos difusos e coletivos, a condenação em dinheiro e as multas impostas ao réu serão revertidas para o fundo de reparação – art. 13 da Lei n. 7.347/85.

13. *Princípio da gratuidade ou do não adiantamento de despesas processuais* – art. 18 da Lei n. 7.347/85. Nas ações de que trate a Lei da Ação Civil Pública, não haverá condenação de honorários ou adiantamentos de despesas processuais. A lei confere ao autor da ação a possibilidade de litigar sem o pagamento adiantado de custas, emolumentos, honorários periciais, como também garante o não pagamento de outras despesas ou honorários, salvo comprovada má-fé. A gratuidade declarada na lei é à sociedade autora. O que se discute na doutrina e na jurisprudência é se essa regra seria estendida aos demais autores. A lei somente declara o benefício da gratuidade para as associações

autoras, mas a regra é aplicável por analogia a todos os demais legitimados: Ministério Público, União, sindicatos etc. O benefício processual da gratuidade não se estende ao réu da ação coletiva, seja porque a lei não o menciona, seja porque ele litiga em defesa de interesse pessoal. Só se justifica para o autor da ação coletiva para que demande em pé de igualdade na jurisdição coletiva.

5.2. Ação civil pública ambiental

Consiste em instrumento de tutela dos interesses difusos e coletivos, interesses indisponíveis do indivíduo e da sociedade. Entre os colegitimados ativos aptos a dar início a essa espécie de ação temos o Ministério Público, as pessoas jurídicas estatais – União, Estados e Municípios –, os órgãos da Administração Pública direta e indireta – autarquias, empresas públicas, fundações e sociedades de economia mista – e as associações que tenham um mínimo de representatividade exigida por lei, inclusive os sindicatos, desde que os requisitos legais sejam obedecidos (cf. o art. 5º, I e II, da Lei n. 7.347/85 – Lei da Ação Civil Pública – e arts. 5º, XXI, e 8º, II, da CF). Cumpre ressaltar que a legitimação ativa na ação civil pública é concorrente e extraordinária. Dessa forma, os legitimados ativos não se excluem uns aos outros.

Em consonância com o art. 8º da Lei n. 7.347/85, com o art. 129, III, da Constituição Federal e com o art. 25, IV, *a* e *b*, da Lei n. 8.625/93 – Lei Orgânica Nacional do Ministério Público –, a referida ação pode ser movida contra poluidor por danos causados ao meio ambiente[110], após um inquérito civil, medida administrativa preparatória que será levada a efeito pelo Ministério Público, no caso de não haver elementos suficientes para o julga-

110 A legitimação passiva nessa espécie de relação processual pode ser composta por pessoa física ou jurídica, de direito público ou privado.

mento da ação ou para o arquivamento das peças informativas. Se houver tais elementos, o Ministério Público poderá ajuizar desde logo a ação civil pública ou arquivar as peças de informação, se não for caso de propositura dela. Caberá concessão da medida liminar – de acordo com o art. 12 da Lei n. 7.347/85 –, que, normalmente, constitui medida indispensável à preservação do bem ambiental. Também poderá o magistrado conferir efeito suspensivo aos recursos para evitar dano irreparável à parte e proteger o bem ambiental (cf. art. 14 da LACP). Além disso, existe a possibilidade de o juiz conceder tutela antecipada na ação civil pública, sem interrupção da composição da lide, desde que obedecidos os requisitos estabelecidos no Novo Código de Processo Civil (Lei n. 13.105/2015): probabilidade do direito e perigo de dano ou risco ao resultado útil do processo. Cumpre lembrar que o Novo CPC estabelece os mesmos requisitos para a tutela cautelar e a tutela satisfativa. Assim sendo, mesmo que permaneça a diferenciação formal das duas espécies de tutela, na prática os pressupostos serão os mesmos. O parágrafo único do art. 294 determina que a tutela de urgência é o gênero, sendo as espécies a tutela cautelar e a antecipada. O art. 300 estabelece as mesmas exigências para autorizar a concessão de ambas. A responsabilidade na ação civil pública é objetiva; porém, infelizmente, a recomposição do patrimônio raramente será perfeita e a indenização devida será similar àquela requerida em face do dano moral (cf. art. 5º, V, da CF). O autor fica livre das custas e honorários advocatícios, exceto na hipótese de litigância de má-fé. O foro competente para a ação é o do local do dano, de acordo com o art. 2º da Lei n. 7.347/85. A sentença fará coisa julgada *erga omnes* – preceitua o art. 16 dessa lei. No entanto, se a ação for julgada improcedente por insuficiência de provas, por exemplo, qualquer um dos legitimados poderá impetrar outra ação com fundamento idêntico, desde que com novas provas.

Segundo o art. 5º, § 6º, da Lei n. 7.347/85, é possível que se estabeleça um termo de ajuste de conduta (TAC) em matéria ambiental, o qual constitui um acordo extrajudicial que versa sobre a composição do dano ambiental no âmbito coletivo, e as pessoas que foram individualmente lesadas pelo dano ambiental têm o direito de continuar com acesso à jurisdição. Somente os órgãos públicos estão legitimados a celebrar o acordo, ou seja, o Ministério Público e as pessoas jurídicas de direito público interno. De modo geral, a lei não exige a homologação judicial do termo de ajuste de conduta; se, porém, o ajuste versar sobre interesses difusos, figurando entre eles o interesse ambiental, interesses coletivos ou individuais homogêneos que estejam sendo objeto de discussão em juízo, será obrigatória a homologação judicial para que o ajuste possa produzir os seus efeitos, gerando a extinção do processo. Tendo em mira a natureza do objeto a ser protegido, o art. 13 da Lei da Ação Civil Pública determina que o produto da condenação em dinheiro não beneficie o autor da ação, mas seja recolhido a um fundo e destinado à restituição dos bens lesados.

5.3. Ação popular ambiental

A ação popular é remédio jurídico previsto pela Lei n. 4.717/65 e foi recepcionada pela Constituição de 1988 para abrigar um novo objeto: a proteção ao bem ambiental. De conformidade com o art. 5º, LXXIII, da Constituição Federal, consiste em um mecanismo jurídico por meio do qual o "cidadão", nos termos da lei[111], provoca o pronunciamento do órgão judicante sobre atos ilegais ou inconstitucionais, omissivos ou comissivos, lesivos ao meio ambiente e ao patrimônio histórico e cultural, ficando o autor, resguardada a má-fé, isento de custas judiciais

111 De acordo com o art. 1º da Lei n. 4.717/65, o legitimado ativo para propor ação popular é todo cidadão, ou seja, pessoa física que seja titular e esteja no gozo de seus direitos políticos.

e do ônus da sucumbência. Qualquer cidadão também poderá habilitar-se como litisconsorte ou assistente do autor da ação popular. A referida ação não é idônea para defender diretamente a legalidade, por ser via de defesa do patrimônio público e de proteção dos interesses difusos e coletivos, nos quais está inserido o meio ambiente. Maria Helena Diniz[112], citando Ranelletti, bem enfatiza o duplo sentido da ação popular ambiental: o sentido corretivo, que visa à reparação do erro que venha a ferir o patrimônio público, e o sentido supletivo, que venha a suprir a inércia da autoridade pública no exercício de sua função. Assim, a ação popular pretende, ao mesmo tempo, a efetivação do interesse coletivo e seja apontado o erro na gestão do patrimônio público. O cidadão aparece, portanto, como aquele que resguarda o interesse da comunidade, apontando, ao mesmo tempo, para a falha da Administração Pública no exercício de sua função, a fim de que esta assuma postura condizente com os princípios da probidade e da legalidade administrativas. Cumpre ressaltar que, na ação popular em matéria ambiental, é vedado ao Ministério Público assumir a defesa do ato impugnado, competindo-lhe apenas acompanhar a ação e tomar medidas relativas à produção de provas e à promoção da responsabilidade civil ou criminal dos agentes que nela incidirem.

5.4. Mandado de injunção ambiental

O mandado de injunção que envolve matéria ambiental (cf. art. 5º, LXXI, da CF) é remédio jurisdicional utilizado nos casos em que a omissão legislativa causar dano a alguém, inviabilizando o exercício de direitos difusos no que diz respeito à proteção de bem ambiental. Se a omissão estatal lesiva decorrer da ausência de lei regulamentadora de disposição constitu-

112 *O estado atual do biodireito*, p. 14-15.

cional, o Poder Judiciário poderá decidir a lide aplicando ao caso concreto os arts. 4º e 5º da Lei de Introdução às Normas do Direito Brasileiro (LINDB). Se isso não for possível, poder-se-ão aplicar, analogicamente, princípios e disposições normativas oriundas do direito estrangeiro, nas quais se regulamente o mesmo direito, ou direito similar, ou ainda decorrente da norma constitucional. O legislador constituinte quis, por meio dessa norma, conceder legitimação ativa, ou seja, a possibilidade de ingressar em juízo, a todo aquele que venha a sofrer dano ambiental ou esteja impedido de desfrutar desse bem. Dessa forma, são legitimadas as Organizações Não Governamentais (ONGs), desde que o dispositivo constitucional dependa da regulamentação faltante[113]. Em suma, trata-se de um instrumento jurisdicional para a proteção do meio ambiente quando a efetivação dessa proteção depender de uma norma regulamentadora cuja ausência inviabilize seu exercício.

5.5. Mandado de segurança coletivo ambiental

Visa à proteção do bem ambiental e assenta sua base constitucional no art. 5º, LXIX e LXX. Foi instituído para proteção de direito metaindividual, líquido e certo de natureza ambiental que foi ameaçado ou violado, com o objetivo de tutelar o meio ambiente, quando o poluidor responsável pela ilegalidade ou abuso de poder for autoridade pública ou agente de pessoa jurídica no exercício de atribuição do Poder Público. Poderá ser impetrado por ONGs ou entes representativos, tais como partidos políticos, sindicatos, associações ou entidades de classe, na defesa dos interesses de seus membros ou associados.

Com o advento da Nova Lei do Mandado de Injunção, Lei n. 13.300, de 2016, temos importantes inovações no que diz res-

113 Nesse sentido, cf. Aricê Moacyr Amaral Santos, *O mandado de injunção*.

peito à proteção ao meio ambiente. Isso porque, quando o objeto do Mandado de Injunção for a regulamentação de direito de caráter difuso, a decisão que, em algumas situações, deveria ter efeitos apenas entre as partes terá efeitos *ultra partes* ou *erga omnes*, tendo em vista a própria natureza dos direitos ou interesses difusos.

O mais atuante legitimado ativo, no que tange aos interesses ambientais, é o Ministério Público. No entanto, os efetivos titulares do direito, atingidos diretamente pela decisão judicial, são indetermináveis – a legitimidade ativa é extraordinária –, não se podendo falar em "legitimidade entre as partes", no sentido usual do termo. Assim sendo, a decisão nesses casos terá efeito *erga omnes*, tendo em vista o caráter difuso do direito a ser protegido.

5.6. Ação direta de inconstitucionalidade em matéria ambiental[114]

A ação direta de inconstitucionalidade proposta contra ato ou omissão contrários à Constituição, sem que haja lesão a direito individual, fundamenta-se Constituição Federal, arts. 103, § 2º, e 102, I, *a* e §§ 1º e 2º. Mercê desse remédio jurídico, as leis ordinárias, os atos normativos ou todos os atos produzidos

114 ADIn 3.547/PR, Min. Rel. Carlos Britto, distribuído em 1º-8-2005: ADIn que visa impugnar a lei estadual do Paraná n. 14.582/2004, que permite a compensação de reserva legal com áreas da mesma região administrativa e do litoral do Estado, independentemente da localização, do ecossistema, da bacia hidrográfica e da equivalência ecológica da área rural desprovida de reserva legal. A lei estadual citada contrapõe-se ao Código Florestal já que, segundo este, quando não é possível a compensação da reserva por outra área localizada na mesma bacia hidrográfica, a área que compensará a propriedade desprovida de reserva legal deve pertencer ao mesmo ecossistema e ser equivalente em importância ecológica e extensão. O fundamento da ADIn é no sentido de que a lei estadual "exime os proprietários rurais do seu dever de manter a reserva legal em suas propriedades ou de compensá-las por áreas equivalentes do ponto de vista ecológico, localizadas no mesmo bioma e na mesma bacia hidrográfica".

no âmbito federal, estadual ou municipal sofrerão impugnação em face de uma ação positiva, como uma nova lei publicada e também os atos omissivos serão passíveis de controle. Haverá, por exemplo, controle dos atos omissivos que tornem inexequível o direito ao meio ambiente sadio, assim como serão passíveis do controle de constitucionalidade os atos comissivos que envolvam questões ambientais. O objetivo da ação direta de inconstitucionalidade é excluir do sistema normativo brasileiro ato ou lei incompatível com a Constituição. São legitimados ativos na ação direta de inconstitucionalidade, de acordo com o art. 103, I a IX, da Constituição de 1988, o Procurador-Geral da República, o Presidente da República, a Mesa do Senado Federal, da Câmara dos Deputados e de Assembleia Legislativa ou da Câmara Legislativa do Distrito Federal, Governadores de Estado ou do Distrito Federal, o Conselho Federal da Ordem dos Advogados do Brasil, partido político com representação no Congresso Nacional e confederação sindical ou entidade de classe de âmbito nacional.

A ação direta de constitucionalidade de lei ou ato normativo federal em matéria ambiental tem o objetivo de confirmar a constitucionalidade de lei ou ato normativo federal.

5.7. Ação de responsabilidade civil ambiental

A ação de responsabilidade civil por dano ao meio ambiente é objetiva. Basta a comprovação do nexo de causalidade entre o ato do lesante e o dano provocado ao meio ambiente (natural e cultural), sendo irrelevante a aferição da culpa do poluidor ou da licitude ou ilicitude do ato. Esse remédio jurídico fundamenta-se no risco integral, em matéria de dano ambiental; tem por objetivo a recomposição do *status quo ante* ou a plena recuperação do meio ambiente posto em situação de vulnerabilidade ou lesado, por meio da interrupção do fato que lhe deu causa (cf. art. 225, § 2º, da CF, e art. 14, § 1º, da Lei n. 6.938/81). Caso a recomposição seja inviável, como normalmente ocorre quando se trata de bem ambiental, dada a complexidade que envolve o bem em estudo, pode-se pleitear a indenização por dano moral e patrimonial, com o fim de satisfazer a vítima e de evitar que comportamentos futuros venham a atingir novamente o meio ambiente. O Poder Público pode despontar como responsável solidário (cf. arts. 225 e 37, § 6º, da CF), até mesmo por omissão, juntamente com todos os demais causadores do dano, que responderão pela totalidade da indenização, ainda que não o tenham provocado por inteiro, sendo irrelevante o percentual de participação no dano de cada poluidor, de acordo com as disposições acerca da solidariedade estabelecidas no art. 942 do Código Civil – Lei n. 10.406/2002.

Em suma, podemos afirmar que a responsabilidade pelo meio ambiente na esfera civil é extracontratual, ou seja, decorre do dever de indenizar; a responsabilidade é objetiva, já que, "sem obstar a aplicação das penalidades previstas neste artigo, é o poluidor obrigado, independentemente de existência de culpa, a indenizar ou reparar os danos causados ao meio ambiente e a terceiros, afetados por sua atividade. O Ministério Público da União e dos Estados terá legitimidade para propor ação de responsabilidade civil e criminal, por danos causados ao meio ambiente (art. 14, § 1º, da Lei n. 6.938/81). A modalidade de responsabilidade objetiva é a do risco integral, ou seja, as causas excludentes de responsabilidade em geral, tais como o caso fortuito ou a força maior, não são levadas em consideração quando se trata de responsabilidade em matéria ambiental. Nesse tocante, cumpre apontar o art. 4º da Lei n. 6.453/77, segundo o qual "será exclusiva do operador da instalação nuclear, nos termos desta Lei, independentemente da existência de culpa, a responsabilidade civil pela reparação de dano nuclear causado por acidente nuclear".

A responsabilidade civil por danos ao meio ambiente é, ainda, solidária, podendo ser exigida a reparação de todos ou de qualquer um dos responsáveis pelo dano ambiental, segundo as regras atinentes ao instituto da solidariedade. Nesse caso, caberá ação de regresso daquele que arcar com o ônus contra os demais corresponsáveis.

A jurisprudência inclui o Estado como responsável objetivo e solidário por danos causados ao meio ambiente. Segundo ementa do Recurso Especial n. 604.725/PR (julgado em 21-6-2005 e publicado em 22-8-2005): "5.(...) independentemente da existência de culpa, o poluidor, ainda que indireto (Estado-recorrente) (art. 3º da lei n. 6.938/81), é obrigado a indenizar e reparar o dano causado ao meio ambiente (responsabilidade objetiva). 6. Fixada a legitimidade passiva do ente recorrente, eis que preenchidos os requisitos para a configuração da responsabilidade civil (ação ou omissão, nexo de causalidade e dano), ressalta-se, também, que tal responsabilidade (objetiva) é solidária, o que legitima a inclusão das três esferas de poder no polo passivo na demanda, conforme realizado pelo Ministério Público (litisconsórcio facultativo)".

5.8. Procedimento sumário em matéria ambiental

Ainda no que diz respeito ao direito de vizinhança, temos que o Novo Código Civil estabelece apenas um procedimento único comum, não restando mais a possibilidade do procedimento sumário. As causas de menor complexidade devem tramitar no rito sumaríssimo dos Juizados Especiais Cíveis ou se submeter ao rito comum, conforme o caso. A Lei n. 9.099/95, em seu art. 3º, I e II, permite que se recorra ao Juizado Especial Cível caso o valor da causa não exceda 40 salários mínimos. Nesse sentido, Nelson

Nery Junior[115] afirma, com base no art. 83 do Código de Defesa do Consumidor e no art. 21 da Lei n. 7.347/85, que para a preservação do meio ambiente e prevenção do dano ambiental qualquer ação, cautelar ou de conhecimento, será cabível.

No que diz respeito à clássica obrigação de fazer e não fazer, a doutrina distingue entre a obrigação de fazer fungível, isto é, a que pode ser cumprida por outra pessoa que não seja o próprio devedor, e a infungível, ou seja, a que, em princípio, somente pode ser cumprida pelo devedor, prevalecendo o princípio do respeito ou da estrita observância das obrigações. No caso de não cumprimento espontâneo pelo obrigado, somente as obrigações fungíveis seriam passíveis de execução direta, em forma específica, ao passo que as infungíveis não poderiam ser diretamente executadas, já que não seria possível impô-las ao devedor, resolvendo-se estas em perdas e danos.

5.9. Ação de cumprimento de obrigação de fazer ou não fazer em matéria ambiental

Segundo o art. 11 da Lei n. 7.347/85, "na ação que tenha por objeto o cumprimento de obrigação de fazer ou não fazer, o juiz determinará o cumprimento da prestação da atividade devida ou a cessação da atividade nociva, sob pena de execução específica, ou de cominação de multa diária, se esta for suficiente ou compatível, independentemente de requerimento do autor". O direito ambiental prevê hipóteses de obrigação de fazer, tendo em mira a recuperação do meio ambiente: sempre que a lei determina a obrigação de repor, refazer ou recuperar o meio ambiente, está-se referindo à obrigação de fazer. A norma constitucional determina expressamente a obrigação de fazer de forma genérica, como

115 Responsabilidade civil e meio ambiente, *Revista do Advogado*, *37*:36-46.

quando estabelece que aquele que explorar recursos minerais "fica obrigado a recuperar o meio ambiente degradado" (art. 225, § 2º). Também a norma infraconstitucional estabelece obrigação de fazer genérica, como a lei que determina a obrigação de recuperar danos causados ao meio ambiente (art. 4º, VII, da Lei n. 6.938/81).

A obrigação de não fazer consiste na abstenção da prática de um ato. O descumprimento, portanto, ocorre quando se pratica o ato vedado. As obrigações de não fazer que dizem respeito à proteção ao meio ambiente não comportam execução específica, sendo imprescindível a tutela cautelar nessa seara para impedir que a degradação seja efetuada. Seu fundamento está calcado no princípio da prevenção. Nesse sentido, concordamos com José Afonso da Silva quando ele defende que, apesar de o art. 11 da Lei n. 7.347/85 determinar que o não cumprimento da obrigação de não fazer pode ter como sanção a execução específica, o juiz determinará a cessação da atividade nociva, sob pena de execução específica. Para esse autor, *o que ocorre é que o não cumprimento da obrigação de não fazer com a prática de ato positivo gera uma obrigação de fazer que consiste no desfazer, na recuperação do ambiente degradado, na reposição do* status quo ante *(...) se o obrigado não praticar essas atividades corretoras da infringência da norma proibitiva, a execução específica será pertinente, assim como a cominação de multa diária (...) não mais em relação ao objeto da obrigação de não fazer, que é o abster-se de fazer, mas em relação ao objeto da obrigação de corrigir (de fazer), resultado de seu atuar ilegal*[116].

O ato de fazer, vedado pela obrigação de não fazer, resulta na própria degradação, poluição do meio ambiente. As sanções

116 José Afonso da Silva, *Direito ambiental constitucional*, p. 291.

cabíveis são o ressarcimento em perdas e danos e a reposição do *status quo ante*, quando possível. Também a cominatória de multa não é compatível com a obrigação de não fazer.

5.10. Tutela penal do meio ambiente

Como bem lembra Maria Helena Diniz[117], a tutela penal do meio ambiente é imprescindível, especialmente quando os mecanismos administrativos e civis forem insuficientes ou não produzirem o efeito esperado. É importante ressaltar que a Lei n. 9.605/98[118] e o Decreto n. 3.179/99, ao definirem os crimes ambientais, procuraram evitar a aplicação de penas privativas de liberdade aos infratores, impondo-lhes, o mais das vezes, penas alternativas, o que pensamos ser, de fato, uma postura adequada no que diz respeito à efetiva proteção do bem ambiental. O bem jurídico a ser protegido é o meio ambiente, que se materializa na fauna, na flora, no solo, no ar, nas águas, na paisagem e em outras formas de expressão do bem ambiental estabelecidas pela norma jurídica que devem ser protegidas pela esfera penal. Nesse sentido, são considerados crimes ambientais: a execução, a pesquisa, a lavra ou extração de recursos minerais, sem a devida autorização, permissão, concessão ou licença do Poder Público; a produção, o processamento, a embalagem, a importação, a exportação, a comercialização, o fornecimento, o transporte, o abandono, a guarda e o uso de produtos ou substâncias tóxicas, perigosas ou nocivas à saúde humana ou ao meio ambiente, nuclear ou radioativa; a construção, a ampliação, a instalação ou o funcionamento de estabelecimentos, obras ou serviços potencialmente poluidores, sem licença ou autorização dos órgãos

117 *Estado atual do biodireito*, p. 719.

118 A Lei n. 9.605, de 12-2-1998, dispõe sobre as sanções penais e administrativas derivadas de condutas e atividades lesivas ao meio ambiente e dá outras providências.

ambientais competentes ou contrariando normas legais e regulamentares pertinentes, dentre outros.

Com base nos arts. 7º a 13, 18 e 21 a 24 da Lei n. 9.605/98, temos que a criminalização de comportamentos lesivos ao meio ambiente objetiva a diminuição de penas privativas de liberdade ou restritivas de direitos, conforme já afirmamos acima. No âmbito do direito penal, de acordo com o art. 129 da Constituição Federal e os arts. 26 a 28 da Lei n. 9.605/98, cabe ao Ministério Público promover a ação penal pública incondicionada. Caberá ação privada apenas no caso de inércia do referido órgão público, segundo o art. 5º, LIX, da Constituição Federal e do art. 29 do Código de Processo Penal em acordo com o art. 100, § 3º, do Código Penal. Maria Helena Diniz[119] chama a atenção para o fato de que, a partir da Lei n. 9.605/98, a maioria das contravenções penais passou a ser crime, e, com exceção do crime de incêndio em floresta ou mata (cf. art. 41 da aludida lei), todos os crimes ambientais inserem-se na categoria de crimes de menor potencial ofensivo, sujeitos, portanto, à suspensão antecipada do processo, de acordo com o art. 89 da Lei n. 9.099/95 combinado com o art. 28 da Lei n. 9.605/98. É importante ressaltar que nem sempre a competência para julgar crimes ambientais será da Justiça Federal (*v.* art. 109, IV, da CF), já que há competências concorrentes na tutela do meio ambiente dos entes políticos, conforme o estabelecido nos arts. 23, 24 e 225 da Constituição Federal. Assim, a competência será da Justiça Federal quando se trate de crime que envolva bem sob o domínio da União ou de suas entidades autárquicas ou empresas públicas, como os crimes contra a fauna, a flora e de poluição, assim como outros crimes ambientais descritos na lei, contra o ordenamento urbano e o patrimônio cultural e nos crimes contra a administração ambiental (cf. arts. 26 a 28, 38 a 53, 54 a 61, 62 a 65 e 66 a 69 da Lei n. 9.605/98).

 119 *O estado atual do biodireito*, p. 721.

No âmbito da tutela penal do meio ambiente, é importante lembrar que a Lei n. 9.605/98, em seu art. 3º e parágrafo único, assim como a Constituição Federal de 1988, em seu art. 225, § 3º, admitem a responsabilidade administrativa, civil e penal das pessoas jurídicas por atos lesivos ao meio ambiente, ressalvando que tal responsabilidade não excluirá a das pessoas físicas, autoras ou coautoras do mesmo fato. O art. 21 da referida lei determina, ainda, a aplicação isolada, cumulativa ou alternativa às pessoas jurídicas das penas de multa, restritivas de direitos e de prestação de serviços à comunidade. Entre os países que punem os atos poluidores de pessoas jurídicas, admitindo sua responsabilidade penal pelos danos que causarem ao meio ambiente, constam México, Cuba, Costa Rica, França, Portugal, Holanda, Inglaterra, Bélgica, Irlanda do Norte, Suécia, Austrália, Canadá, Estados Unidos e Brasil. Questão atual e de grande mobilização teórica diz respeito à responsabilização penal da pessoa jurídica por dano ao meio ambiente. A doutrina nacional e internacional diverge no que se refere a essa espécie de responsabilização. Julio Fabrini Mirabete[120], por exemplo, afirma que se deveria evitar a aplicação da pena à pessoa jurídica, estabelecendo-se, em vez dessa modalidade de pena, a perda de bens, a multa e/ou a suspensão ou interdição de direitos, como medida de segurança ou efeitos da condenação nos processos em que fossem consideradas culpadas as pessoas físicas por ele responsáveis.

Também Hans Heinrich Jescheck[121] diz que não se podem punir pessoas jurídicas, que somente atuam por meio de seus órgãos, razão pela qual não é conveniente que se lhes aplique uma pena. A prática do delito ambiental apenas poderia ser imputada a seus representantes. Para o autor, ao se punir a pessoa

---

120 *Manual de direito penal*, v. 1, p. 118.

121 *Lehrbuch des Strafrechts*, p. 207.

jurídica por ato de pessoa física (outrem), estar-se-ia de volta à responsabilidade coletiva e à violação do princípio da personalização da pena. Esse princípio encontra-se previsto no art. 5º, XLV, da Constituição Federal de 1988, no sentido de que a pena não passará da pessoa do condenado ou de que ninguém poderá ser punido por delito alheio. Quanto à atribuição de responsabilidade penal à pessoa jurídica, Maria Helena Diniz[122] assevera que punir pessoa jurídica significaria impor sanção penal a todos os seus integrantes, tenham ou não participado do crime.

Segundo a autora, quando a pessoa jurídica vier a sofrer pena de multa, o montante deverá ser pago pelo fundo comum, fruto da contribuição de cada sócio e não somente do sócio transgressor. No caso de a pena a ela imposta ser a de prestação de serviços à comunidade, todos os membros, inocentes ou culpados, deverão esforçar-se para cumpri-la. Também em uma sociedade de capital e indústria, se o sócio de indústria, que concorre apenas com seu trabalho, vier a praticar um crime ambiental durante sua atividade laborativa e houver imposição de pena de multa à sociedade, apenas o sócio de capital arcará com o dever de pagá-la, uma vez que somente ele responde pelas obrigações sociais, já que fornece o capital. De acordo com a autora, outras questões poderão surgir, no tocante à identificação do agente poluidor, quando se tratar de imputação de pena a pessoa jurídica. Assim, no caso de haver incorporação da empresa *B* pela empresa *A*, deixando aquela de existir, suas obrigações passariam, portanto, a pertencer à empresa *A*; mas, se *B* estava sendo processada por crime ambiental, qual das empresas deverá ser punida? *A* ou *B*? Como *B* deixou de existir, *A*, que a incorporou, deverá assumir a pena

122 Apud Carlos Ernani Constantino, *Delitos ecológicos*, p. 57-58.

que foi imposta. Nesse caso, porém, ocorreria lesão a uma norma basilar do direito penal, qual seja, aquela que determina que a pena não pode passar da pessoa do condenado.

Carlos Ernani Constantino[123] afirma que seria mais adequado impor a aplicação de sanções cíveis e administrativas rigorosas às pessoas jurídicas poluidoras do meio ambiente. Para o autor, o art. 3º da Lei n. 9.605/98 seria inconstitucional. Surge, também, o questionamento acerca de como seria possível conciliar o art. 5º, XLV, com o art. 225, § 3º, da Constituição Federal. Maria Helena Diniz[124] defende que, pelo princípio da especialidade, a norma especial prevaleceria sobre a geral, de modo que não se poderia negar a possibilidade de uma pessoa jurídica vir a cometer crimes e, portanto, a sua responsabilização penal: a norma constitucional especial, art. 225, § 3º, teria preponderância sobre o art. 5º, XLV, já que este contém uma norma geral alusiva à proteção dos direitos fundamentais do homem, enquanto aquele configura norma constitucional específica. Dessa maneira, o art. 3º da Lei n. 9.605/98, que é norma especial, é constitucional por estar conforme ao previsto no art. 225, § 3º, da nossa Lei Maior.

Quanto a essa problemática, os nossos tribunais superiores, mais especificamente o Superior Tribunal de Justiça (STJ), têm entendido (RHC 19.119/MG, de 2006) admitir-se "a responsabilidade penal da pessoa jurídica em crimes ambientais desde que haja a imputação simultânea do ente moral e da pessoa física que atua em seu nome ou em seu benefício, uma vez que não se pode compreender a responsabilização do ente moral dissociada da atuação de uma pessoa física, que age com elemento subjetivo próprio – cf. REsp 564.960/SC, 5ª Turma, Rel. Ministro

123 Meio ambiente – o art. 3º da Lei n. 9.605/98 é inconstitucional, *Ciência Jurídica*, *50*:10.
124 *O estado atual do biodireito*, p. 724.

Gilson Dipp, *DJ* de 13/06/2005". Em outra decisão (RMS 20.601/SP, de 2006), decide o referido Tribunal: "(...) não descrevendo a denúncia a participação de pessoa física que teria atuado em seu nome ou proveito, inviabilizando, assim, a instauração da *persecutio criminis in iudicio*". E que (RMS 16.696/PR, de 2006), "admitida a responsabilização penal da pessoa jurídica, por força de sua previsão constitucional, requisita a *actio poenalis*, para a sua possibilidade, a imputação simultânea da pessoa moral e da pessoa física que, mediata ou imediatamente, no exercício de sua qualidade ou atribuição conferida pelo estatuto social, pratique o fato-crime, atendendo-se, assim, ao princípio *nullum crimen sine actio humana*".

Para o Ministro Gilson Dipp (REsp 610.114/RN, de 2005), "(III) a responsabilização penal da pessoa jurídica pela prática de delitos ambientais advém de uma escolha política, como forma não apenas de punição das condutas lesivas ao meio ambiente, mas como forma mesmo de prevenção geral e especial (...) (X) não há ofensa ao princípio constitucional de que nenhuma pena passará da pessoa do condenado, pois é incontroversa a existência de duas pessoas distintas: uma física – que de qualquer forma contribui para a prática do delito – e uma jurídica, cada qual recebendo a punição de forma individualizada, decorrente de sua atividade lesiva (...) (XV) a ausência de identificação das pessoas físicas que, atuando em nome e proveito da pessoa jurídica, participaram do evento delituoso inviabiliza o recebimento da exordial acusatória". Em outra sentença (REsp 564.960/SC, de 2005) ocorre a "(I) hipótese em que pessoa jurídica de direito privado, juntamente com dois administradores, foi denunciada por crime ambiental, consubstanciado em causar poluição em leito de um rio através de lançamento de resíduos, tais como, graxas, óleo, lodo, areia e produtos químicos, resultantes da atividade do estabelecimento comercial (...) (IX) a atuação do colegiado em nome e proveito da pessoa jurídica é a própria vontade da empresa. A coparticipação prevê que todos os envolvidos no evento delituoso serão responsabilizados na medida de sua culpabilidade". Seguindo essa linha de raciocínio, o Supremo Tribunal Federal (STF) (HC 85.190/SC, de 2005) rejeita o pedido de trancamento de ação penal, "dada a expressa previsão legal, nos termos da legislação ambiental, da responsabilização penal de dirigentes de pessoa jurídica e a verificação de que consta da denúncia a descrição, embora sucinta, da conduta de cada um dos denunciados. *Habeas corpus* indeferido".

5.11. Tutela cautelar do meio ambiente

A tutela cautelar do meio ambiente tem fundamento em princípio orientado para a Política Ambiental, qual seja, o princípio da prevenção. A tutela cautelar pode dar-se:

a) Por meio de ação cautelar, prevista no art. 4º da Lei n. 7.347/85. De acordo com esse dispositivo legal, "poderá ser ajuizada ação cautelar para os fins dessa lei, objetivando, inclusive, evitar o dano ao meio ambiente, ao consumidor, à ordem urbanística ou aos bens e direitos de valor artístico, estético, histórico, turístico e paisagístico", sendo partes legítimas para propô-las as mesmas pessoas que têm legitimação para a ação civil pública principal (art. 5º).

b) Por medida liminar, constante no art. 12 da mesma lei, quando determina que o juiz poderá conceder mandado liminar, na ação civil pública, com ou sem justificação prévia, em decisão sujeita a agravo. Ela também está prevista no processo da ação popular com a mesma finalidade de prevenir o dano, por vezes irreparável.

Indicação de Leitura

ANELUZZI, Marcelo D.; PENTEADO TEIXEIRA JR., Paulo. Desapropriações diretas e indiretas em áreas de interesse ambiental. In: *Manual prático da Promotoria da Justiça do Meio Ambiente* (vários autores). São Paulo: Imesp, 1999.

ANTUNES, Paulo de Bessa. *Direito ambiental.* 7. ed. São Paulo: Lumen Juris, 2005.

________. *Jurisprudência ambiental brasileira.* Rio de Janeiro: Lumen Juris, 1995.

CONSTANTINO, Carlos Ernani. *Delitos ecológicos.* São Paulo: Atlas, 2001.

DIAS, José Eduardo de Oliveira Figueiredo. *Tutela ambiental e contencioso administrativo.* Coimbra: Coimbra Ed., 1997.

FIORILLO, Celso Antonio Pacheco. *Curso de direito ambiental brasileiro.* 5. ed. ampl. São Paulo: Saraiva, 2004.

________. *Princípios do processo ambiental.* São Paulo: Saraiva, 2004.

FIORILLO, Celso Antonio Pacheco; RODRIGUES, Marcelo Abelha; NERY, Rosa Maria Andrade. *Direito processual ambiental brasileiro.* Belo Horizonte: Del Rey, 1996.

FREITAS, Vladimir Passos de (Coord.). *Direito ambiental em evolução.* Curitiba: Juruá, 2002.

________. *A Constituição Federal e a efetividade das normas ambientais.* 2. ed. São Paulo: Revista dos Tribunais, 2002.

FREITAS, Wladimir Passos de; FREITAS, Gilberto Passos de. *Crimes contra a natureza.* 6. ed. São Paulo: Revista dos Tribunais, 2000.

MACHADO, Paulo Affonso Leme. *Direito ambiental brasileiro.* 8. ed. São Paulo: Malheiros, 2000.

MANCUSO, Rodolfo de Camargo. *Interesses difusos.* 6. ed. São Paulo: Revista dos Tribunais, 2004.

MILARÉ, Édis. *Direito do ambiente.* São Paulo: Revista dos Tribunais, 2000.

NERY JUNIOR, Nelson; NERY, Rosa Maria Andrade. *Código de Processo Civil comentado.* 6. ed. São Paulo: Revista dos Tribunais, 2002.

PRADO, Alessandra Rapassi Mascarenhas. *Proteção penal do meio ambiente.* São Paulo: Atlas, 2000.

PRADO, Luiz Regis. *Crimes contra o ambiente.* 2. ed. São Paulo: Revista dos Tribunais, 2001.

RODRIGUES, Marcelo Abelha. *Elementos de direito ambiental.* 2. ed. São Paulo: Revista dos Tribunais, 2005.

________. *Instituições de direito ambiental.* São Paulo: Max Limonad, 2002.

________. *Elementos de direito processual civil.* São Paulo: Revista dos Tribunais, 2000.

SANTOS, Aricê Moacyr Amaral. *O mandado de injunção.* São Paulo: Revista dos Tribunais, 1989.

SMANIO, Gianpaolo Poggio. *Tutela penal dos interesses difusos.* São Paulo: Atlas, 2000.

SOUZA, Paulo Roberto Pereira de; MILLS, John. *Conflitos jurídicos, econômicos e ambientais.* Maringá: Ed. da Universidade Estadual de Maringá, 1995.

VITTA, Heraldo Garcia. *O meio ambiente e a ação popular.* São Paulo: Saraiva, 2000.

Indicação de Filmes

POCAHONTAS (EUA). Direção de Mike Gabriel e Eric Goldberg. 1995.

A animação conta a história da índia que luta pelo amor verdadeiro, sem deixar de lado as suas origens. O filme mostra o conflito entre índios e ingleses para transmitir a mensagem da importância de se viver em harmonia com a natureza e com outros povos.

TAINÁ (Brasil). Direção de Tania Lamarca e Sergio Bloch. 2001.

O filme conta a história de uma indiazinha que vive na Floresta Amazônica, e que precisa lutar contra traficantes de animais que os vendem para pesquisas genéticas no exterior. O filme aborda questões como a preservação das florestas e dos animais, além de buscar harmonia entre a selva e a cidade.

O URSO (França). Direção de Jean-Jacques Annaud. 1988.

Este filme conta a história de um urso órfão que se junta a outro urso solitário para fugir de caçadores. O filme capta a essência da vida selvagem e aborda a ganância do homem, no caso o caçador, na dominação da natureza, esquecendo ser ele mesmo um animal.

Questões

1) Por que a necessidade de se estabelecer princípios do processo coletivo?
2) Qual o principal mecanismo de tutela do meio ambiente? Por quê?
3) Por que a tutela cautelar é tão importante na seara ambiental, se comparada à seara civil?
4) Quais as principais controvérsias relativamente à tutela penal do meio ambiente?
5) O Código Civil de 2002, no que diz respeito à propriedade, espelha a dimensão da proteção ao meio ambiente adotada pela Constituição de 1988? Explique sua resposta.

6

Responsabilidade Ambiental

A responsabilização pelo meio ambiente configura tema central na seara da proteção ao bem ambiental. É por meio da inclusão do sujeito – individualmente ou no contexto coletivo – como parte legítima a responder, de forma preventiva ou remediadora, pela tutela do referido bem que a sua proteção poderá efetivar-se. No presente capítulo, trataremos da amplitude e das especificidades da responsabilização pelo meio ambiente na doutrina e jurisprudência pátrias. Abordaremos a conceituação de dano ambiental, a competência para legislar sobre ele e os respectivos âmbitos da responsabilização pelo meio ambiente, quais sejam: o âmbito administrativo, o criminal e o civil.

6.1. Responsabilidade pelo meio ambiente

No que diz respeito à tutela do meio ambiente, não se podem empregar os parâmetros de responsabilização até então utilizados pelo direito, considerados fundamentais, tais como a culpa, o direito territorial, a quantificação certa do dano, a limitação das ingerências na vida privada, o desfrute estrito dos bens comuns etc. O direito ambiental é, nesse sentido, um direito revolucionário, já que visa a alcançar a harmonia do homem com o meio que o circunda, implicando mesmo as expectativas de sujeitos inexistentes, que integram as gerações futuras – conforme determina o *caput* do art. 225 da nossa Constituição vigente.

Há um princípio tradicional do direito ocidental segundo o qual a culpabilidade é o pressuposto da responsabilidade, sendo que, de acordo com ele, ninguém está obrigado a pagar por um resultado que não depende de sua vontade. Pode-se afirmar que a responsabilidade ambiental encontra-se no extremo oposto desse princípio, pois se baseia na mera criação de risco, é objetiva, basta uma remota relação de causalidade entre o autor e o resultado para comprovar sua exigência. A preservação do meio ambiente é bem de tamanha relevância que permite a alteração do aludido princípio.

O critério da objetividade tem como corolário a determinação estrita, em função do resultado, das consequências do binômio *dano – ressarcimento*. Mas, quando se trata de bem ambiental, o dano não opera como uma constante, senão como uma variável em função de determinações legais que ligam os máximos e os mínimos com os prejuízos juridicamente relevantes. Assim, no que se refere ao dano ambiental, acima do limite pagamos todos, abaixo não pagamos nada. E a fixação dos limites da responsabilidade converte-se em algo que depende de componentes científicos, como estudos sobre impactos ambientais, sociológicos, bem como a consciência coletiva acerca do ambiente; e também de componentes éticos, como a solidariedade intergeracional e interterritorial, além de políticos e econômicos. Como sabemos, a função preventiva é mais importante que a repressiva, no que toca à necessidade de responsabilização por dano ambiental, porquanto o mais importante é que o dano não se produza, pois, na maioria das vezes, a compensação posterior torna-se irrelevante[125].

125 Cf. Lucía Gomis Catalá, *Responsabilidad por daños al medio ambiente*, p. 305-318.

Portanto, o que realmente deve preocupar-nos é o bom funcionamento dos sistemas ambientais. E é nesse sentido, no sentido preventivo amplo, que falamos em responsabilidade ambiental no presente contexto, em uma espécie de responsabilização que antecede ao dano, já que este, em casos extremos, pode fulminar o bem ambiental de tal forma que nada sobreviva para ocupar o lugar de objeto de responsabilização.

6.2. Responsabilidade por dano ao meio ambiente

Quando a proteção preventiva não subsiste e a lesão ao meio ambiente se produz, torna-se necessário que ocorra a responsabilização pelo dano causado para que o bem ambiental afetado, na medida do possível, possa ser restabelecido.

6.2.1. Definição de dano ambiental

Dano ecológico seria *todo dano causado diretamente ao meio, independentemente de suas repercussões sobre as pessoas e seus bens*[126]. Para o direito, no entanto, torna-se imprescindível a identificação do agente, a fim de que se possa efetivar a responsabilização pelo dano, assim como é necessário que se afira a repercussão deste sobre as pessoas ou bens, para que seja possível, de alguma forma, quantificar a lesão ocorrida[127]. É com base nessa necessidade jurídica que, para o direito, o dano ambiental deve ser definido incluindo o agente da ação. Ele representa, assim, a lesão ao meio ambiente causada pela conduta ou atividade de pessoa física ou jurídica, de direito público ou de direito privado. É o que reza o art. 225, § 3º, da Constituição:

126 Cf. Francis Caballero, apud Helli Alves de Oliveira, *Da responsabilidade do Estado por danos ambientais*, p. 49.

127 Cumpre ressaltar que, em se tratando de bens difusos, essa quantificação torna-se mais dificultosa e complexa.

"Art. 225. (...) § 3º *As condutas e atividades consideradas lesivas ao meio ambiente* sujeitarão os infratores, pessoas físicas ou jurídicas, a sanções penais e administrativas, independentemente da obrigação de reparar os danos causados" (grifo nosso).

O "dano ambiental" em si pode expressar-se na forma de "degradação ambiental", que, por sua vez, consiste na alteração adversa e desfavorável das características do meio ambiente. A poluição, que configura uma das principais formas de degradação da qualidade do meio ambiente, resulta de atividades que, direta ou indiretamente: 1) prejudiquem a saúde, a segurança e o bem-estar da população; 2) criem condições adversas às atividades sociais e econômicas; 3) afetem desfavoravelmente a biota; 4) afetem as condições estéticas ou sanitárias do meio ambiente; e 5) lancem matérias ou energia em desacordo com os padrões ambientais estabelecidos (*v.* art. 3º, III, da Lei n. 6.938/81). Também o impacto ambiental (*v.* art. 1º da Resolução do CONAMA n. 1/86) pode gerar dano e a consequente responsabilização ambiental; daí a necessidade de seu "estudo prévio", antes que seja conferido o direito à alteração no meio ambiente, em cada caso concreto, conforme estudamos no Capítulo 4.

6.3. Âmbitos de responsabilidade

Segundo o dispositivo constitucional supracitado – art. 225, § 3º, da Constituição –, existem três modalidades de responsabilidade, que são independentes entre si, quais sejam: a responsabilidade administrativa, a penal e a civil, geradoras, por sua vez, das respectivas sanções em cada âmbito referido. O dano ecológico, mesmo configurando lesão a bem de interesse difuso, não apresenta nenhuma diferenciação no que toca às repercussões jurídicas, podendo gerar, igualmente, os três tipos de responsabilidade referidos, de acordo com as especificidades de cada caso concreto[128].

6.3.1. Responsabilidade no âmbito administrativo

A *responsabilização administrativa* decorre da infração a normas dessa natureza e funda-se na capacidade do Poder Público de impor deveres à coletividade. Tal capacidade-poder da Administração Pública cabe à União, aos Estados, ao Distrito Federal e aos Municípios, sempre obedecendo aos limites constitucionalmente estabelecidos. A efetivação dela dá-se, no contexto ambiental, por meio do *poder de polícia administrativo*. A União, o Distrito Federal, os Estados e os Municípios dispõem de poder de polícia com relação à matéria ambiental, visto que lhes cabe o dever de proteger o meio ambiente. Essa proteção se dá mediante a restrição ao uso e gozo de bens, atividades e direitos em benefício da qualidade de vida da coletividade, aplicando-se as sanções administrativas pertinentes, de acordo com cada caso concreto. As sanções possíveis são: advertência, multa simples, interdição de atividade, e suspensão de benefício, entre outras.

A Lei n. 9.605/98 dispõe sobre as sanções penais e administrativas decorrentes de condutas e atividades lesivas ao meio ambiente. O art. 70 da referida lei considera infração administrativa ambiental toda ação ou omissão que viole as regras jurídicas de uso, gozo, promoção, proteção e recuperação do meio ambiente. O art. 72 determina as sanções decorrentes das infrações administrativas, levando em conta sempre as circunstâncias de gravidade, antecedentes e situação econômica.

128 Nesse sentido, cf. José Afonso da Silva, *Direito ambiental constitucional*, p. 266.

Sanções estabelecidas pelo art. 72 da Lei n. 9.605/1998	
I	advertência;
II	multa simples;
III	multa diária;
IV	apreensão dos animais, produtos e subprodutos da fauna e flora, instrumentos, petrechos, equipamentos ou veículos de qualquer natureza utilizados na infração;
V	destruição ou inutilização do produto;
VI	suspensão de venda e fabricação do produto;
VII	embargo de obra ou atividade;
VIII	demolição de obra;
IX	suspensão parcial ou total de atividades;
X	restritiva de direitos.

O art. 14 da Lei n. 6.938/81 estabelece que, sem prejuízo das penalidades definidas pelas legislações federal, estadual e municipal, o não cumprimento das medidas necessárias à preservação ou correção dos inconvenientes e danos causados pela degradação da qualidade ambiental sujeitará os transgressores: I – à multa simples ou diária, nos valores correspondentes, no mínimo, a 10 e, no máximo, a 1.000 BTNs, agravada em casos de reincidência específica (prática reiterada da mesma infração já sancionada), conforme dispuser o regulamento, vedada a sua cobrança pela União se já tiver sido aplicada pelo Estado, Distrito Federal, Territórios ou pelos Municípios; II – à perda ou restrição de incentivos e benefícios fiscais; III – à perda ou suspensão de participação em linhas de financiamento em estabelecimentos oficiais de crédito; IV – à suspensão de sua atividade.

Cumpre ressaltar que as disposições da Lei n. 6.938/81 são gerais, e leis especiais podem também estabelecer sanções administrativas específicas. Como exemplo, temos a Lei n. 6.902/81 (arts. 7º, §§ 3º e 4º, e 9º, §§ 2º a 4º), que prevê apreensão, pelo prazo de um a dois anos, de material proibido nas Estações Ecológicas, assim como a interdição das iniciativas irregulares, a apreensão de material e máquinas usadas nessas atividades e multa, no caso de infração às normas disciplinadoras das Áreas de Proteção Ambiental. As legislações estaduais e municipais também podem prescrever sanções administrativas no que diz respeito à infração das suas normas. O procedimento para a aplicação das sanções administrativas inicia-se com a instauração do respectivo processo administrativo punitivo, com a observância do contraditório e do devido processo legal, sob pena de nulidade da punição imposta, de acordo com o art. 5º, LV, da Constituição[129].

6.3.2. Responsabilidade no âmbito civil

A responsabilização no âmbito civil encontra-se expressamente determinada na parte final do § 3º do art. 225, consistindo na obrigação do agente causador do dano de ressarcir o prejuízo causado por sua conduta ou atividade. A Lei da Política Nacional do Meio Ambiente – Lei n. 6.938/81 – já recepcionava a responsabilização civil por danos ao meio ambiente, nos seguintes termos:

"Art. 14. (...) § 1º Sem obstar a aplicação das penalidades previstas neste artigo, é o poluidor obrigado, independentemente da existência de culpa, a indenizar ou reparar os danos causados ao meio ambiente e a terceiros, afetados por sua atividade (...)".

A responsabilidade civil em matéria ambiental pode apresentar-se nas seguintes modalidades:

1ª) responsabilidade contratual, decorrente de contrato;

2ª) responsabilidade legal, decorrente de exigência legal;

129 Cf. Hely Lopes Meirelles, *Direito administrativo brasileiro*, p. 637.

3ª) responsabilidade por ato ilícito, fundada em ato ilícito; ou

4ª) responsabilidade por ato lícito, que é aquela fundada na responsabilidade por risco.

A responsabilidade civil pelo meio ambiente é objetiva, bastando a existência do dano e do nexo com a fonte degradadora para que ela se estabeleça. É, ainda, integral, ou seja, a indenização a que ela der causa não pode ser limitada a um valor previamente estipulado, na forma de um seguro-poluição[130]. Também não são estendidas ao dano ao meio ambiente as clássicas cláusulas excludentes da obrigação de reparar danos em geral, quais sejam: o caso fortuito, a força maior, o proveito de terceiro, a licitude da atividade e a culpa da vítima. E isso se deve ao fato de que, em se tratando de interesse ambiental, o mais importante é a reparação ou a reposição mais próxima ao *status quo ante*.

Sérgio Ferraz[131] aponta cinco consequências ligadas à adoção da responsabilidade ambiental na modalidade objetiva: 1) a irrelevância da intenção danosa, ou seja, basta o simples prejuízo para que a responsabilidade se configure; 2) a irrelevância da mensuração subjetiva, sendo suficiente que, no nexo causal, alguém tenha participado de forma que possa ser identificado como objetivamente responsável; 3) a inversão do ônus da prova; 4) a irrelevância da ilicitude da atividade; 5) a atenuação do relevo do nexo causal – *basta que potencialmente a atividade do agente possa acarretar prejuízo ecológico para que se inverta imediatamente o ônus da prova, para que imediatamente produza a presunção da responsabilidade, reser-*

130 Cf. José Afonso da Silva, *Direito ambiental constitucional*, p. 279.

131 Cf. Sérgio Ferraz, apud Rodolfo de Camargo Mancuso, *Ação civil pública*, p. 167-168.

vando, portanto, para o eventual acionado o ônus de procurar excluir a imputação.

Em decorrência da atenuação do relevo do nexo causal torna-se necessário, de acordo com a doutrina, que se apliquem as regras da solidariedade entre os responsáveis, segundo as quais a reparação do dano pode ser exigida de todos e de qualquer um deles[132]. A doutrina e a jurisprudência dos nossos tribunais superiores entendem que o Estado também é solidariamente responsável no que diz respeito à lesão ao meio ambiente, podendo figurar como polo passivo da ação. Depois de reparar o dano, o Estado poderá identificar e demandar regressivamente os poluidores.

Consoante a ementa do Recurso Especial n. 28.222/SP (j. em 15-2-2000), "II – Nas ações coletivas de proteção a direitos metaindividuais, como o direito ao meio ambiente ecologicamente equilibrado, a responsabilidade do poder concedente não é subsidiária, na forma da novel lei das concessões (Lei n. 8.987/95), mas objetiva e, portanto, solidária com o concessionário de serviço público, contra quem possui direito de regresso, com espeque no art. 14, § 1º, da Lei 6.938/81. Não se discute, portanto, a liceidade das atividades exercidas pelo concessionário, ou a legalidade do contrato administrativo que concedeu a exploração de serviço público; o que importa é a potencialidade do dano ambiental e a sua pronta reparação"[133].

No que toca à responsabilidade objetiva do Estado em relação a danos ao meio ambiente, é importante apontar o seguinte: o art. 37, § 6º, da Constituição vigente estabelece que "as pessoas jurídicas de direito público e as de direito privado

132 Cf. Rodolfo de Camargo Mancuso, *Ação civil pública*, p. 170.

133 Cf. José Afonso da Silva, *Ação civil pública*, p. 281. Cf. Jurisprudência do STJ – REsp 28.222/SP, j. 15-2-2000.

prestadoras de serviços públicos responderão pelos danos que seus agentes, nessa qualidade, causarem a terceiros, assegurado o direito de regresso contra o responsável nos casos de dolo ou culpa". Partindo desse entendimento, somente se admitiria responsabilidade objetiva das pessoas jurídicas de direito público por danos causados por seus agentes, nessa qualidade, responsabilidade baseada na culpa[134]. No entanto, conforme já afirmamos, a Constituição e a norma infraconstitucional, a doutrina e a jurisprudência estendem a responsabilidade objetiva ao Estado, apontando como principal fundamento as disposições estabelecidas no art. 225 da Constituição Federal, assim como a determinação do art. 3º da Lei n. 6.938/81. Nesse sentido, ante o conflito entre os dispositivos constitucionais referidos, o Judiciário optou por aquele mais adequado, tendo em mira a efetiva defesa do meio ambiente. De acordo com a ementa do Recurso Especial n. 604.725/PR (j. em 21-6-2005), "5. (...) independentemente da existência de culpa, o poluidor, ainda que indireto (Estado-recorrente) (art. 3º da Lei n. 6.938/81), é obrigado a indenizar e reparar o dano causado ao meio ambiente (responsabilidade objetiva)".

Segundo a letra do art. 14, § 1º, da Lei n. 6.938/81, as modalidades de sanção, relativamente ao dano ecológico no âmbito civil, são a *indenização* e a *reparação* dos danos causados ao *meio ambiente e a terceiros.*

Levando em conta a natureza do bem a ser protegido, ou seja, em se tratando de bem ambiental, a forma de reparação mais adequada seria a recuperação do bem degradado. Nesse sentido, a própria Constituição Federal exige que o meio ambiente seja recuperado (art. 225, § 2º) no caso específico do ex-

134 Na responsabilidade fundada na culpa, esta somente se configura ocorrendo omissão, negligência ou imperícia do agente.

plorador de recursos minerais. No entanto, nada impede que essa determinação se estenda à proteção de outros recursos da natureza, sempre que seja possível, atendendo às especificidades de cada caso concreto.

6.3.3. Responsabilidade no âmbito penal

A Lei n. 9.605/98 sistematizou os crimes contra o meio ambiente que antes se encontravam estabelecidos em legislações esparsas. Essa lei prevê crimes contra a fauna e a flora, contra o ordenamento urbano e o patrimônio cultural, bem como crimes contra a administração ambiental, além de tutelar o meio ambiente contra a poluição e outros crimes ambientais. Recepcionou, dessa forma, todas as espécies de meio ambiente, quais sejam, o meio ambiente natural, o artificial, o cultural e o do trabalho. A aludida lei pune a ação e a omissão em relação ao dano ambiental. Isso se mostra pelo estabelecido em seu art. 2º:

> "Art. 2º Quem, de qualquer forma, concorre para a prática dos crimes previstos nesta lei, incide nas penas a estes cominadas, na medida da sua culpabilidade, bem como o diretor, o administrador, o membro de conselho e de órgão técnico, o auditor, o gerente, o preposto ou mandatário de pessoa jurídica, que, *sabendo da conduta criminosa de outrem, deixar de impedir sua prática, quando podia agir para evitá-la*" (grifo nosso).

Prevê também tipos penais que envolvem crimes nas modalidades dolosas e culposas. O crime doloso ocorre quando o agente age com vontade e consciência de praticá-lo ou assume o risco de produzir o resultado; os crimes culposos se dão por meio da negligência, imprudência e imperícia do agente. Tendo em vista a natureza do bem a ser protegido, bem difuso, o legislador achou por bem tipificar as normas penais por meio da técnica legislativa da norma penal em branco. Segundo essa técnica, a conduta proibida encontra-se prevista de forma vaga, dependendo de outros dispositivos legais e outros atos normativos que a complemente.

Como exemplo, podemos citar o art. 50 da referida Lei.

"Art. 50. Destruir ou danificar florestas nativas ou plantadas ou vegetação fixadora de dunas, protetora de mangues, objeto de especial preservação. Pena: detenção, de três meses a um ano, e multa".

O aludido dispositivo não esclarece o que se entende por "vegetação fixadora de dunas" ou "protetora de mangues", sendo necessário buscar esse entendimento em outro dispositivo normativo.

A responsabilização penal das pessoas jurídicas, inovação introduzida pela Constituição Federal de 1988, em seu art. 225, § 3º, foi regulamentada pela Lei n. 9.605/98, que estabelece:

"Art. 3º As pessoas jurídicas serão responsabilizadas administrativa, civil e penalmente conforme o disposto nesta Lei, nos casos em que a infração seja cometida por decisão de seu representante legal ou contratual, ou de seu órgão colegiado, no interesse ou benefício da sua entidade.

Parágrafo único. A responsabilidade das pessoas jurídicas não exclui a das pessoas físicas, autoras, coautoras ou partícipes do mesmo fato".

Cumpre ressaltar que o art. 4º da Lei n. 9.605/98 determina poder-se desconsiderar a pessoa jurídica sempre que sua personalidade configurar um obstáculo ao ressarcimento do prejuízo causado à qualidade do meio ambiente.

As infrações penais contra o meio ambiente são de ação pública incondicionada, cabendo ao Ministério Público propor a ação penal cabível, de acordo com os dispositivos do Código de Processo Penal. No que diz respeito à apuração da infração penal, as disposições do art. 89 da Lei n. 9.099/95 são aplicáveis relativamente aos crimes de menor potencial ofensivo (*v.* arts. 27 e 28 da Lei n. 9.605/98).

As penas aplicáveis às pessoas físicas são as privativas de liberdade, as restritivas de direitos e as de multa; as penas aplicáveis às pessoas jurídicas, de forma isolada, cumulativa ou alternativa, são a multa, a pena restritiva de direitos e a prestação de serviços à comunidade (*v.* arts. 3º e 21 da Lei n. 9.605/98).

O art. 22 da Lei n. 9.605/98 especifica as penas restritivas de direitos da pessoa jurídica, que consistem na suspensão parcial ou total de atividades, na interdição temporária de estabelecimento, obra ou atividade e na proibição de contratar com o Poder Público e obter dele subsídios, subvenções ou doações.

O art. 23 da mesma lei estabelece as penas de prestação de serviços à comunidade pela pessoa jurídica, as quais dizem respeito ao custeio de programas e de projetos ambientais, à execução de obras de recuperação de áreas degradadas, à manutenção de espaços públicos e a contribuições a entidades ambientais ou culturais públicas.

No que se refere às especificidades do bem a ser protegido – bem ambiental –, que foi lesionado, gerando consequências no âmbito penal, o legislador não estabelece critérios que podem ser tidos como especificamente diferenciadores para esse tipo de tutela. Pelo contrário, a imposição e a gradação das penalidades estabelecidas na Lei n. 9.605/98 seguem modelos semelhantes aos dispositivos destinados aos crimes em geral. O art. 6º dessa lei determina que a autoridade competente deve apurar as consequências e extensão do dano, escolher a melhor pena entre as aplicáveis, observando a gravidade do fato, os antecedentes do infrator em relação ao cumprimento da legislação ambiental, os motivos da infração e suas consequências.

Também no que diz respeito às circunstâncias atenuantes e agravantes da pena e às excludentes de ilicitude, seguem o modelo dos dispositivos destinados aos crimes em geral, ou seja, se atêm a aspectos ligados às motivações subjetivas do autor da infração.

O art. 14 da Lei n. 9.605/98 estabelece como circunstâncias que atenuam a pena: o baixo grau de escolaridade do agente; o arrependimento do infrator, manifestado pela espontânea reparação do dano, ou limitação significativa da degradação ambiental causada; a comunicação prévia pelo agente do perigo iminente de degradação ambiental; a colaboração com os agentes encarregados da vigilância e do controle ambiental. O art. 15 da lei estabelece as circunstâncias agravantes, que consistem na reincidência no crime de natureza ambiental ou na peculiaridade da prática da infração, como no caso de o agente haver cometido infração para obter de vantagem pecuniária, quando tenha cometido a infração afetando ou expondo a perigo, de maneira grave, a saúde pública ou o meio ambiente, ou mediante abuso de direito de licença, permissão ou autorização ambiental, entre outros. As excludentes de ilicitude ou de antijuridicidade são as mesmas estabelecidas no Código Penal, art. 23, já que a Lei n. 9.605/98 prevê a aplicação subsidiária desse Código: o estado de necessidade, a legítima defesa, o estrito cumprimento do dever legal ou o exercício regular de um direito.

No que toca à excludente de antijuridicidade relativamente às pessoas jurídicas de direito público, é importante observar o disposto no art. 50-A da Lei n. 9.605/98:

"Art. 50-A. Desmatar, explorar economicamente ou degradar floresta, plantada ou nativa, em terras de domínio público ou devolutas, *sem autorização do órgão competente*:

 Pena: reclusão de dois a quatro anos e multa" (grifo nosso).

De acordo com o disposto nesse artigo, se houver a autorização do órgão competente, a conduta se enquadrará no exercício regular de direito, não configurando crime por ser causa excludente de antijuridicidade, mesmo que o ato do agente produza degradação do meio ambiente. Essa aplicação da norma penal vai, a nosso ver, de encontro ao entendimento da doutrina e da jurisprudência dos nossos tribunais superiores, as quais, atendendo à efetiva proteção ao meio ambiente, leva em consideração o resultado material danoso ao meio ambiente antes daquele relativo ao simples cumprimento do dever legal.

6.4. Competência para legislar sobre dano ao meio ambiente

A Constituição estabelece, no art. 24, VIII, que compete à União, aos Estados e ao Distrito Federal legislar, concorrentemente, sobre responsabilidade por dano ao meio ambiente, ao consumidor, a bens e direitos de valor artístico, estético, histórico, turístico e paisagístico. No entanto, no art. 22, I, a Constituição estabelece que a competência legislativa criminal e civil sobre a matéria cabe exclusivamente à União. Assim, concluímos que a responsabilidade referida no art. 24, VIII, refere-se unicamente à responsabilidade administrativa. José Afonso da Silva chama a atenção para o fato de que legislar sobre responsabilidade administrativa é inerente à competência administrativa de todas as unidades estatais autônomas, sem que se necessite para isso de previsão constitucional específica. Para o autor, a melhor interpretação seria a que entende que, no âmbito dessa competência, a União estabeleceria normas gerais, enquanto os Estados fixariam normas suplementares. Desse modo, a lei federal não incidirá em inconstitucionalidade se, no tocante à matéria, determinar aos Estados que, por meio de lei própria, definam a responsabilidade do causador do dano ecológico nas situações a eles peculiares. Da mesma forma, não se deverá reputar inconstitucional a lei estadual que, diante da inexistência de lei federal, criar a norma faltante, com base no art. 24 da Constituição, acima citado. A utilidade do dispositivo constitucional – art. 24, VIII – está em que, se uma lei federal geral, como a Lei n. 6.938/81, estabelece sanções administrativas genéricas para infrações ambientais, poderão elas ser aplicadas por Estados e Municípios, ainda que estes não tenham legislado sobre o assunto[135].

Indicação de Leitura

ALARCÓN FIDALGO, Joaquín. *Estudios sobre la responsabilidad civil medioambiental y su aseguramiento.* Madrid: MAPFRE, 1997.

ÁLVAREZ, José Ignacio Hebrero. *El aseguramiento de la responsabilidad civil por daños al medio ambiente.* Madrid: Dykinson, 2002.

ASSIS, Fátima Rangel dos S. de. *Responsabilidade civil no direito ambiental.* São Paulo: Destaque, 2000.

BARACHO JÚNIOR, José Alfredo de Oliveira. *Responsabilidade civil por dano ao meio ambiente.* Belo Horizonte: Del Rey, 2000.

BATESON, Gregory. *Steps to an ecology of mind.* New York: Ballantine Books, 1972.

BECK, Ulrich. *Risikogesellschaft auf dem Weg in eine andere Moderne.* Darmstadt: Suhrkamp, 1996.

BENDER, Bernd; SPARWASSER, Reinhard; ENGEL, Rudiger. *Umweltrecht. Grundzuge des öffentlichen Umweltschutzrechts.* 3. Auflage. Heidelberg: C. F. Müller, 1995.

135 Cf. José Afonso da Silva, *Direito ambiental constitucional*, p. 266.

BORA, Alfons et al. *Rechtliches Risikomannagement.* Berlin: Duncker & Humblot, 1999.

BRAVO, D. Arturo Díaz. La responsabilidad civil por contaminación del entorno y su aseguramiento. In: *Estudios sobre la responsabilidad civil medioambiental y su aseguramiento.* Madrid: MAPFRE, 1997.

CARVALHO NETO, Inácio de. *Responsabilidade do Estado por atos de seus agentes.* São Paulo: Atlas, 2000.

CATALÁ, Lucía Gomis. *Responsabilidad por daños al medio ambiente.* Pamplona-Espanha: Aranzadi Ed., 1998.

CAVANILLAS MÚGICA, Santiago. *Responsabilidad civil y protección del consumidor.* Palma de Mallorca: Universidade das Ilhas Baleares, 1987.

DE CUPIS, Adriano. *El daño. Teoría general de la responsabilidad civil.* Barcelona: Bosch, 1975.

DIAZ, Julio Alberto. *Responsabilidade coletiva.* Belo Horizonte: Del Rey, 1998.

ESCRIVÁ, D. Juan José Just. La obligatoriedad de aseguramiento de la responsabilidad civil por daños al médio ambiente. In: *Estudios sobre la responsabilidad civil medioambiental y su aseguramiento.* Madrid: MAPFRE, 1997.

FARIAS, Paulo José Leite. *Competência federativa e proteção ambiental.* Porto Alegre: Sergio A. Fabris Ed., 1999.

FERRERES COMELLA, Victor. *Justicia constitucional y democracia.* Madrid: Centro de Estudios Políticos y Constitucionales, 1997.

FIORILLO, Celso Antonio Pacheco; RODRIGUES, Marcelo Abelha; NERY, Rosa Maria Andrade. *Direito processual ambiental brasileiro.* Belo Horizonte: Del Rey, 1996.

GRIZZI, Ana Luci Esteves et. al. *Responsabilidade civil ambiental dos financiadores.* Rio de janeiro: Lumen Juris, 2003.

JONAS, Hans. *The Imperative of Responsability in Search of an Ethics for the Technological Age.* Chicago/London: The University of Chicago Press, 1984.

JORGE, Fernando de Sandy Lopes Pessoa. *Ensaio sobre os pressupostos da responsabilidade civil.* Coimbra: Livr. Almedina, 1995.

KALS, Elisabeth. *Verantwortliches Umweltverhalten.* Weinheim, Deutschland: Beltz, 1996.

KRELL, Andreas Joachim. Concretização do dano ambiental. Objeções à teoria do "risco integral". *Jus Navigandi*, Teresina, a. 2, n. 25, jun. 1998. Disponível em: <http://www1.jus.com.br/doutrina/texto.asp?id=1720>.

MIRRA, Álvaro Luiz Valery. Responsabilidade civil ambiental e cessação da atividade lesiva ao meio ambiente. In: KISHI, Sandra Akemi Shimada; SILVA, Solange Teles da; SOARES, Inês Virgínia Prado (Org.). *Desafios do direito ambiental no século XXI. Estudos em homenagem a Paulo Affonso Leme Machado.* São Paulo: Malheiros, 2005.

OLIVEIRA, Helli Alves de. *Da responsabilidade do Estado por danos ambientais.* Rio de Janeiro: Forense, 1990.

OLIVEIRA, Josivaldo Félix de. *A responsabilidade do Estado por ato lícito.* São Paulo: Habeas, 1998.

Indicação de Filmes

OS LOBOS NUNCA CHORAM (EUA). Direção de Carroll Ballard. 1983.

Filme baseado numa história verídica, em que um pesquisador vai até uma tundra canadense para verificar o aumento no número de lobos. Considerados na região como animais perigosos, o pesquisador acaba constatando que, na realidade, os lobos é que estão sendo ameaçados pelo homem e que eles desempenham papel importante no ecossistema do norte da América.

DERSU UZALA (JAPÃO/UNIÃO SOVIÉTICA). Direção de Akira Kurosawa. 1975.

Conta a história de um explorador do exército russo que é resgatado na Sibéria por um caçador asiático, dando início a uma forte amizade. Quando o explorador decide levar o caçador para a cidade, seus costumes se confrontam de forma esmagadora com o modo de vida burocrático na cidade, fazendo-o questionar diversos padrões da sociedade. O filme aborda temas como solidariedade e respeito ao próximo e, principalmente, à natureza e aos elementos que a compõem como o fogo, a água, o vento e todos os seres que cercam o homem.

AMAZONAS EM CHAMAS (EUA). Direção de John Frankenheimer. 1994.

O filme retrata a vida de Chico Mendes e sua luta pela preservação da Amazônia. O filme leva a reflexões de como se mudar o modelo de ocupação da terra, beneficiando os povos das florestas com os produtos dela retirados, e não privilegiando a criação extensiva de gado, como preferem as multinacionais. Além disso, questiona o modelo adotado na ocupação de Rondônia, que, apoiado pelos bancos internacionais, deixou profunda devastação.

Questões

1) Quais as especificidades do dano ambiental, em relação aos danos privados e públicos?

2) Pode-se falar em responsabilidade ambiental preventiva? Explique sua resposta.

3) Quais as especificidades da responsabilização civil, penal e administrativa, no que diz respeito à tutela do meio ambiente?

4) O Estado pode ser responsabilizado por lesões ao meio ambiente?

5) Diante da chamada "sociedade do risco", a potencialidade ambiental pode ser responsabilizada?

7

Temas Contemporâneos em Direito Ambiental

Nos capítulos anteriores, apontamos algumas diretrizes básicas relativamente à proteção e à promoção do meio ambiente. Apresentamos conceitos relevantes para a compreensão do nosso objeto de estudo, assim como aspectos do Direito Material e do Direito Processual Ambiental. No Capítulo 7, abordaremos temas que envolvem a contemporaneidade e complexidade da tutela do meio ambiente no ordenamento jurídico brasileiro.

7.1. A dimensão socioambiental da propriedade na ordem econômica brasileira

7.1.1. A propriedade no direito brasileiro

A "função social da propriedade" é expressão e argumento corriqueiro no cotidiano jurídico – na doutrina, na norma positivada e na jurisprudência, mesmo que essa restrição ao direito de propriedade não tenha sido ainda implementada de todo, em sua perspectiva material, no cotidiano jurídico e social. Revela-se que, em meio à falha observância material da já formalmente sedimentada "função social da propriedade", surge a necessidade da inclusão de outra restrição ao direito de propriedade, a chamada função ambiental da propriedade, no "cotidiano jurídico" (GUILHERMINO, 2012).

Assim sendo, necessário se faz apontar o percurso do direito de propriedade, a partir da inserção da função social da propriedade como importante restrição ao seu exercício, até chegar-se à função ambiental da propriedade como restrição, objetivo e princípio norteador do direito de propriedade, na atualidade jurídica. Cumpre ressaltar que, o longo lapso jurídico-temporal em que o exercício do direito de propriedade foi tido como praticamente irrestrito exerce até a segunda década do século XXI importante pressão negativa sobre a aceitação e efetivação das limitações jurídico-sociais ao direito de propriedade, inclusive entre os juristas.

Apontar as mazelas decorrentes da prática jurídica protetora do direito de propriedade irrestrito implica abordar os efeitos dessa prática no mundo concreto, assim como afirmar que a referida prática repousa, necessariamente, em um embasamento ideológico forte. O referido esteio é que deu suporte à doutrina e à jurisprudência, para que pudessem, tranquila e racionalmente, se adequar à leitura, à interpretação e à aplicação do direito nos moldes da chamada Primeira Dimensão de Direitos Humanos (OLIVEIRA, 2010). Nesse diapasão, ressalta-se, a ideologia liberal pós-Revolução Francesa.

Os Direitos Humanos da Igualdade sobressaíram-se no século XVIII. Já os Direitos Humanos Econômicos, Sociais e Culturais adquiriram força decisiva somente em meados do século XX. Sob a perspectiva cronológica, tem-se um hiato de quase dois séculos entre a ênfase deferida ao primeiro e a promoção do segundo. A função social da propriedade surge atrelada aos Direitos Humanos Sociais, como alerta contra os excessos da liberdade burguesa que deixou à míngua, sem terra e sem condições de vida minimamente dignas, quantidade expressiva de seres humanos.

A incursão da função social da propriedade no mundo jurídico brasileiro somente alcança *status* constitucional com a Constituição de 1967/69. O principal precedente no campo infraconstitucional é o Estatuto da Terra, Lei n. 4.504, de 30 de novembro de 1964, ao estabelecer que a propriedade rural carece atender à função social. Aliás, o Estatuto da Terra pode ser apontado como o clamor social, em forma de lei, no sentido da democratização do uso da terra em um Brasil essencialmente latifundiário e injusto.

Tornou-se premente, então, não somente a inserção de Direitos Sociais programáticos fez-se necessário que os referidos direitos, mais especificamente, que a função social da propriedade produzisse frutos no mundo real. A busca em garantir maior igualdade entre os indivíduos perpassa pelo direito de propriedade, seja por meio do acesso à terra ou por meio do uso da terra. Fez-se necessária, assim, a inserção de uma forma ou fórmula jurídica que conferisse efetividade aos direitos sociais.

Vale lembrar que a chamada eficácia horizontal dos Direitos Fundamentais (SARLET, 2007) se firma em 1988 e alcança, de forma direta, somente os direitos individuais – art. 5º, § 1º. Ressalve-se, no entanto que, ao estabelecer que o direito de propriedade deve atender a sua função social (art. 5º, XXIII), entende-se que o legislador constituinte de 1988 estendeu a referida eficácia horizontal à dimensão social do direito de propriedade, tornando-o cláusula pétrea. A Constituição de 1988 destaca e ratifica a função social da propriedade, também, no art. 170, III, capítulo em que trata da ordem econômica nacional.

Dessa forma, o legislador constituinte estabelece um elo importante entre propriedade, Direitos Fundamentais e ordem econômica, no sentido de tornar em prática o que outras tentativas, infraconstitucional e constitucional pretéritas, não lograram êxito. A propriedade deve atender, então, à função social, tanto da perspectiva do acesso à terra e ao desfrute justo do espaço físico como a ordem econômica deve se organizar de forma que os objetos de propriedade decorrentes das relações econômicas em geral também passem pelo crivo da função social.

Tem-se assim que, pelo menos da perspectiva formal, a função social da propriedade ascendeu à condição do que se ousa chamar de direito fundamental social, com toda a carga legitimadora que o *status* de Direito Fundamental confere aos seus titulares.

Sabe-se que, em decorrência do rápido e significativo desenvolvimento industrial e tecnológico, os recursos naturais, antes tidos por infinitos, tornaram-se perigosamente escassos. Surgiu, então, primeiro no universo social e, posteriormente no universo jurídico, a necessidade de regulamentar o seu uso. A natureza ascendeu, assim, à categoria de "bem" – o chamado "bem ambiental".

Assim sendo, ao lado da luta pela proteção social da propriedade, surgiu uma luta mais complexa que aquela, envolvendo a própria incolumidade do objeto de proteção dos interesses individuais e sociais. O bem ambiental nasce atrelado aos Direitos Humanos difusos ou da fraternidade, se utilizada a nomenclatura referida por Paulo Bonavides (2007, p. 569), quando se refere aos chamados direitos de terceira dimensão.

Destaca-se que a propriedade da terra, como contingente do bem ambiental natural necessitou, assim, de mais restrições atreladas àquelas já existentes que diziam respeito à função social da propriedade. Estas restrições foram nomeadas pela doutrina civilista e pela nascente doutrina ambientalista ora como a ampliação ou atualização da "função social da propriedade" em "versão verde", ora com a designação, propriamente dita, de "função ambiental ou socioambiental da propriedade".

O momento constitucional em que a função ambiental da propriedade alcança esse *status* se dá em 1988. Tem como importante precedente a Lei da Política Nacional do Meio Ambiente (PNMA), **Lei n. 6.938, de 31 de agosto de 1981**. A Constituição vigente recepciona e amplia a proteção já estabelecida pela norma infraconstitucional de 1981.

A função ambiental ou socioambiental da propriedade não é tratada de forma direta no art. 5º. No inciso LXXIII do referido artigo, a proteção ao meio ambiente é referida como um dos bens a serem protegidos via ação popular. Como a função ambiental da propriedade diz respeito diretamente à proteção ao meio ambiente, pode-se inferir que ela esteja incluída no rol do art. 5º.

Pode-se apontar, também, a inserção da função socioambiental da propriedade no art. 5º, de forma implícita, ao se recorrer à redação do § 2º do referido artigo. Este dispositivo constitucional determina que o rol dos Direitos Fundamentais disposto expressamente nos incisos relacionados não é exaustivo, pois, nesse contexto, comporta outros Direitos Fundamentais decorrentes do regime e dos princípios constitucionalmente adotados.

Vale lembrar a já bem discutida dimensões de direitos, que não se sucedem, mas que se complementam diuturnamente, pois a Constituição brasileira vigente, além de dispor de extenso rol de direitos individuais e direitos de primeira dimensão (privados, direitos da liberdade), estabelece um significativo número de direitos de segunda dimensão (direitos sociais, direitos da igualdade), assim como inclui em seu bojo direitos de terceira dimensão, dentre eles os direitos difusos, tendo como expoente o meio ambiente em suas quatro modalidades – natural, artificial, cultural e do trabalho (FIORILLO, 2013, p. 77-82).

Verifica-se que, a função ambiental da propriedade vem estabelecida de forma esparsa no texto constitucional, como adiante disposto, porém de forma condensada, a referida função, que se materializa na necessidade de proteção efetiva do meio ambiente, encontra-se no corpo do art. 225 da Constituição Federal de 1988. Sabe-se também que o Código Civil estabelece, expressamente, restrições ao direito de propriedade em decorrência do exercício da função ambiental, em seu art. 1.228, § 1º.

O art. 1.228 do Código Civil de 2002 determina que "o proprietário tem a **faculdade** de usar, gozar e dispor da coisa, e o direito de reavê-lo do poder de quem quer que injustamente a possua ou detenha". Grifamos o termo "faculdade" para enfatizar que o artigo do Código vigente que dispõe acerca da propriedade apresenta diferenças substanciais em relação ao antigo art. 524 do Código Civil de 1916, cujo *caput* previa que "a **lei assegura ao proprietário o direito** de usar, gozar e dispor de seus bens, e de reavê-los do poder de quem quer que injustamente os possua". Assim sendo, não há mais a previsão da existência de "direitos" relativos ao uso, fruição e disposição da coisa, mas sim da "faculdade" jurídica para tanto.

Nota-se que, o § 1º do referido artigo estabelece que, o direito de propriedade necessita ser exercido em consonância com as suas finalidades econômicas e sociais e de modo que sejam preservados em conformidade com o estabelecido em lei especial, a flora, a fauna, as belezas naturais, o equilíbrio ecológico e o patrimônio artístico. Deve-se ainda evitar a poluição do ar e das águas.

Segundo Flávio Tartuce (2013, p. 118), a expressão "faculdade jurídica" substituiu o termo "direito" no dispositivo acima exposto, com o intuito de "abrandar" o texto legal antigo. Acredita-se que o referido autor, quando aponta o "caráter mais brando" do texto legal antigo, possibilita o entendimento dele, no sentido de ali se poder inserir um espaço onde caiba a função socioambiental da propriedade.

Assim sendo, o direito quase irrestrito ao uso e gozo da propriedade se abranda, em um primeiro momento jurídico, diante das restrições inerentes à função social que a propriedade assume. Em um segundo momento, novas restrições ao direito de propriedade surgem, exigindo-se um maior abrandamento do texto legal, para que pudesse comportar a proteção socioambiental da propriedade, expressa no parágrafo primeiro do referido artigo.

O civilista Orlando Gomes (2004, p. 110) já dizia que a propriedade é elástica. Assim sendo, a propriedade pode ser "distendida ou contraída" quanto ao seu exercício do seu direito, conforme sejam adicionados ou retirados os atributos que lhe são destacáveis.

Nesse sentido, interessante notar que, de acordo com Flávio Tartuce (2013, p. 858), a norma civil codificada, no que diz respeito ao direito de propriedade, passa a consagrar expressamente a "função social" em um sentido de "finalidade", assim como um "princípio orientador da propriedade", além de representar a principal limitação ao exercício do referido direito.

Na mesma esteira de pensamento, chama-se atenção para o fato de que a "elasticidade" do direito de propriedade se expande também no que concerne à proteção do bem ambiental, já que o § 1º do art. 1.228 do Código Civil vigente dedica longa redação ao tema, tratando a função socioambiental da propriedade de forma detalhada. Também, se deve notar o fato de que o atual Código Civil, de certa forma, garante mesmo ênfase ao instituto clássico da propriedade, ao deslocá-lo topograficamente para a parte (quase) final da codificação. Isso porque, no Código pretérito, a propriedade era tratada antes, no art. 524, atribuindo primazia ao caráter individualista do direito em foco, em detrimento do caráter social e ambiental ora invocado.

Conforme se afirma anteriormente, Flávio Tartuce (2013, p. 858), seguindo o rastro do Direito Constitucional, mais precisamente em uma abordagem de acordo com o Direito Civil Constitucional (PERLINGIERI, 2007), afirma que as restrições ao direito de propriedade materialmente explicitadas no Código Civil vigente apontam, na verdade, "finalidades" e "princípios orientadores" de cunho social, atrelados ao exercício do direito de propriedade.

7.1.2. A função socioambiental da propriedade no art. 170 da Constituição Federal de 1988

A doutrina de vanguarda, especialmente os estudiosos do Direito Ambiental, fala em "função socioambiental da propriedade". Esta concepção foi inserida definitivamente no ordenamento jurídico brasileiro a partir de 1988, por meio da Constituição cidadã – mesmo que não tenha sido prevista com essa específica denominação.

É certo que o termo "função" implica um "poder-dever". No caso, afirma-se que o exercício do direito de propriedade é atravessado pelo poder-dever de observância dos interesses sociais e ambientais ou interesses socioambientais. Noutro viés, no que diz respeito à ordem econômica, a Constituição Federal somente utiliza o termo "função" no inciso III, do art. 170, ao se referir ao princípio da "função social da propriedade". Quando a Lei Maior se refere ao meio ambiente utiliza o termo: "defesa", no inciso VI, do mesmo artigo. O mesmo termo é empregado quando se refere aos direitos do consumidor: "defesa do consumidor".

Ao empregar-se a expressão "função socioambiental da propriedade", estabelecendo um paralelo com o que foi dito acerca da função social da propriedade, tem-se que aquela função deve ser exercida, "inclusive mediante tratamento diferenciado conforme o impacto ambiental dos produtos e serviços e de seus processos de elaboração e prestação", conforme reza o inciso VI do art. 170. Registre-se que, como o legislador não falou em função ambiental ou socioambiental, teve necessidade de descrever a que se referia o termo: "defesa", o que não ocorreu quando tratou da função social da propriedade, por cuidar de expressão já sedimentada na legislação, doutrina e jurisprudência.

Dada a complexidade que envolve a função ambiental ou socioambiental da propriedade, tem-se que o simples termo: "defesa" não é suficiente, como o foi quando o legislador se referiu ao consumidor. A Constituição estabelece capítulo específico – art. 225 – dedicado ao meio ambiente, em que se destaca não somente a carência de defesa deste, mas também sua promoção ou preservação para as presentes e futuras gerações. Implica um direito transgeracional que deve contar, para sua implementação, com a participação do Poder Público e da coletividade.

Favorecidos pela ambiguidade semântica do termo "propriedade", esta é utilizada para falar na "propriedade" do uso da expressão "dimensão socioambiental da propriedade" na ordem econômica brasileira. Propriedade, no primeiro sentido como sendo apropriado, adequado, correto, necessário. No segundo sentido, referindo-se ao instituto jurídico primordial do direito de primeira dimensão que sofre restrições com o advento da segunda dimensão de direitos, ou dimensão de direitos sociais (econômicos e culturais), assim como com a terceira dimensão de direitos, mais especificamente no que diz respeito aos direitos difusos ou ao direito ao meio ambiente ecologicamente equilibrado.

É, assim, necessária e exigível a vinculação entre propriedade e socioambientalismo. Especialmente, ao se pensar na concretização dos objetivos da ordem econômica brasileira. Isso porque a transversalidade da função social e da função ambiental deve estar atrelada a todo e qualquer exercício do direito de propriedade, a partir da Constituição de 1988.

O art. 170, *caput,* se inicia afirmando que a ordem econômica brasileira é fundada na "valorização do trabalho humano". A referida expressão "valorização do trabalho humano" tem como suporte principal os direitos constitucionalmente estabelecidos. Nessa vertente, os fundamentos da República Democrática de Direito brasileira encontram-se discriminados no art. 1º, e seus incisos; assim como correlacionam-se com os direitos previstos nos arts. 6º ao 11º da Constituição, além daqueles inseridos nos artigos do capítulo da ordem social e em outros dispositivos dispersos pelo Texto Constitucional. O termo "humano" deve ser tido como uma ratificação da importância da proteção à dignidade da pessoa humana, fundamento de todo o ordenamento jurídico vigente (Constituição de 1988, art. 1º, III).

Observe-se que a "livre-iniciativa", também fundamento constitucional, exposto no art. 1º, IV, como direito individual, que por sua vez tem como pré-requisitos a propriedade e o direito de dispor dela de forma livre, em termos de iniciativas relativamente ao desenvolvimento de atividades econômicas, vem em seguida como uma "finalidade asseguradora da vida digna para todos". Os limites ou o horizonte da valorização do trabalho humano e da livre iniciativa – fundamentos da Constituição como um todo e da ordem econômica em especial – visam à concretização da justiça social.

Na mesma línea de raciocínio, haja vista a consecução da justiça social no âmbito da ordem econômica, os princípios que devem ser observados são elencados nos nove incisos do art. 170

da Constituição. Fácil verificar que esses princípios encontram-se plenamente interligados e dependentes uns dos outros:

O inciso I, ao apontar a soberania nacional delimita, na verdade, o âmbito ou os limites, o "onde" e o "como" a valorização do trabalho e a livre-iniciativa podem ser exercidas, nos moldes do ordenamento jurídico interno; o inciso II aponta a "propriedade privada", destacando a importância desse instituto jurídico – direito fundamental de primeira dimensão por excelência, previsto no *caput* do art. 5º e incisos XXII e XXIII – para a organização da economia no país já que, no inciso seguinte, III, do art. 170, aponta a primeira restrição ao uso da propriedade, que se plasma no dever de que o referido direito seja exercido de acordo com os ditames da função social.

A livre concorrência, disposta no inciso IV do art. 170, é um princípio que, se olhado isoladamente, nos remete à dimensão da liberdade econômica plena, ao liberalismo econômico, ao capitalismo em seu estado puro, à "mão invisível de Adam Smith (...) ou modernamente ao Supercapitalismo de Robert Reich (2007). No entanto, os demais incisos estabelecem restrições a essa liberdade – assim como o fazem no que tange à liberdade para a propriedade –, especialmente quando se fala no tratamento favorecido às empresas de pequeno porte (inciso IX): aí temos a mão bem "visível" do Estado regulador atuando.

Já o princípio de defesa do consumidor, princípio V, diz respeito à segunda dimensão de direitos. Ou seja, o produto da livre concorrência econômica, os bens por ela produzidos, sofre intervenção do Estado, que atua como mediador entre produtor, vendedor e consumidor, protegendo este último, levando-se em consideração sua condição de fragilidade diante das relações de consumo. A referida proteção se dá, especialmente, por meio do conhecido Código de Defesa do Consumidor, Lei Federal n. 8.078, 11 de setembro de 1990.

Importante lembrar, nesse sentido, que a Lei n. 12.291, de 20 de julho de 2010, obriga, sob pena de elevada multa, que todos os estabelecimentos comerciais tenham um exemplar do Código de Defesa do Consumidor, acessível a todos os envolvidos na relação de consumo, para que tenham ciência dos seus direitos e deveres de forma direta e imediata.

O longo inciso VI estabelece a defesa do meio ambiente especificando que esta deverá acontecer "mediante tratamento diferenciado conforme o impacto ambiental dos produtos e serviços e de seus processos de elaboração e prestação". Neste dispositivo constitucional estabelecem-se as limitações no exercício da atividade econômica e especifica-se a forma como as referidas limitações devem ocorrer: conforme o impacto ambiental dos produtos e serviços e de seus processos de elaboração e prestação. Vê-se aí a presença dos princípios da prevenção e da precaução na seara da ordem econômica, já que o legislador constituinte aponta não somente a proteção contra o impacto ambiental dos produtos e serviços, mas também a proteção referente aos seus processos de elaboração e prestação. Assim, tem-se a proteção contra os danos previsíveis e também sobre aqueles não diretamente previsíveis.

Os incisos VII e VIII, também inseridos no âmbito dos direitos de segunda dimensão, dizem respeito à redução das desigualdades regionais e sociais e à busca do pleno emprego. No que diz respeito aos referidos princípios temos que o Estado deve "observar" – termo utilizado pelo *caput* do art. 170 –, ou seja, direcionar sua atuação no sentido de "reduzir" as desigualdades regionais e sociais e "buscar", ou promover, o pleno emprego. Importante ressaltar que a chamada "guerra fiscal", que se vivencia atualmente, é um bom exemplo da forma como Estado e coletividades estão buscando soluções, um tanto tortuosas, também com base nos referidos princípios com o escopo de proporcionar a geração de emprego e renda (CALCIOLARI, 2006).

Já o inciso IX estabelece um elo entre a primeira e a segunda dimensões de direitos, ao determinar que as empresas de pequeno porte constituídas sob as leis brasileiras, e que tenham sede e administração no país, devem ter "tratamento favorecido". Ou seja, aquele titular de algum capital, suficiente para montar uma empresa, que tenha liberdade para tanto – direito de primeira dimensão –, deve receber um tratamento favorecido que viabilize sua sobrevivência no mercado, em meio às empresas de grande porte: é, mais uma vez, a mão visível do Estado impondo limites à liberdade, em prol da igualdade.

João Bosco Leopoldino da Fonseca (2004, p. 128) preleciona que o direito à propriedade privada é pressuposto da liberdade de iniciativa. Esta somente existe como "consequência" e "ratificação" daquele. Assevera, então, o referido autor que, "parece que neste ponto o constituinte cometeu um erro lógico, pois colocou a liberdade de iniciativa como fundamento (art. 170, *caput*, da Constituição) e o direito de propriedade como princípio (incisos II e III da Constituição)". A ótica do presente estudo não converge para a afirmação do referido autor. A análise utiliza do discurso de Leopoldino da Fonseca, antes descrito, para explicitar o argumento em prol da mudança de paradigma na ordem econômica brasileira, estabelecido a partir do Texto Constitucional de 1988.

É certo que a propriedade, de acordo com o texto do art. 170, *caput* e II e III, aparece como princípio da ordem econômica. Apesar da disposição topográfica que assume no contexto da ordem econômica, do texto constitucional, ela não perde seu caráter de "pressuposto" e também de "ratificação" da "liberdade de iniciativa". Esta sim, é o fundamento da ordem econômica.

Com a referida ordem de exposição dos institutos jurídicos da "liberdade de iniciativa" e da "propriedade", o legislador constituinte quis, na verdade, valorizar a "liberdade de iniciativa" – assim como "a valorização do trabalho humano" – e retirar o direito de propriedade do protagonismo que assumia até então no âmbito da ordem econômica e jurídica brasileira.

Como afirma Lenio STRECK em várias palestras e em artigos do CONJUR, "diante da Constituição de 1988, não se deve/pode mais olhar o novo com o olhar do velho".

André Ramos Tavares (2006), quando trata da participação do Estado na vida econômica, aponta a passagem do Estado neoliberal ao Estado desenvolvimentista, que ocorreu sob a égide da Constituição de 1988. O primeiro implicava a revalorização das forças de mercado, defendia a desestatização e a busca de um Estado financeiramente mais eficiente, probo e equilibrado, procurava reduzir os encargos sociais criados no pós-guerra, embora o Estado continue prestando serviços essenciais.

Já no Estado desenvolvimentista, o avanço econômico necessita do desenvolvimento do homem e de seus direitos fundamentais. A mudança dos paradigmas liberais na atividade econômica, com a inclusão da obrigatória observância de princípios como o da dignidade da pessoa humana, deveu-se à atuação do próprio Estado, que passou a intervir no mercado em busca do "bem coletivo".

A expressão "bem coletivo", utilizada pelo referido autor, se presta no contexto para apontar a importância da necessária visão da propriedade sob uma perspectiva não mais centralizadora e individualista, mas sim de uma perspectiva social, ambiental e desenvolvimentista. Lembrando que o direito ao desenvolvimento é um dos direitos de terceira dimensão, alocado juntamente ao direito ao meio ambiente ecologicamente equilibrado.

Ao estabelecer a "valoração do trabalho humano" topograficamente antes da "livre-iniciativa" como fundamento da ordem econômica, o legislador constituinte já mostra a "nova lógica" – utilizando o termo acima referido por Leopoldino da Fonseca – de uma Constituição firmada sob a égide de uma tríplice dimensão de direitos: Direitos Individuais, sociais e da fraternidade e, não somente sob a égide única dos direitos individuais, do direito de propriedade, por excelência, como ocorria no passado.

Com José Afonso da Silva (2014, p. 727), embora a propriedade seja prevista entre os direitos individuais, ela "(...) não pode ser considerada puro direito individual", especialmente porque os princípios da ordem econômica, para o autor, são preordenados à vista da realização de seu fim, com o escopo de assegurar a todos existência digna, conforme os ditames da justiça social.

O mesmo autor aponta os princípios gerais da atividade econômica sob a denominação coletiva de "princípio da integração". Nesse diapasão, objetiva resolver os problemas da marginalização regional e (ou) social. Incluem-se no princípio da integração as defesas do consumidor, do meio ambiente, a redução das desigualdades regionais e sociais e a busca do pleno emprego (2014, p. 728-729).

No que diz respeito à ordem econômica, importante ainda notar a observação de José Afonso da Silva no sentido de que o mercado adquire valor constitucional que dá sua dimensão social, sob a ideia de que em seu sentido puramente econômico pode fixar preços, mas não pode fixar valores sociais, porque estes é que têm que fixar a natureza e os limites dele. Segue o autor afirmando que:

> ... a previsão constitucional de que o mercado interno integra o patrimônio nacional significa repulsa ao liberalismo, e dá a ele um sentido social, porque destinado a viabilizar o

desenvolvimento cultural e socioeconômico, o bem-estar da população e a autonomia tecnológica do país. É essa a concepção social do mercado (SILVA, 2014, p. 840-841).

Com isso, tem-se que a Constituição, considerados os fundamentos e princípios da ordem econômica (art. 170), as bases da ordem social (art. 193) e o mercado como patrimônio nacional, em última análise, não adotou pura e simplesmente uma "economia de mercado", mas sim uma "economia social de mercado" que seja compatível com o respeito e a vigência dos direitos sociais.

Cumpre lembrar que esses valores estão inseridos no âmbito mundial: assim, conciliar crescimento econômico e os princípios da ordem econômica com o desenvolvimento humano e o princípio da dignidade humana é tarefa que envolve decisões da sociedade, do Estado Nação, mas também dos organismos e das cortes internacionais. Nessa mesma linha de pensamento, assevera Narciso Baez que:

> A concretude desses direitos deve ser buscada, agora, também, em dimensão global, por meio de tratados, convenções, pactos e protocolos adicionais que estabeleçam regras claras e objetivas, no sentido de salvaguardar de forma eficaz a dignidade humana, e que, além disso, sejam de observância obrigatória a todos: Organismos Internacionais, Estados, conglomerados econômicos etc. (BAEZ, 2014, p. 117).

Pensar direitos humanos nesse contexto não é mais impor limites ao Estado Nacional, mas integrá-lo ao sistema global que tem o poder de afetar as pessoas nos diversos continentes, às vezes viabilizando o desenvolvimento humano por meio do acesso ao emprego e à renda e, noutras situações, excluindo a formação do capital humano e social e impedindo o desenvolvimento sustentável.

7.1.3. *A dimensão socioambiental da propriedade na ordem econômica brasileira: a jurisprudência em prol do desenvolvimento sustentável*

Quando se fala em elasticidade no exercício do direito de propriedade na Constituição Federal, o enfoque é mais amplo do que aquele relacionado à elasticidade vinculada ao exercício do direito de propriedade no Código Civil vigente, tema discutido no início do discurso. Isso porque, a elasticidade constitucional do direito de propriedade, no contexto, diz respeito à sua abordagem tanto material como processual, atribuindo-se ênfase a esta última.

Enquanto, no âmbito do direito infraconstitucional, a elasticidade no exercício do direito de propriedade foi relacionada a aspectos materiais específicos constantes na própria lei e na Constituição, a visão constitucional em epígrafe vai além daquela já referida, muito embora a englobe e a anteceda, servindo mesmo de referência ao Direito Civil Constitucional.

Reitera-se aqui a afirmação no sentido de que a propriedade é um Direito Fundamental, pelo que consta do art. 5º, *caput* e XXII, da Constituição Federal. Também a restrição do inciso XXIII do mesmo artigo tem caráter fundamental. Assim sendo, a proteção do direito de propriedade e a sua correspondente função social e ambiental – art. 5º, § 2º, e art. 225 – devem ser aplicadas de forma imediata, razão que consta do art. 5º, § 1º, do Texto Maior (eficácia horizontal dos direitos fundamentais).

A partir desse entendimento tem-se que, como Direito Fundamental que é o direito de propriedade, pode ser objeto de aplicação do princípio da proporcionalidade, como ocorre no sopesamento de valores entre Direitos Fundamentais em geral. De acordo com o paradigma positivista vigente, as dimensões de direitos devem conviver harmonicamente da perspectiva abstrata, sendo levadas em consideração de *per se* apenas quando se apresenta um caso concreto, com a intervenção do Princípio da Proporcionalidade (ALEXY, 1985; GUERRA FILHO, 2009 e 2010).

Isso porque os problemas que exigem soluções jurídicas, na atualidade, por serem cada vez mais complexos, reclamam a existência, assim como a coexistência das acima referidas dimensões de direitos. A solução para os casos concretos que envolvam conflitos entre as dimensões de direitos, inseridas na lógica positivista, torna-se possível pela intermediação do Princípio da Proporcionalidade.

No que diz respeito à ratificação da dimensão socioambiental da propriedade relacionada à ordem econômica brasileira, vista da perspectiva jurisdicional, ou por meio de casos concretos, tem-se que o Supremo Tribunal Federal abriu importantíssimo precedente no universo jurídico nacional.

Na arguição de descumprimento de preceito fundamental, ADPF 101/2009, o Supremo Tribunal Federal decide sobre a arguição de descumprimento de preceito fundamental que versava sobre a importação de pneus usados. Declarou, então, a constitucionalidade das normas em vigor no país que proíbem essa importação. O caso ganhou relevância depois que o Brasil foi chamado a um painel na OMC (Organização Mundial do Comércio) pela Comunidade Europeia, que questionou a proibição da importação de pneus usados. A decisão do painel foi favorável ao Brasil, considerando justo o país proibir atividade lesiva ao meio ambiente, desde que, no entanto, tal proibição fosse mantida por todas as instâncias no âmbito interno.

Para atender essa decisão, o Presidente da República ingressou com a ADPF a fim de afastar decisões judiciais permitindo a importação de pneus usados. A decisão do STF proíbe a importação de qualquer pneu, inclusive aqueles oriundos de países da América do Sul. No início do julgamento, Oscar Vilhena Vieira (como *amicus curiae*) afirmou que o ônus pelo modelo desenvolvimentista europeu predatório ao meio ambiente por séculos não pode recair sobre países ainda em desenvolvimento, como o Brasil. Afirmou ainda que a Constituição é clara ao dispor sobre a prevalência do meio ambiente à atividade econômica.

A análise, que ora se projeta, não adere à afirmação do eminente professor, haja vista que constata que a Constituição protege sim o meio ambiente; no entanto, não se pode afirmar que a prevalência do meio ambiente à atividade econômica seja regra. Mesmo porque, como bem lembra Cristiane Derani (2001, p. 140), o exercício de qualquer atividade econômica implica de alguma forma intervenção no meio ambiente, por menor que seja. A proteção ao meio ambiente não pode paralisar o desenvolvimento econômico. Daí se falar em desenvolvimento sustentável. A sustentabilidade significa que se deve sopesar o impacto ambiental que a atividade econômica pode causar ao meio ambiente para verificar se a implementação do projeto econômico é viável ou não.

É nesse sentido que se entende, também, que a dimensão socioambiental da propriedade, como pertencente à mesma dimensão do direito ao desenvolvimento presente na Constituição de 1988, é ínsita à ordem econômica, já que a proteção ao meio ambiente configura princípio da ordem econômica. Assim sendo, o STF, ao decidir pela proibição de importação de pneus usados não foi de encontro ao interesse econômico em prol do interesse ambiental. A decisão obedece ao mesmo tempo à proteção socioambiental e ao desenvolvimento econômico (sustentável), terceira dimensão de direitos.

O direito ao desenvolvimento (sustentável) também é direito de terceira dimensão, melhor dizendo, o desenvolvimento sustentável abarca a proteção ao meio ambiente, no sentido de que a sustentabilidade está vinculada aos ditames da ordem econômica atual.

Novamente com André Ramos Tavares tem-se que, no Estado desenvolvimentista, o avanço econômico necessita do desenvolvimento do homem e de seus direitos fundamentais, sendo a proteção à natureza um sustentáculo, uma premissa, ao exercício dos direitos fundamentais e condição de possibilidade do desenvolvimento.

Ao lado do componente de direito subjetivo, surge um elemento de direito objetivo. Os Direitos Fundamentais não são mais passíveis de serem compreendidos pelo mero dualismo entre Estado e indivíduo. Eles recebem o caráter de princípios constitucionais formadores, criadores da ordem social como um todo, no sentido prospectivo (DERANI, 2012, p. 207; COSTAS DOUZINAS, 2009).

Não se pode esquecer também, como lembra Willis Santiago Guerra Filho (2009, p. 23-24), que o compromisso básico do Estado Democrático de Direito na harmonização de interesses se situa em três esferas diferentes: a esfera pública, ocupada pelo Estado; a esfera privada, em que se situa o indivíduo e um segmento intermediário, a esfera coletiva, em que se têm os interesses de indivíduos enquanto membros de determinados grupos – muitas vezes de difícil delimitação, como os titulares do meio ambiente ecologicamente equilibrado. A referida esfera coletiva é formada, dentre outros, para a consecução de objetivos econômicos, políticos e culturais.

Ressalta-se que, de acordo com estatísticas do "Cempre" (Centro Empresarial para Reciclagem) e de outros institutos envolvidos no assunto, o Brasil tem o maior índice de reciclagem de lixo urbano entre países em desenvolvimento. A reciclagem é um processo industrial que converte o lixo descartado (matéria-prima secundária) em produto semelhante ao inicial ou a outro. Reciclar é economizar energia, poupar recursos naturais e trazer de volta ao ciclo produtivo o que é jogado fora. Significa, de acordo com a etimologia da palavra, "repetir o ciclo, ou criar um novo ciclo econômico".

A reciclagem é excelente exemplo de como se pode concretizar o desenvolvimento sustentável com a participação do Poder Público e da coletividade – como determina o art. 225 da Constituição Federal. Vale observar que existe a possibilidade de harmonizar o interesse ambiental e o interesse econômico puro: produzir capital a partir da proteção ao meio ambiente e pôr em marcha a dimensão socioambiental da propriedade no rumo da harmonização de interesses.

7.2. Dano moral ambiental objetivo: uma discussão necessária

De acordo com HANS JONAS (2006), o princípio da responsabilidade impõe um imperativo moral, no sentido de que se deve agir de modo que os direitos estabelecidos sejam compatíveis com a permanência de uma autêntica vida humana sobre a Terra. É com a intenção de atar firmemente a efetiva responsabilização pelo dano ambiental ao imperativo moral em seu viés preventivo e repressivo que se deve marchar. É necessário, pois, resgatar o elo moral que fundamenta a tutela ao meio ambiente, antes e depois da implementação do dano, tendo em vista uma efetiva proteção do meio ambiente, que se torna cada vez mais necessária, ante a ampla complexidade que envolve.

Félix GUATTARI (2003), em sua obra *As três ecologias* – a ecologia subjetiva, a social e a da natureza – afirma que os modos de vida humanos individuais e coletivos evoluem no sentido de uma progressiva deterioração. É a relação da subjetividade com sua exterioridade que se encontra comprometida. Se não houver uma rearticulação dos três registros fundamentais da ecologia – subjetivo, social e ambiental –, podemos infelizmente pressagiar a escalada de todos os perigos que envolvem a sociedade atual. É necessário, pois, uma reconciliação das dimensões subjetiva e coletiva tendo em vista a que encontre a resposta mais adequada à pergunta sobre a efetiva proteção ao meio ambiente.

Nesse sentido, também é pertinente a afirmação de Leo STRAUSS (2005) no sentido de que, em lugar do cosmos finalizado e hierarquizado dos gregos, os modernos introduziram "a subjetividade que constrói o mundo que o circunda". O direito natural antigo remete à relação do sujeito com o mundo no qual ele se encontra, seus direitos não preexistem a seus deveres, o que pertence a cada um, seus direitos, será determinado com relação à ordem e à finalidade desse mundo. Em contrapartida, o pensamento dos modernos modifica radicalmente essa visão. A lei natural dos modernos é a "natureza do homem", isto é, de seus direitos subjetivos. A solução dos problemas envolvendo o meio ambiente, no chamado mundo pós-moderno exige, a nosso ver, o resgate da "humildade humana", no sentido de que é imprescindível um envolvimento com o todo e com o cosmos, se se quer manter a vida sobre a Terra, para as presentes e futuras gerações.

A sedimentação do instituto jurídico da responsabilização pelo dano moral objetivo configura um importante instrumento na caminhada para a efetivação do Princípio da Responsabilidade de Jones, assim como para o estabelecimento do elo entre as três ecologias de Guattari e o resgate da humildade humana de Strauss.

7.2.1. Risco e direito

A relação entre direito e risco é antiga, no entanto, ela se torna necessariamente atual, quando vislumbramos os chamados "novos riscos" da "sociedade do risco" (BECK, 1996 e LEITE/AYALA, 2002). Questionamos em que medida os riscos individuais e coletivos da sociedade do risco encontram resposta aos conflitos que criam. Eles encontram efetivamente um posicionamento da sociedade e do direito que espelhem suas necessidades atuais?

Não vamos nos debruçar com profundidade acerca do problema do conceito de risco, assim como sobre diferenças conceituais e identidades parciais entre risco e perigo. No entanto, não podemos nos furtar em apontar a existência de "novos riscos", nos quais se incluem os riscos difusos em contraposição aos "riscos clássicos", como o individual e o concreto. É no sentido dessa contraposição que a diferenciação que LUHMANN (1997) estabelece entre risco e perigo se torna importante: os riscos estariam vinculados à ideia de imprevisibilidade – a falta de certeza científica não deve ser utilizada como justificativa para que se implemente obra que possa vir a lesar o meio ambiente –; já os perigos seriam previsíveis, ter-se-ia já uma experiência de efetivação do dano ou provável certeza de dano, daí a necessidade de que a obra, instalação ou qualquer ação ou mesmo omissão não seja implementada. Assim sendo, os riscos exigem uma "decisão" de se precaver, enquanto que os perigos estariam vinculados a uma solução específica, diante de determinado caso concreto, à prevenção do dano.

Se formos estabelecer uma retrospectiva histórica linear, veríamos que os riscos do Estado Liberal foram substituídos por aqueles do Estado Social, até chegarmos ao Estado Tecnológico ou do Risco da atualidade. No entanto, essa linearidade não subsiste. O Estado de direito clássico, o Estado social e o Estado do risco, da segurança e da prevenção não decorrem de formações sucessivas. Os riscos econômicos, sociais, tecnológicos e ecológicos sofrem contínuos processos de transformação, não de forma sucessiva, mas cumulativa, aos moldes do que acontece com as dimensões de direitos que foram se "acumulando" ao longo do processo histórico: direitos individuais, sociais e difusos convivem em um mesmo momento histórico. E essa "soma" gera uma necessidade de regulamentação que torna, por vezes, relativa e até inoperante o discurso sobre os riscos atuais. Isso porque, ao lado dos novos riscos – difusos – devem sobreviver os antigos riscos – individuais, em especial – que se embasam em valores opostos àqueles vinculados ao direito ambiental, direito difuso por excelência.

O desenvolvimento tecnológico aliado à globalização dos mercados impõe, principalmente em grande parte do mundo ocidental, uma conduta homogeneizante na busca do conforto material de uma massa gigantesca de exigentes e ávidos consumidores. Nesse processo em direção à satisfação dos infinitos desejos humanos, ocorre um concomitante esgotamento dos ecossistemas naturais. Ou seja, junto com o conforto material proporcionado àqueles que a ele podem ter acesso, sobrevieram também os despojos, os resíduos, o lixo e a poluição gerados pela produção industrial em todo o mundo (DINIZ, 2002, DRAI, 1988 e CANOTILHO, 1996).

A natureza não pode mais ser tida como fornecedora ilimitada de matéria-prima; é necessária uma mudança de postura frente ao meio ambiente. A ilusão acerca da inesgotabilidade dos recursos naturais e a confiança nos recursos disponibilizados à humanidade pela ciência e pela técnica – portanto, no absoluto sucesso tecnológico que proporcionaria a uma produção de bens de consumo e conforto material – também ilimitada. Essas premissas se mostram frágeis: progresso técnico não acompanha necessariamente o ilimitado senso de necessidades humanas. É preciso observar que em nenhum momento da nossa história o ser humano se viu obrigado a considerar a condição global da vida e o futuro distante, inclusive a existência da espécie. O fato é que, hoje, esses valores exigem ser levados em consideração, inclusive jurídica. É imprescindível a construção de novos direitos e deveres – seja na dimensão concreta ou abstrata – ou, melhor dizendo, é imprescindível a limitação de direitos (ao consumo amplo e irrestrito, por exemplo) em prol da observação de mais deveres (de proteger o meio ambiente, por importante exemplo). Sobre as novas necessidades humanas, que geraram a nova sociedade, a sociedade do risco, nenhuma ética e metafísica antiga pode sequer oferecer os princípios, quanto mais uma doutrina acabada (JONAS *apud* PADILHA, p. 427). Se bem que, mesmo as "doutrinas acabadas" podem se tornar elas mesmas um risco para a efetiva proteção do meio ambiente para as futuras gerações. É preciso que se avalie cada caso concreto que se nos mostre e, a partir dele, construir uma solução adequada, devendo ser a norma e a doutrina suficientemente maleáveis, no sentido de se adequarem elas também a um devir inesperado.

A nossa ética tradicional é fundada numa concepção filosófica antropocêntrica imediatista. A ética tradicional proporcionou a crença Kantiana de que o gênero humano está em constante progresso para melhor. O antropocentrismo tradicional é entendido como o pensamento ou a organização que faz do homem o centro de determinado universo ou do Universo todo, em cujo redor gravitam os demais seres, em papel meramente subalterno e condicionado. É a consideração do homem como eixo principal de um determinado sistema ou, ainda, do mundo conhecido. A ética tradicional não considerou a crítica vulnerabilidade da natureza provocada pela intervenção técnica e que, hodiernamente, coloca, na ordem dos fatos afetados pela ação humana, o conjunto de todos os ecossistemas da terra, ou seja, a própria biosfera. Em linhas gerais, podemos dizer que o poder do sucesso tecnológico "subjugou a natureza". É necessário, pois, construir um sentimento coletivo de responsabilidade, nascido do temor contra o perigo que ameaça a continuidade da vida sobre a terra. A gravidade da interferência humana sobre a natureza tirou dela a possibilidade de defesa, a raça humana, ao se tornar agente do desequilíbrio deve tornar-se, igualmente, responsável pela sua recuperação.

Além da responsabilidade moral, deve-se ater à dimensão da responsabilidade temporal ou transgeracional – como preconiza o nosso texto constitucional (*caput* do art. 225 da Constituição de 1988), quando fala da proteção do meio ambiente para as futuras gerações. A violação da natureza e os desgastes sofridos por ela através do processo civilizatório do homem são indissociáveis.

O princípio da responsabilidade impõe um novo imperativo moral, diferente daquele proposto por KANT. Ele se traduz por uma definição de desenvolvimento sustentável, qual seja, a necessidade de se agir de modo que os efeitos da ação sejam compatíveis com a perpetuação de uma vida digna no presente e no futuro. Será que o Poder Público e a coletividade estão aptos a arcar com a responsabilidade pelas futuras gerações? Como conciliar os interesses ambientais com a força compulsiva do uso indiscriminado do poder tecnológico, impondo-lhe limites éticos, morais e jurídicos? Esses são, ao nosso ver, os maiores desafios a serem assumidos pela sociedade do risco e pelo direito. É necessário, pois, lançar mão de mecanismos jurídicos hábeis a nos conduzir ao desiderato da preservação ambiental. A hermenêutica jurídica eminentemente ambiental é um deles.

7.2.2. Por uma hermenêutica jurídica ambiental

As chamadas dimensões de Direitos Fundamentais aparecem em uma ordem de sequência que se inicia com o Estado de Direito Individual, em que os direitos da liberdade despontam, seguido do Estado de Direito Social, com a supremacia dos direitos da igualdade e, atualmente, temos a possibilidade da concretização do Estado de Direito Ambiental, no qual os direitos da fraternidade ou da solidariedade se impõem. Alcança-se, assim, o tripé proposto por Paulo BONAVIDES, no sentido da coexistência das três dimensões de direitos propagados pela Revolução Francesa (liberdade, igualdade e fraternidade).

Na perspectiva dos direitos da solidariedade, temos o direito a um meio ambiente ecologicamente equilibrado como premissa do direito à vida. Como consequência da relação íntima entre o meio ambiente ecologicamente equilibrado e a vida digna, muitos institutos jurídicos preexistentes necessitam ser renovados assim como outros devem ser criados no ordenamento jurídico pátrio, tendo em vista atender ao "novo olhar" conferido à tutela jurídica.

No que diz respeito ao objeto de estudo do presente trabalho: a responsabilização pelo dano moral ambiental objetivo, a concepção de uma hermenêutica eminentemente ambiental se torna imprescindível.

Germana P. N. BELCHIOR (2011) defende que a promoção da sadia qualidade de vida para as presentes e futuras gerações (art. 225 da Constituição de 1988), sustentáculo da viabilidade da dignidade da pessoa humana (art. 1º, III, da Constituição de 1988), tenha como base um tripé principiológico formado pelo princípio da legitimidade, que traduz, especialmente, o valor da justiça (Estado Democrático), pelo princípio da juridicidade, que traz em seu bojo o valor da segurança jurídica (Estado de Direito) e o princípio da solidariedade, que traduz o valor da sustentabilidade (Estado Ambiental). O Estado Democrático de Direito Ambiental, para que realize seu desiderato, deve promover uma efetiva proteção ao meio ambiente. Para tanto, necessita de um instrumental que a viabilize. A proposta no sentido da viabilização de uma efetiva tutela do meio ambiente se daria, segundo a autora, por meio da "hermenêutica jurídica ambiental".

Muito se fala, no universo jurídico atual, acerca da impropriedade na aplicação de conceitos e institutos do direito clássico – Direito Público e (ou) Privado – ao Direito Ambiental. Daí a necessidade de enquadramento do Direito Ambiental em outro ramo do direito, que atendesse às suas especificidades. Nesse sentido, cumpre lembrar que o Direito Ambiental é ramo do "direito difuso", nova categoria de direito, que desponta ao lado das outras duas clássicas espécies de direito. Dentre as principais características deste novo ramo do direito temos a "indeterminação", no que diz respeito ao sujeito de direito, e a "indivisibilidade", no que tange ao objeto do direito.

A referida moldura clássica, que obedece às necessidades das disciplinas jurídicas filiadas ao Direito Público ou ao Direito Privado, tem-se mostrado inadequada para a solução dos complexos problemas que surgem na atualidade envolvendo o Direito Ambiental. Estes exigem uma resposta que traduza a concretização da tutela efetiva do Direito Difuso a um meio ambiente ecologicamente equilibrado. Tal como o leito de Procusto, na mitologia grega, que configura uma metáfora para a inadequação da medida única para a solução de todos os impasses, também os clássicos institutos do Direito Civil, Administrativo e Penal (ramos dos Direitos Privado e Público, por excelência) não comportam soluções adequadas para a tutela efetiva do meio ambiente.

Um exemplo recorrente é o da responsabilização no âmbito do Direito Civil, que pode ser plenamente resolvida com uma resposta em dinheiro. Se formos aplicar essa mesma resposta à responsabilização por um dano ambiental teremos que, raramente, haverá por meio da referida resposta uma adequada proteção ao meio ambiente, já que o nosso objeto de estudo, para ser efetivamente protegido, necessita de uma tutela essencialmente preventiva.

Além da inadequação relativamente ao uso de institutos do Direito Público ou Privado à tutela de um Direito Difuso, a nova ordem jurídica ambiental é dotada de conceitos vagos, amplos e indeterminados, pelo fato de ser essencialmente principiológica. Frise-se, no entanto, que não estamos, com essa afirmação, criticando o arcabouço conceitual que constitui o Direito Ambiental. Estamos, sim, chamando atenção para o fato de que essa nova concepção de direito encontra entraves no que diz respeito à sua efetivação jurídica, seja pela dificuldade em se coadunar ao pensamento jurídico clássico e (ou) pela inadequação da resposta do Poder Público – Executivo, Legislativo e Judiciário – às suas demandas. A efetivação da tutela do meio ambiente necessita de novas respostas do Poder Público sem, no entanto, desobedecer os parâmetros aceitáveis e adequados ao ordenamento jurídico como um todo.

Dentro da construção das novas respostas do direito às perguntas complexas, que surgem no cotidiano socioambiental, nos deparamos, muitas vezes, com o necessário conflito entre diferentes valores juridicamente consagrados e absolutamente protegidos até então e a proteção a um meio ambiente ecologicamente saudável. Nessa seara, podemos citar conflitos envolvendo o direito à liberdade, ao desenvolvimento, ao pleno emprego, dentre outros, e o direito ao meio ambiente ecologicamente protegido. Exemplo de conflito envolvendo o direito à livre-iniciativa e ao pleno emprego, de um lado, e da proteção ao meio ambiente de outro lado ocorreu pela via da ADPF 101, ajuizada pelo chefe do Poder Executivo e julgada em junho de 2009, que pedia a declaração de constitucionalidade de normas em vigor no país que proíbem a importação de pneus usados, sob o fundamento de que todos têm direito ao meio ambiente sadio e equilibrado (art. 225 da Constituição de 1988). Sendo o referido direito ameaçado pelo acúmulo e incineração de pneus velhos. O STF entendeu ser o direito ao meio ambiente sadio preponderante sobre o direito à livre-iniciativa, no caso concreto em apreço. Importante salientar que o referido entendimento do STF tornou-se marco histórico em defesa do direito ao meio ambiente, com substancial aposição de argumentos por parte dos seus ministros. Assim sendo, temos que a proposta, no sentido da necessidade de uma hermenêutica jurídica especificamente ambiental, serve para que todos os Poderes (Legislativo, Executivo e Judiciário) encaminhem seu agir no sentido da proteção ao meio ambiente: serve, portanto, ao Legislador, para que elabore normas infraconstitucionais em obediência à Constituição ecológica; ao Poder Executivo, para que elabore e execute políticas públicas também coerentes com a proteção à dimensão ambiental, imposta pela Lei Maior; ao Judiciário, para que se posicione em suas decisões, também, sempre levando em consideração o meio ambiente. Serve também, e talvez principalmente, aos advogados, aos procuradores, aos promotores, enfim, a todas as autoridades públicas que atuam na esfera ambiental e que podem, com seu agir cotidiano, construir as bases de uma hermenêutica jurídico-ambiental.

A "logística" da chamada hermenêutica jurídica ambiental é composta por "princípios fundantes" e por "princípios estruturantes". Apesar de os referidos princípios comporem o método de interpretação jurídica proposto pela hermenêutica jurídica ambiental, temos que, da perspectiva teórica, se tratam de princípios enquanto normas e não de princípios de interpretação propriamente ditos. São chamados princípios fundantes os princípios da legitimidade, da juridicidade e da solidariedade. Os chamados princípios estruturantes são o princípio da prevenção, da precaução, da responsabilização e do poluidor-pagador, da democracia, da cidadania, da informação, da educação e da participação ambiental, assim como o princípio da proibição de retrocesso ecológico e o princípio da proteção ao mínimo existencial ecológico. Cumpre ressaltar que, para que ocorra uma efetiva materialização da hermenêutica jurídica ambiental, quando da colisão entre direitos fundamentais, necessário se faz a utilização dos princípios da ponderação e da proporcionalidade.

O primeiro princípio fundante, de acordo com a referida autora, o **princípio da legitimidade**, tem em vista alcançar o ideal de justiça, razão de ser do Estado Democrático. Pensamos, no entanto, que o Estado Democrático tem uma razão de ser bem mais ampla que o louvável e importantíssimo ideal de justiça e que essa extensa razão de ser abrange a dimensão da justiça. O segundo princípio, o **princípio da juridicidade**, visa à segurança jurídica, fundamento maior do Estado de Direito, assim como o **princípio da solidariedade** visa alcançar o Estado ambiental, ao conter em si o valor da sustentabilidade: o art. 225 da Constituição Federal de 1988 determina que a proteção ao meio ambiente é incumbência do Poder Público e da coletividade. Ambos devem solidariamente promover a sustentabilidade da sadia qualidade de vida para as presentes e futuras gerações.

É importante destacar aqui, também, os princípios estruturantes, com o intuito de contextualizá-los na dinâmica da hermenêutica jurídica ambiental. O primeiro princípio estruturante é o **princípio da precaução**. A principal característica deste princípio é, a nosso ver, o fato de ele apontar para a necessidade da ruptura com o paradigma "cientificista". Assim sendo, de acordo com o princípio da precaução, o homem necessita se precaver, até mesmo de certos instrumentos e resultados que a ciência atualiza no mundo contemporâneo de forma cada vez mais volumosa e "qualitativamente superior" ao que foi anteriormente produzido. Deve-se levar em consideração, ainda nesse sentido, que à medida que a ciência avança e novas descobertas são reveladas, os produtos e práticas antigas e que foram superadas pelos produtos e práticas atualizadas pela ciência, tornam-se, por vezes, potencialmente nocivas. No entanto, as referidas práticas ditas potencialmente nocivas são plenamente aceitas e juridicamente permitidas. Nesse sentido, temos que a verdade científica, que serviu como passaporte para a livre intervenção do homem no meio ambiente, desde que a ciência se instalou no universo humano como verdade inabalável e sempre tendente a melhorar a vida sobre a terra, não mais procede. O referido princípio exerce uma função antecipatória ou inibitória e cautelar em face do risco ambiental em abstrato. E isso porque o risco de dano ao meio ambiente é, muitas vezes, de difícil apreensão e previsão. Assim, como o princípio *in dubio pro* ambiente, o princípio da precaução não deve ser "absolutizado", mas sim otimizado com os demais princípios e regras com ele colidentes, conforme as especificidades de cada caso concreto. Deve-se agir, sempre, com ponderação, ou seja, levar sempre em consideração na apreciação do conflito no contexto do caso concreto, aspectos dos diversos âmbitos do direito, como aqueles relativos ao desenvolvimento econômico, à equidade social e, claro, ao meio ambiente sadio. A base concreta que deu lume ao surgimento do art. 225 da Constituição Federal vigente foi, essencialmente, a "crise ecológica" e a chamada "sociedade do risco". O princípio da precaução encontra-se presente no referido dispositivo constitucional, especialmente, na parte em que este se refere à proteção do meio ambiente para as "presentes e futuras gerações".

O princípio da precaução encontra-se estabelecido de forma expressa, no art. 54, § 3º, da Lei n. 9.605/98 (Lei dos Crimes Ambientais); no art. 5º do Decreto Federal n. 4.297/2002 que regula o art. 9º, II, da Lei n. 6.938/81 (Lei da Política Nacional do Meio Ambiente) e no art. 2º do Decreto Federal n. 5.098/2004 (que regulamenta os acidentes com cargas perigosas), além de estar presente na Lei n. 11.105 de 2005 (Lei de Biossegurança), quando trata, em especial, dos organismos geneticamente modificados, os chamados "transgênicos", em seu art. 1º, *caput*.

Conforme afirmamos anteriormente, a proposta de uma hermenêutica ambiental tem em vista harmonizar as três funções estatais, no sentido de otimizar o alcance da tutela ao meio ambiente. Dessa forma caberá aos três poderes o dever de fiscalização recíproca: caberá, por exemplo, ao Judiciário, desde que provocado, no caso de falha na execução da política ambiental ou na falta de sua implementação (função executiva), realizar o controle de juridicidade da atividade. Falamos em controle de juridicidade nos referindo a um controle mais amplo, que não envolve somente a legalidade da atividade. Lembrando que a atividade jurisdicional, assim como todas as atividades estatais, não devem se caracterizar mais pela simples análise da lei em sentido estrito, mas sim pela análise do ordenamento jurídico como um todo, dando-se ênfase aos princípios que, especialmente no que diz respeito ao Direito Ambiental, vêm se impondo como força normativa, impulsionados pelas necessidades da vida cotidiana. Referidas necessidades são, por sua vez, consubstanciadas nos casos concretos que se apresentam ao mando do Poder estatal. Assim sendo, quando nos referimos ao controle de jurisdicionalidade, no presente contexto, apontamos para a necessidade que esse controle se dê sob a orientação de uma hermenêutica jurídica ambiental.

O segundo princípio estruturante é o **princípio da prevenção**. Os princípios da precaução e prevenção estão intimamente relacionados. Ambos os princípios têm em vista se antecipar, inibir, acautelar os danos, sendo ambos parecidos quanto ao seu objetivo. No entanto, atuação preventiva diz respeito à prevenção do perigo (dano previsível), enquanto a precaução diz respeito à proteção diante do risco (dano não plenamente previsível): segundo Germana BELCHIOR (2011, p. 209-210), "extrai-se que a prevenção é passível de aplicação quando se sabe quais as consequências antes de se iniciar e de se prosseguir com determinada atividade. Aplica-se em situações em que existe a comprovação científica do nexo causal, possuindo a finalidade de eliminar os perigos quando estes puderem ser verificados antecipadamente, para coibir a degradação do meio ambiente, antes que se concretize. Já o princípio da precaução manifesta-se quando não se sabe ao certo qual o resultado da prática de determinado ato, haja vista não existir a certeza científica do resultado. Entretanto, a falta do nexo causal não pode servir de escusa para não se tomar atitudes eficazes com o objetivo de impedir a degradação ambiental". Ou seja, diante do risco de perigo, não devemos permanecer inertes, fazendo parte do controle de juridicidade também a apreciação do risco de perigo.

Os **princípios da responsabilidade e do poluidor-pagador** podem ser traduzidos pela ideia de que "quem causa dano ao meio ambiente deve por ele responder". Não existem fronteiras, assim como limites políticos quando se trata de dano ambiental. Por isso a solidariedade e a responsabilidade caminham juntas. A dimensão econômica da responsabilidade dá ensejo ao princípio do poluidor-pagador, o que justifica sua análise conjunta. Não se deve entender ambos os princípios como princípios de compensação dos danos causados, no sentido de que, se poluiu, deve pagar, como se se tratasse de uma fórmula matemática. Isso seria uma excelente arma para os empreendedores. O alcance destes princípios é bem maior, pois inclui os custos da prevenção, reparação e repressão ao dano ambiental, uma vez que o direito ambiental possui três esferas básicas de atuação: a preventiva, a reparatória e a repressiva.

Ao tratar a natureza como um bem (o bem ambiental), ela é transformada em uma entidade economicamente mensurável. No entanto, é importante ressaltar que o "bem ambiental" é uma construção econômico-jurídica abstrata, já que a natureza permanece externa ao discurso econômico e à sua racionalidade. A natureza tem uma "racionalidade" própria, no sentido de que o meio ambiente se regula por si, naturalmente, sem que seja necessária a intervenção das condutas individuais, das práticas sociais ou dos órgãos públicos, como bem assevera José Luis Serrano MORENO (1992). A onerosidade pela poluição dos recursos ambientais constitui, na verdade, um instrumento de política pública, com o intuito de "aconselhar" ou educar o poluidor (ou potencial poluidor) no sentido da racionalização na utilização dos subsídios ambientais. A finalidade da reparação no Direito Ambiental é restabelecer o meio lesado ao *status quo ante*, ou seja, é a reconstituição do bem ambiental degradado. A reparação em pecúnia, no que diz respeito ao instituto da responsabilidade ambiental, só deve ser realizada quando se revelar inatingível a reparação específica. O objetivo primordial é educar o poluidor, com as medidas reparatórias. Coisa que não ocorre quando estamos diante de uma reparação pecuniária.

Os **princípios da democracia, da cidadania, da informação, da educação e da participação ambiental** devem ser tratados conjuntamente, por apresentarem uma proximidade importante no que diz respeito à semântica da proteção ao meio ambiente. O meio ambiente é bem difuso e de uso comum do povo, sendo legítimo, portanto, conferir ao povo os instrumentos de participação, fiscalização e proteção do meio ambiente. Assim sendo, pode-se afirmar que o princípio da cidadania figura como corolário do princípio da democracia ambiental. Quando se fala em princípio da informação, no contexto da hermenêutica jurídica ambiental, está-se falando da informação que ultrapassa a esfera daquele que a obteve. Exemplo importante é o RIMA (Relatório de Impacto Ambiental), que tem como um dos principais objetivos tornar acessível ao público as informações contidas no EPIA (Estudo Prévio de Impacto Ambiental). Esse estudo deve ser realizado sempre relativamente às atividades sujeitas a licenciamento pelo Poder

Público, para que elas se tornem aptas à implementação. Pelo princípio da informação ambiental, há obrigatoriedade de publicação do pedido de licenciamento em jornais de grande circulação, assim como deve haver publicação dos programas de educação ambiental, dentre outros.

A necessidade da educação especificamente ambiental foi inserida na Legislação brasileira, inicialmente pela Lei n. 6.938/81 e, posteriormente, pela Constituição de 1988, no art. 225, § 1º, VI, ao atribuir ao Poder Público a realização da educação e da conscientização ambiental. Em 1999, foi criada a Lei n. 6.795, que trata especificamente do Programa Nacional de Educação Ambiental ao lado dos princípios da democracia, da cidadania e da informação. O princípio da educação ambiental desponta como o instrumento, em sentido amplo, que permitirá a sobrevivência das futuras gerações a partir do investimento na construção de uma nova mentalidade relativamente à preservação do meio ambiente: informados a respeito da atual situação de "caos ambiental", assim como acerca das posturas e medidas a serem implementadas para modificar essa situação, os cidadãos poderão construir um mundo diferente, ambientalmente sustentável, para as presentes e futuras gerações, como preconiza o texto Constitucional. A educação ambiental não diz respeito somente às "clássicas aulas expositivas" sobre o assunto, ou seja, não se trata somente do discurso sobre como mudar as atitudes humanas relacionadas à preservação do meio ambiente, mas envolve, principalmente, a possibilidade de abordar a problemática ambiental, por exemplo, através de debates ensejados por assuntos polêmicos que a sociedade local esteja vivenciando, assim como pela fomentação do turismo ecológico, para que se possa apreciar e aprender a preservar, o que nos resta de meio ambiente ecologicamente equilibrado, dentre outros. Deve-se considerar, ainda, como de suma importância, o processo educacional realizado por entes que se localizam fora da rede oficial de ensino, como os grupos espontâneos que surgem dos mais variados setores da sociedade civil – ONGs e outros grupos. Deve-se estimular a informalidade do processo criativo, plantando-se, assim, uma semente da nova relação do homem com a natureza, fazendo nascer o verdadeiro sentido de preservação. Cumpre lembrar que a simples informação e imposição de novas posturas frente ao meio ambiente não é suficiente. É necessário que as novas posturas propostas façam sentido na vida de cada um: o uso de cinto de segurança, por exemplo, é uma imposição legal que não assume nenhum sentido na vida de muitos cidadãos brasileiros. Muitos deles o utilizam temendo uma sanção pecuniária. Não pensam que "o referido cinto serve para a segurança", para manter a incolumidade física dos passageiros em locomoção. O caminho que leva à apreensão do sentido não passa, necessariamente, pela imposição, como bem podemos observar no referido exemplo e em tantos outros vivenciados no dia a dia dos cidadãos brasileiros. Apreender o sentido é um exercício ético cotidiano, que se torna imprescindível para a preservação do meio ambiente.

O **princípio da proibição do retrocesso ecológico** encontra-se atrelado ao princípio da segurança jurídica e à previsibilidade do enquadramento normativo das relações jurídicas, como bem salienta Ingo SARLET (*apud* BELCHIOR, p. 222). Encontra-se fundamentado no princípio da dignidade da pessoa humana, art. 1º, III, e no art. 225 da CF/88. Cumpre salientar que a proibição de retrocesso ambiental não pode deixar de ser cumprida sob a alegação da "reserva do possível", ou seja, sob o pretexto de que "não há possibilidade". Essas alegações, quando materializadas, põem em dúvida a suficiência dos recursos materiais e humanos para concretizar a vedação da degradação ambiental. O referido princípio busca estabelecer um "piso mínimo de proteção ambiental", para além do qual as futuras medidas normativas de tutela devem rumar e ampliar-se, contemplando sempre um nível cada vez mais amplo de qualidade ambiental e salvaguarda da dignidade humana, sem deixar de lado a nossa responsabilidade para com as gerações futuras.

O **princípio do mínimo existencial ecológico** visa proteger, na verdade, o "mínimo social" já que este está contido no "mínimo ambiental". Sendo, em outros termos, o chamado "mínimo ambiental" uma premissa para a viabilidade do chamado "mínimo social". Cumpre ressaltar, no presente contexto, que o mínimo existencial ecológico não pode ser entendido como o "básico de sobrevivência". Mesmo porque o conteúdo da referida expressão assume medidas diferentes no tempo e no espaço de cada cultura: se tivermos como referência o homem da era digital, seria inadequado falar que o básico para a sua sobrevivência se restrinja à satisfação das necessidades relativas à alimentação e à moradia, como ocorre em algumas culturas. Dessa forma, pode-se concluir que o conceito de "básico para a sobrevivência" necessita ser relativizado, partir de um referencial histórico-cultural específico, para que possa ser minimamente delimitado. Se pensarmos em termos de meio ambiente ecologicamente saudável, sob a perspectiva do mínimo ambiental, na sociedade atual temos algumas formas de degradação ambiental que, à primeira vista, possam parecer leves e podem, a médio ou mesmo a curto prazo, colocar em risco a sobrevivência da vida humana, assim como a de outras espécies. Como exemplo, podemos citar a polêmica discussão sobre a transposição das águas do rio São Francisco: o que em curtíssimo prazo pode parecer uma solução para a seca em algumas localidades do nordeste, pode significar, a médio ou mesmo curto prazo, a desertificação do referido rio, assim como uma catástrofe no que diz respeito à sobrevivência de todo o bioma ali existente, que demorou milhões de anos para se constituir por si, nos moldes em que se encontra.

A exigência de um "mínimo ambiental" implica a promoção de viabilidade de um conjunto de condições básicas que propiciem uma vida digna, incluindo, portanto, uma qualidade ambiental adequada, que tem medida espaço-temporal específica, ou seja, que se delimita de acordo com cada cultura e suas especificidades, conforme afirmamos acima. Ao Estado cabe buscar ferramentas que efetivem ao máximo o direito fundamental ao meio ambiente ecologicamente equilibrado, evitando, assim, um discurso minimalista, que não corresponda à concretude das exigências sociais atuais.

O **princípio da razoabilidade** aplicado à seara ambiental implica, em linhas gerais, o "bom senso nas escolhas que envolvam risco ecológico". Por meio desse princípio, tenta-se harmonizar o padrão geral com a escolha individual, levando em conta as circunstâncias particulares dos fatos concretos quando da aplicação do direito. O intérprete ou julgador não pode tomar uma decisão com base apenas no seu senso individual mas, ao revés, deve se guiar pelo consenso da comunidade na qual está inserido.

O princípio da interpretação especificamente constitucional aplicado à matéria ambiental exige uma releitura dos princípios formulados por Konrad HESSE, que foram redimensionados pela chamada "Constituição ecológica".

São eles: o **princípio da unidade da Constituição ecológica**, que implica uma análise não isolada ou unilateral, mas holística e multilateral, envolvendo aspectos políticos, econômicos, sociais, ecológicos etc.; o **princípio do efeito integrador**, que visa favorecer a integração social, política e ecológica. A força integradora da Constituição deve buscar harmonizar os diversos movimentos existentes, especialmente o ecológico. O **princípio da máxima efetividade** tendo em vista que a Constituição não é um simples discurso ideológico e utópico. O intérprete deve adequar as normas constitucionais às peculiaridades do meio ambiente atual, ou seja, às peculiaridades da sociedade de risco.

O **princípio da conformidade funcional** impõe que o intérprete obedeça à repartição de funções dos poderes estatais, que devem atuar de forma independente e harmônica, conforme estabelecido na Constituição Federal de 1988 (art. 2º). Dessa forma, caberá, por exemplo, ao juiz realizar o controle de políticas públicas (inclusive ambientais), observando as limitações políticas e jurídicas previstas. Caso um dos poderes não cumpra com a sua função típica fixada pelo constituinte, caberá ao outro poder intervir de forma harmônica, desde que tenha legitimidade constitucional para tanto, seguindo os limites por ela impostos, e desde que tenha como objetivo a efetivação dos direitos fundamentais, principalmente quando se trata do direito ao meio ambiente ecologicamente equilibrado, que configura mesmo uma premissa para a existência e efetivação dos demais direitos.

No contexto da hermenêutica jurídica ambiental, é essencial a abordagem do tema relativo à colisão do direito fundamental ao meio ambiente com os demais direitos fundamentais, assim como a abordagem dos instrumentos hermenêuticos da hermenêutica especificamente ambiental. Devemos partir da premissa de que, pelo menos em um primeiro momento, e de forma abstrata, não existe hierarquia entre os direitos fundamentais estabelecidos pela nossa Constituição Federal. Eles também são direitos de caráter não absoluto. Dessa forma, o exame de fundamentação das restrições na aplicação dos referidos direitos ocupa um papel central na dogmática dos Direitos Fundamentais, ao lado das decisões acerca da constitucionalidade (restrição permitida) ou inconstitucionalidade (violação) do direito fundamental. No âmbito do direito brasileiro, a discussão se torna importante pelo fato de a Constituição Federal de 1988 não prever de forma expressa como se deve proceder à restrição de Direitos Fundamentais. Na perspectiva jurídica, é importante lembrar que os direitos fundamentais têm caráter duplo, pois são, em primeiro lugar, direitos subjetivos e, como tais, implicam um dever objetivo do Estado. Seja como direitos subjetivos ou como deveres objetivos, os direitos fundamentais são limitados, devendo-se conjugar os direitos entre si e harmonizar os princípios constitucionais, tendo em vista a unidade da Constituição. Constata-se, assim, a dupla dimensionalidade do direito fundamental ao meio ambiente.

O balanceamento em sentido estrito vem a ser o método jurisdicional que trata do pronunciamento de constitucionalidade ou não de uma dada situação de fato em concreto. O objeto do princípio do balanceamento não é criar fórmulas de hierarquização de valores mas, dentro desta hierarquia, buscar soluções harmônicas. De acordo com Robert ALEXY (2008), a ponderação quer saber qual dos interesses que abstratamente estão no mesmo nível têm maior peso no caso concreto. A lei da ponderação ou sopesamento significa que quanto maior for o grau de não satisfação ou de afetação de um princípio, tanto maior terá de ser a importância da satisfação do outro. O peso do princípio é determinado sempre de acordo com a particularidade do caso concreto. O exemplo da ADPF antes citada, em que o STF chegou à conclusão que a proibição da importação de pneus usados pelo Brasil, ou seja, em que o direito ao meio ambiente equilibrado e à saúde deveriam se sobrepor ao direito à livre iniciativa e ao pleno emprego, serve bem para ilustrar a razão de ser do princípio do sopesamento.

O **princípio da proporcionalidade** significa, em linhas gerais, a aplicação dos meios mais adequados, necessários e proporcionais em sentido estrito para a solução do conflito entre direitos fundamentais. Ou seja, trata-se de um princípio instrumental. Não há que se confundir, então, a proporcionalidade com a ponderação. Outro exemplo de manifestação do princípio da ponderação, importante para esclarecer a diferenciação entre ponderação e proporcionalidade deu-se no julgamento de liminar acerca da constitucionalidade da Lei paulista n. 12.684, de 2007 – ADI 3.937 que proíbe o uso de qualquer produto que utilize o amianto no estado. A ação foi ajuizada pela Confederação Nacional dos Trabalhadores na Indústria, discorrendo, dentre outras, que não há nenhuma prova cabal acerca do dano oriundo da utilização de amianto para a saúde dos trabalhadores, desconsiderando notoriamente o princípio da precaução. Além das questões formais de competência, a tese da inicial se baseia no fato de que, no presente caso, o pleno emprego e a livre-iniciativa deveriam preponderar em relação à saúde e ao meio ambiente. Posteriormente, em 2008, o STF suspendeu a eficácia da lei paulista. O exemplo acima serve bem para ilustrar que não ocorre sopesamento de interesses, de bens e de valores na proporcionalidade. Tudo isso é feito anteriormente, na ocasião da aplicação do princípio da ponderação.

O princípio da proporcionalidade é utilizado para auxiliar o intérprete na escolha de um meio, uma medida proporcional que seja menos sacrificante para aquele direito que não prevaleceu e otimizar ao máximo o direito que foi priorizado. Como se vê, a ponderação se dá entre bens, interesses e valores colidentes, enquanto a proporcionalidade ocorre entre meios, ou seja, o tipo e a medida mais conveniente: a eficácia da lei paulista persistiu, até que o meio mais adequado para que a tutela do meio ambiente se estabelecesse, já que um novo sopesamento dos valores em conflito se impôs, e o instrumento proporcional fosse a suspensão da eficácia da lei.

O princípio da proporcionalidade é dividido em três subprincípios. O primeiro deles é o **princípio da adequação** – exige que a regulação dada a determinado direito fundamental seja a mais adequada para se alcançar a finalidade pretendida pelo legislador. Questiona-se, nesse momento, se o meio é apto, idôneo e capaz de, por si só, realizar o fim determinado. O segundo subprincípio é o **princípio da necessidade,** que visa a menor ingerência possível do direito fundamental que não prevaleceu, sendo, pois, necessário que se adote a medida menos gravosa ao direito em questão, que deva ser suspenso. O **princípio da proporcionalidade em sentido estrito** exige uma relação de racionalidade ou equilíbrio entre a medida escolhida e a finalidade pretendida. O referido subprincípio está, acima de tudo, a serviço da proteção do núcleo essencial de todo direito fundamental, em que se situa a Dignidade da Pessoa Humana, de acordo com Willis Santiago GUERRA FILHO (2007 e 2009). Importante a observação de ALEXY (2008), no sentido de que a adequação e a necessidade referem-se às possibilidades fáticas de realização de um princípio, porém não são a mesma coisa. A adequação é um critério eminentemente negativo, ou seja, visa excluir meios que, de imediato, não sejam aptos ao fim constitucionalmente previsto. Já a máxima da necessidade, no entanto, não é de cunho negativo, uma vez que busca, dentre um conjunto de meios igualmente adequados, selecionar aquele que menos prejudique os demais bens constitucionalmente protegidos. Ao desenvolver os subprincípios da proporcionalidade, as medidas vão se afunilando até chegar a um meio que o intérprete entenda ser mais proporcional para o caso concreto. O princípio da precaução, em razão de seu caráter instrumental, o princípio da razoabilidade, o princípio do mínimo existencial ecológico e o princípio da proibição do retrocesso ecológico são imprescindíveis ao bom uso do princípio da proporcionalidade. O uso do princípio da proporcionalidade não vem em auxílio a um subjetivismo ou decisionismo, havendo de se incorporar uma dimensão crítica, influenciada pela pré-compreensão ambiental, que permita ao intérprete e ao operador do Direito manter uma postura de vigilância. Assim, os resultados poderão ser justificados perante a sociedade, na forma exigida pelos postulados do Estado de Direito Ambiental. É especialmente com base na hermenêutica jurídica ambiental, a nosso ver, que uma responsabilização pelo dano moral ambiental, em sua perspectiva objetiva se constrói e se impõe no ordenamento jurídico pátrio.

7.2.3. Responsabilidade ambiental pelo dano moral objetivo

O dano, em sua concepção tradicional, está sempre vinculado às pessoas e aos bens individuais; atinge a pessoa e sua personalidade e está no patamar da certeza, sendo a lesão individual e atual. A responsabilidade tradicional é subsistente, caracteriza-se pela anormalidade, é de fácil constatação, tendo prescrição pré-estabelecida na lei (Código Civil).

O dano moral tradicional pode recair sobre a pessoa física e jurídica. É eivado de facilidade probatória. Relaciona-se aos direitos da personalidade e dignidade do indivíduo. Encontra-se sedimentado na doutrina e na jurisprudência – Súmula 227 do STJ.

Já a responsabilização em relação ao dano ambiental é difusa e pode gerar "dano reflexo", ou seja, além de atingir o meio ambiente incide sobre os indivíduos, em sua dimensão individual e coletiva. Ela lesa interesse difuso e não exclusivo, gera incerteza e é de difícil constatação, além de poder ser cumulativa e transtemporal. É gradativa e pode decorrer de uma anormalidade ou de tolerância social do dano, pode ser causada por vários agentes e gerar efeitos no futuro.

O dano moral ambiental tem caráter difuso, não consolidado, reflexo na sociedade. Envolve dificuldade comprobatória dada a complexidade do bem e do dano, assim como se relaciona à qualidade de vida na perspectiva coletiva. Nele incide a intervenção de novos princípios, como os da prevenção, precaução, poluidor-pagador e solidariedade intergeracional. O dano ambiental pode ser patrimonial ou extrapatrimonial. Este é mais conhecido como "dano moral" – designação originária e consagrada na legislação, na jurisprudência e doutrina. Apesar de parte da doutrina afirmar que a expressão "dano extrapatrimonial" é mais restritiva, no sentido de se referir a uma lesão sem concepção econômica, e, portanto, ser mais adequada ao objeto meio ambiente, pensamos que o termo "moral" no que diz respeito à responsabilização do dano ambiental no viés objetivo não material seria a mais adequada. E isso, pelo fato de o termo moral abranger mais adequadamente o principal objetivo da responsabilização – em sentido amplo – pelo meio ambiente, que é a prevenção. Muito embora, entendamos que a polissemia do termo moral impede a delimitação do objeto no sentido que José Rubens Morato LEITE (2011) quer defender, qual seja, a diferenciação do dano moral em sua concepção subjetivo daquele na concepção objetiva.

É certo que o bem ambiental é bem difuso, bem jurídico autônomo, com caráter essencialmente extrapatrimonial e vinculado aos direitos da personalidade. Dessa forma, não há que se negar que aquele que cause dano ao meio ambiente, seja pessoa física ou jurídica, responda por seu dano também no que diz respeito às suas repercussões na esfera moral.

Como bem afirma LEITE (2011, p. 265): "Se o indivíduo pode ser ressarcido por lesão a um dano moral, não há óbice para que a coletividade não venha a ser reparada, considerando-se que, do contrário, estaria se evidenciando um dano sem obrigação de compensação". Sabemos que, no entanto, para essa nova concepção ser plenamente aceita pela jurisprudência e doutrina, torna-se necessária a construção de um novo regime de responsabilidade civil que englobe a perspectiva difusa de concepção da responsabilização, ou seja, que englobe os danos previsíveis e os imprevisíveis, os presentes e os futuros, o dano emergente e o lucro cessante, assim como o dano moral.

Na perspectiva histórica, temos que o dano moral não foi contemplado no Código Civil de 1916, de forma expressa. Já a Constituição Federal de 1988, em seu art. 5º, V e X, assegura o direito de resposta, proporcional ao agravo, além da indenização por dano material, moral ou à imagem. Determina, ainda, serem invioláveis a intimidade, a vida privada, a honra e a imagem das pessoas, assegurado o direito à indenização pelo dano material ou moral decorrente de sua violação. O Código Civil de 2002 aborda a proteção ao dano moral da seguinte forma em seu art. 186: "aquele que, por ação ou omissão voluntária, negligência ou imprudência, violar direito e causar dano a outrem, AINDA QUE EXCLUSIVAMENTE MORAL, comete ato ilícito" (grifo nosso). Os artigos 953 e 954 do Código Civil estabelecem hipóteses expressas e pontuais do dano moral, incluindo os casos de calúnia, difamação e injúria. Além do Código Civil atual, o dano moral é tratado na legislação infraconstitucional, no Código Brasileiro de Telecomunicações, arts. 81 a 88; na Lei de Imprensa, art. 49, I, no Código de Defesa do Consumidor, art. 6º, VI e VII, e no Estatuto da Criança e do Adolescente, art. 17.

O dano extrapatrimonial ambiental tem embasamento legal na Lei n. 7.347/85, Lei da Ação Civil Pública. De acordo com a referida lei, "regem-se pelos dispositivos desta lei sem prejuízo da Ação Popular, as ações de responsabilidade por danos morais e patrimoniais causados: I – ao meio ambiente (...) IV – a qualquer outro interesse difuso ou coletivo; (...)".

José Rubens Morato LEITE (2011, p. 281) define dano moral como sendo "(...) aquele em que, direta ou indiretamente, a pessoa, física ou jurídica, bem assim a coletividade, sofre no aspecto não econômico dos seus bens jurídicos". No que diz respeito ao chamado bem ambiental, podemos acrescentar a essa definição que, tendo em vista as especificidades do bem a ser protegido, o bem ambiental, o aspecto da responsabilização moral tem função essencialmente preventiva e didática, assim como constitutiva da construção do "sentimento protetivo" ao meio ambiente – bem e direito fundamental – para os seres humanos, daí a importância de sua ampla implementação no ordenamento jurídico brasileiro.

As conexões do direito ao ambiente com o direito da personalidade se dão pelo viés dos direitos fundamentais. O direito fundamental do ambiente é direito intergeracional, solidário, de caráter subjetivo da personalidade, que pode ser exercido com a finalidade coletiva ou difusa.

A dificuldade na aceitação jurídica da responsabilização por dano moral ambiental, especialmente no âmbito objetivo, repousa no fato de que, até recentemente, o dano extrapatrimonial estar vinculado aos direitos individuais da pessoa física, ou seja, à dor em sentido estrito. E isso, muito embora o dano extrapatrimonial da pessoa jurídica encontrar pleno reconhecimento no ordenamento jurídico pátrio – a Súmula 227 do STJ reza que "a pessoa jurídica pode sofrer dano moral". Para a configuração do dano extrapatrimonial da pessoa jurídica, há necessidade de um pressuposto reconhecido na atualidade segundo o qual: os valores extrapatrimoniais ou morais não se encontram confinados nos limites da dor, do sofrimento, da angústia, considerando tratar-se de elementos próprios do ser humano, pessoa física. A ofensa à honra da pessoa jurídica atingirá um valor social e não sentimental, independentemente de acarretar prejuízos patrimoniais, como ocorre nos casos de calúnia ou difamação da pessoa jurídica. Como exemplo, podemos citar a falsa notícia que prejudica a imagem da empresa perante o consumidor, causando danos relativos a valores imateriais, como à reputação da sociedade. Quando a Constituição vigente, em seu art. 225, § 3º, defende que a pessoa jurídica pode cometer crime, está afirmando, em outras palavras, que o direito brasileiro vem ampliando os limites quanto à extensão da personalidade jurídica e a seus direitos e obrigações. Assim sendo, como afirma LEITE (2011), pode-se concluir que, quando se lesa o meio ambiente em sua concepção difusa, atinge-se concomitantemente a pessoa no seu *status* de indivíduo relativamente à "quota parte" de cada um e, de forma mais ampla, a toda a coletividade. Se a personalidade jurídica pode ser suscetível de dano extrapatrimonial, por que a personalidade em sua acepção difusa não seria?

Não se pode negar que a "dor" referida ao dano moral ambiental é predominantemente objetiva. É constituída por valores que afetam negativamente a coletividade – lesão imaterial ambiental. Além de penalizar, o dano moral ambiental aperfeiçoa a função pedagógica da responsabilidade civil por meio de seu caráter punitivo.

Um bom exemplo da recente abordagem jurisdicional acerca da responsabilização por dano extrapatrimonial ambiental diz respeito ao derramamento de óleo na Baía de Guanabara, no estado do Rio de Janeiro, tendo como foco a extração de crustáceos e sua comercialização. Com base no art. 14, § 1º, da Lei n. 6.938/81, foi fixado valor, tanto no que diz respeito ao lucro cessante como quanto ao valor do dano moral.

No dano ambiental moral objetivo, o bem lesado é o interesse ambiental atingido – tratando-se de bem ambiental, na maioria das vezes, esse interesse tem caráter difuso. A lesão de valor imaterial coletivo gera prejuízo ao patrimônio ideal da coletividade, relaciona-se à manutenção do equilíbrio ambiental e à qualidade de vida. Interessante notar, nesse sentido, que a confluência dos valores individuais dão singularidade ao valor coletivo (LEITE, 2011, p. 293). Isso não significa, no entanto, exigir que a coletividade sinta dor, repulsa, indignação, como se fosse um indivíduo isolado. Estas decorrem do sentimento coletivo de participar de determinado grupo. Também não se deve aceitar determinadas lesões ao meio ambiente pelo fato de elas configurarem "decorrências inevitáveis da sociedade do risco". Como bem afirma Annelise Monteiro STEIGLER (*apud* LEITE, 2011): "Externalidades negativas são muitas vezes consideradas riscos socialmente toleráveis justamente em virtude de o risco ser o padrão da sociedade moderna, o que pode conduzir para que determinados níveis de poluição sejam reputados socialmente suportáveis e, portanto, não suscetíveis à configuração de dano ao meio ambiente". Quando se responsabiliza o poluidor para além da dimensão material, ou seja, quando se impõe a responsabilização pelo dano moral decorrente de sua ação, está-se reafirmando a importância do bem ambiental e a força de sua estrutura protetiva – jurídica e social.

Outro importante exemplo de responsabilização por dano moral ambiental objetivo diz respeito a um caso concreto envolvendo a retirada de um sub-bosque, também no estado do Rio de Janeiro – Ap. Civ. 14.586/2001 – TJRJ. Além da reparação material, ou seja, a necessidade de replantio de árvores, foi alegado dano moral, tendo em vista a perda de valores ambientais pela coletividade, em decorrência do dano material causado: a restauração da cobertura arbórea somente se daria em um espaço temporal de 10 a 15 anos, gerando perda da qualidade de vida nesse período – além da destruição de outros elementos naturais, em decorrência da "perturbação" sofrida pelo bioma em apreço. O judiciário reconheceu o dano moral com base na Lei da Política Nacional do Meio Ambiente, que considera "poluição a degradação da qualidade ambiental resultante de atividades que direta ou indiretamente prejudiquem a saúde, a segurança e o bem-estar da população". A justificativa de que o dano moral ambiental objetivo não poderia ser responsabilizado pelo fato da impossibilidade de mensurar o dano não mais subsiste. O dano moral – mesmo em sua dimensão subjetiva – é avaliado e seu valor arbitrado por quem incumbe julgar, de acordo com as especificidades do caso concreto. O arbitramento é da essência do objeto e deve ser regido pelos arts. 944 a 946 do Código de Processo Civil.

Outro pseudoproblema envolvendo o dano moral ambiental objetivo é o destino do valor arbitrado: este deverá ser destinado ao fundo de recuperação de bens lesados – de acordo com o art. 13 da Lei n. 7.347/85, Lei da Ação Civil Pública. A ampla aceitação do dano moral ambiental objetivo no âmbito nacional repousa em entendimentos ultrapassados do dano moral – exemplo, STJ/REsp 5.982/MG julgado em 2006 – que vão no sentido de que a vítima de dano moral é, necessariamente, uma pessoa individual. O dano moral seria, portanto, incompatível com a ideia da transindividualidade, que caracteriza o direito ao meio ambiente equilibrado.

Cumpre ressaltar nesse contexto e de acordo com Willis Santiago GUERRA FILHO (2009) a necessidade de se distinguir o dano moral como ofensa aos direitos da personalidade, que está situado em dimensão privatista, da violação aos Direitos Fundamentais, que se projeta em outras dimensões, ou seja, também naquelas coletivas, publicistas, difusas e objetivas. De qualquer forma, não se pode negar que a discussão na seara judiciária, acerca do dano moral ambiental objetivo, vem demonstrando a necessidade de se impor como importante instituto para a proteção do meio ambiente e suas especificidades.

O chamado dano difuso ambiental é causado por uma

multiplicidade de fontes, de pessoas e por atividades que são realizadas nos marcos da atividade econômica legalizada. Assim sendo, dada a complexidade do dano difuso ambiental e tendo em vista a proteção do bem ambiental, torna-se necessário uma postura, da comunidade e do Poder Público – como bem leciona o *caput* do art. 225 ao apontar para a necessidade de uma colaboração entre essas duas instâncias – no sentido de implementar uma efetiva tutela do meio ambiente, sendo a imposição do dano moral ambiental objetivo uma das possibilidades dentro do rol de instrumentos de "colaboração".

Boaventura de Souza SANTOS (2005) afirma com sabedoria que, atualmente, cresce a influência e a importância da complexidade enquanto conceito transversal a diferentes disciplinas e áreas científicas, assim como proliferam as consequências não previstas ou não desejadas dos próprios usos e aplicações das ciências e de diferentes tipos de tecnologia, muitas vezes com consequências provavelmente irreversíveis, mostrando recorrentemente que as ações da ciência são mais científicas que as consequências que dela decorrem. Todas as formas de conhecimento passam, então, construtivamente, a participar em função da sua relevância, para a solução dos complexos desafios da sociedade do risco. Especialmente na seara ambiental, nos argumentos para a responsabilização do agente do dano moral ambiental, conforme se demonstrou no correr do presente estudo, torna-se necessário o estabelecimento de um elo entre risco e direito na atualidade. Uma hermenêutica eminentemente ambiental é necessária como suporte jurídico para a implementação da proteção ao nosso bem, assim como a sedimentação na jurisprudência e na doutrina da responsabilização pelo dano moral ambiental objetivo representa um marco no sentido da efetiva proteção ao meio ambiente ecologicamente equilibrado, para as presentes e futuras gerações.

7.3. A intervenção do Poder Judiciário como possibilidade de promoção dos direitos humanos ambientais

Em junho de 2015, a justiça holandesa determinou que o governo do país deverá promover a redução dos gases do efeito estufa em 25% até o ano de 2020. Esse percentual é superior em 8% àquele anteriormente programado pelo país. A Holanda tem 16,7 milhões de habitantes. A ação proposta e a tese acatada foi emitida por 900 cidadãos holandeses. É certo que o governo holandês pode entrar com recurso contra a decisão e ainda não está claro como ela será aplicada. O importante, no entanto, é que a Corte Distrital acatou um ambicioso projeto em prol do meio ambiente e, consequentemente, dos Direitos Humanos, com base no princípio da prevenção.

São fundamentos da decisão da corte holandesa "o dever do Estado de proteger e promover medidas para impedir danos ambientais iminentes, decorrentes das mudanças climáticas", além do argumento do vínculo direto entre a proteção à natureza e a promoção dos Direitos Humanos. Com base, enfim, nas leis em defesa dos Direitos Humanos e da sustentabilidade: "a Holanda tem o dever de cuidar de seus cidadãos e promover o meio ambiente".

Mais da metade dos Países Baixos tem altitude inferior ao nível do mar e grande vulnerabilidade a mudanças climáticas. O carvão e a extração de gás fornecem a maior parte da energia do país. Diminuir em 25% os gases do efeito estufa até 2020 significa, em termos práticos, a necessidade de fechar usinas de carvão, aumentar o uso de energia eólica e solar e a redução drástica da extração de gás no norte do país.

Em um primeiro momento, os efeitos econômicos e sociais podem parecer alarmantes, mas em médio e longo prazo, o freio relativamente às consequências negativas das mudanças climáticas pode se transformar em uma efetiva promoção da sustentabilidade para as presentes e futuras gerações (art. 225), como determina a Constituição do Brasil, país distante da Holanda, mas não mais distante dos Países Baixos do que as Filipinas, que tencionam seguir o modelo holandês.

É certo que as dimensões geográficas do Brasil, assim como a sua vulnerabilidade a mudanças climáticas, não são tão dramáticas como as dos países que se empenham, aparentemente de forma antieconômica, na proteção do meio ambiente. O que é importante no contexto é o exemplo de postura preventiva, que pode bem ser dimensionado ou adequado aos nossos padrões geográficos, econômicos e sociais.

A última grande atitude mundial em relação à redução dos gases causadores do efeito estufa foi tomada pelo Protocolo de Kyoto – celebrado em 1997, tendo entrado em vigor em 2005 –, que teve significativa adesão dos países do globo terrestre, com exceção dos Estados Unidos, responsáveis pela emissão de 36% dos gases que provocam o efeito estufa no planeta. A ideia de usar a lógica do capitalismo – com a venda dos créditos de carbono –, apesar de promover uma conciliação possível entre a racionalidade econômica e a segurança jurídica não foi suficiente para alcançar os objetivos de redução na emissão de carbono (WEYERMÜLLER, 2010, p. 143-162). A proposta de Kyoto era a redução de 5,2% da emissão dos gases que causam o efeito estufa, pelos países industrializados até o ano 2012, o que não ocorreu.

A decisão da corte holandesa aponta a possibilidade de que a proteção dos Direitos Humanos Ambientais passe pela tomada de medidas mais drásticas, ou simplesmente por outras iniciativas, como essa em estudo, envolvendo o Poder Judiciário, sob a iniciativa dos cidadãos e passível de ser imitada e adequada à realidade de cada Estado.

7.3.1. Direitos humanos ambientais e direito internacional: uma interseção necessária

Ricardo Lorenzetti (2010, p. 5-6) defende que a história jurídica do Ocidente se construiu com base na proteção da propriedade e dos direitos subjetivos, o que dificulta a apreensão e efetivação de um novo modelo de tutela a um novo objeto: o meio ambiente. A dificuldade em adaptação da tutela clássica dos direitos individuais aos direitos difusos é incorreta porque não estamos na presença de um fato análogo, senão completamente diferente que, portanto, requer uma teoria e prática apropriadas.

Quanto à titularidade, o Direito Ambiental é tomado por difuso, já que há indeterminação dos seus destinatários, assim como do objeto a ser protegido. Na concepção civilista, o meio ambiente figura como "bem de uso comum do povo", o tratamento que recebe se baseia nos particulares, evidentemente insuficiente para abranger interesses que estão fora do limite dos contratos. Fazer a avaliação sob os princípios de direito público permite uma delimitação quanto aos sujeitos (povo, em sentido amplo) e aos bens a serem protegidos (que devem se situar dentro das dimensões geográficas). Mas, quando o bem ambiental está em foco, a teoria e a prática que comportam a apreensão dos direitos individuais e sociais não servem de medidas apropriadas.

A acepção dos Direitos Humanos também extrapola as limitações territoriais, étnicas e culturais. No presente contexto, elas devem ser entendidas em uma visão ampla, como Direitos Universais, em contraposição à concepção dos Direitos Fundamentais, que compreende uma parte do rol dos Direitos Humanos, positivados por um determinado ordenamento jurídico. Os Direitos Humanos seriam, assim, bem mais amplos que os Direitos Fundamentais, já que estes dizem respeito a uma parcela daqueles, que foi positivada (PINHEIRO, 2001, p. 22).

A fala de Lorenzetti, quando trata da originalidade e das especificidades do Direito Ambiental, serve bem para mostrar o espaço de coincidência entre os objetos dos Direitos Humanos e do Direito Ambiental. Isso porque ambos visam uma tutela que ultrapassa a clássica noção individualista e subjetivista de propriedade. Também mais que uma noção social da propriedade, a proteção aos seres humanos e ao meio ambiente apresenta caráter de generalidade, que extrapola os "limites geográficos", o conceito de "povo", assim como o âmbito do "poder soberano". Extrapola, assim, os clássicos limites do Estado e penetra necessariamente na esfera internacional. Parafraseando Hannah Arendt (2012), temos que o ser humano é aquele que tem seu caráter de humanidade definido pela capacidade de desejar. O indivíduo que é escravizado pela luta de suas necessidades básicas, inerentes a todos os animais, perde sua condição de ser humano. A capacidade de ser desejante, no homem, o torna universal.

A proteção aos Direitos Humanos, em sua ampla acepção, encontra-se plasmada na Constituição brasileira, no art. 1º, III, quando estabelece a Dignidade da Pessoa Humana como um dos fundamentos constitucionais. Os limites da dignidade humana não se encontram fixados no rol dos Direitos Individuais, nem naquele dos Direitos Sociais estabelecidos pela Constituição de 1988. Eles extrapolam qualquer limite anteriormente positivado, de acordo com a própria letra do § 2º do art. 5º. No referido dispositivo se estabelece que os direitos e garantias expressos na Constituição não excluem outros decorrentes do regime e dos princípios por ela adotados, ou dos tratados internacionais em que o Brasil seja parte.

O art. 225 da Constituição de 1988, que trata da proteção ao meio ambiente no Brasil comporta, de acordo com o seu texto, uma ampla proteção à dignidade da pessoa humana ao estabelecer, pela via normativa, as diretrizes para a incolumidade do ambiente para qual esses direitos podem ser exercidos.

De acordo com o referido artigo, "todos" têm direito ao meio ambiente ecologicamente equilibrado, sem distinção de nacionalidade ou de pertencimento a esta ou àquela cultura. O meio ambiente é "bem de uso comum do povo". Como o termo "povo" é antecedido pelo termo "todos", entende-se que esta é a palavra determinante da amplitude dos sujeitos do direito ao meio ambiente ecologicamente equilibrado. Povo, então, no contexto do art. 225, *caput*, deve ser entendido em um sentido lato, ou seja, no âmbito de uma coletividade não geográfica ou culturalmente delimitada.

O meio ambiente é, ainda segundo o *caput* do referido artigo, essencial à sadia qualidade de vida. Essa afirmação, que pode parecer óbvia, retórica e, portanto dispensável, não o é, especialmente pela dimensão que o termo "essencial" pode alcançar, na seara jurídica, quando do chamado choque de interesses fundamentais: a essencialidade da qualidade de vida sadia pode se impor sobre a essencialidade do direito à livre-iniciativa ou, mais especificamente, à liberdade de produção e comércio de mercadorias prejudiciais à saúde humana, por exemplo.

O art. 225 da Constituição brasileira estende a responsabilidade pela proteção e preservação ou promoção do meio ambiente diretamente à coletividade, além de incumbir ao Poder Público o mesmo dever. Assim sendo, a coletividade é ao mesmo tempo beneficiária e responsável pelo meio ambiente ecologicamente equilibrado. E a razão de ser da divisão das incumbências encontra-se expressa no fim do texto do *caput*: a promoção do meio ambiente deve se dar tendo em vista o alcance das presentes e futuras gerações.

A preservação ambiental está acoplada à ideia de desenvolvimento sustentável. As gerações presentes devem fazer uso do meio ambiente, de modo a assegurar a existência de recursos naturais suficientes para atender às necessidades de vida digna e saudável das gerações futuras (PADILHA, 2010) ou, nas palavras de Lima, 2006, se importar em ter um "desenvolvimento viável no tempo, cuja condição essencial é a capacidade do sistema socioeconômico de não perder a energia, e ainda poder estar à disposição das gerações futuras".

Afirmou-se acima que os elementos do Estado se acham comprometidos, em sua acepção usual, quando se trata da proteção aos Direitos Humanos e aos Direitos relativos a um meio ambiente ecologicamente equilibrado ou aos Direitos Humanos Ambientais. Não interessa, no presente contexto, uma ampla abordagem acerca da fragilidade dos elementos do Estado (povo, território, soberania). O que se quer enfatizar é a dimensão extraterritorial dos Direitos Humanos Ambientais e reconhecê-lo difuso, com todas as consequências que esse fenômeno acarreta (GONÇALVES, 2011).

O caráter difuso dos Direitos Humanos Ambientais permite e exige que se abandone a postura passiva de esperar que o Poder Público os implemente por leis ou políticas públicas. Até o início do século XXI, o Legislativo, especialmente por meio de acordos internacionais – como o Protocolo de Kyoto – estabelecia unanimemente as diretrizes de atuação na seara internacional. No entanto, partindo-se da máxima do "pensar local e agir global", tem-se que a "ação do Judiciário local" pode interferir de forma original e decisiva no "pensar global". Importante exemplo ilustrativo da afirmação acima – que inverte a máxima da ECO-92 sem tirar dela o fim que deseja alcançar – encontra-se plasmada em sentença da Suprema Corte holandesa, que visa à proteção dos Direitos Humanos Ambientais.

7.3.2. A sentença da Corte holandesa e o papel da função judiciária no âmbito dos direitos humanos ambientais

O estudo do caso proposto em 20 de novembro de 1993 pela Fundação holandesa Urgenda[136] contra o Reino dos Países Baixos (*Urgenda Foundation v. Kingdom of the Netherlands*)[137] revela a aplicação prática dos princípios e das teorias que estruturam o direito ambiental e indica de que modo eles contribuem efetivamente para solução de problemas de natureza prática. A habilidade para empregá-los proporciona empoderamento, na medida em que se revela ferramenta eficaz para transformar a realidade circunstancial.

A fundação agiu em nome próprio, mas fez questão de incluir quase novecentos cidadãos holandeses como coautores, objetivando demonstrar a dimensão do interesse e repelir qualquer arguição sobre ilegitimidade. No polo passivo da ação constavam também, ao lado do Estado como ente amplo e abstrato, os Ministros da Infraestrutura e do Meio Ambiente. A ação visava o reconhecimento da importância do papel do Estado na mudança climática e a possibilidade de exigir adoção de políticas compatíveis com resultados efetivos pretendidos. O resultado da ação ficou adequadamente sintetizado no comunicado editado pela própria corte:

> O Tribunal Distrital de Haia decidiu hoje que o Estado deve tomar mais medidas para reduzir as emissões de gases com efeito de estufa nos Países Baixos. O Estado também tem de

136 Disponível em: <http://www.urgenda.nl/en/climate-case/>. Acesso em: 10-7-2015.

137 Os Países Baixos estão divididos em 12 regiões administrativas, também chamadas províncias, entre as quais se destacam Holanda do Norte e Holanda do Sul. A maior cidade da primeira é Amsterdã, onde se instala a capital do reino. A capital da Holanda do Sul situa-se em Haia, que é também sede do governo do reino. Disponível em: <http://brasil.nlembaixada.org>. Acesso em: 10-7-2015.

garantir que as emissões holandesas no ano de 2020 serão de pelo menos 25% inferiores aos praticados em 1990[138].

Havia consenso[139] entre as partes sobre o aquecimento da superfície terrestre como resultado da ação humana através da emissão de gases de efeito estufa. Comungavam do entendimento que esses gases alteram a química da atmosfera e promovem elevação da temperatura em níveis que podem comprometer o equilíbrio biológico. Nenhuma das partes divergia da noção de que o contingenciamento dessa ameaça exigia ação imediata de governos, como única forma de reverter o processo na dimensão e velocidade necessárias.

Não existia, portanto, necessidade de comprovar que a intervenção antrópica teve resultado nefasto ao equilíbrio ambiental, comprometeu o clima ou ainda ameaçou a vida na Terra. Não se desconhecia igualmente que a ação para reverter esse quadro era imprescindível e devia ser deflagrada de imediato, para alcançar as dimensões globais e gerar o impacto pretendido. Desse modo, não haveria como prescindir da utilização dos poderes próprios de Estado.

A despeito desse reconhecimento, o demandado resistia em emprestar consequências jurídicas aos fatos que tomava como verdadeiros. Para os réus, as soluções deveriam ficar contingenciadas no âmbito econômico e político, através das ações governamentais, e não pela imposição judicial. Mas para "Marjan Minnesma, diretora da Urgenda (uma combinação das palavras urgente e agenda), os governos não podem mais deixar

138 Tradução livre.

139 Essa premissa é extraída dos argumentos lançados no processo, no reconhecimento da validade dos relatórios produzidos pelo IPCC (Fifth Assessment Report – AR5) e como conclusão natural da própria subscrição ao Protocolo de Kyoto, que estabeleceu mecanismos de mitigação dos gases de efeito estufa.

de agir em relação às mudanças climáticas"[140], ou seja, agir não se limita ao âmbito de discricionariedade dos governos, não é uma opção.

Para os autores, os Países Baixos não estavam se esforçando satisfatoriamente. Apesar de o governo reconhecer a necessidade de redução da emissão de gases de efeito estufa para patamares que deveriam oscilar entre o mínimo de 25%, até 40%, não hesitou em fixar dentro de suas fronteiras módicos 16%, insuficientes para os objetivos que se propuseram.

Segundo o relatório técnico do IPCC[141], nossa civilização havia promovido incremento de pelo menos 1,4 °C na temperatura da Terra até o início da Revolução Industrial, quando o índice de concentração de CO_2 nunca excedeu 300 ppm[142], tomando por certo que o patamar de 450 ppm de CO_2 representaria 50% de chance da temperatura aumentar em 2 °C. Esse aumento precisaria ser combatido, não apenas porque as alterações climáticas afetavam a humanidade como um todo, mas também, e principalmente, porque os Países Baixos sofreriam mais intensamente a ameaça da modificação do nível dos oceanos em razão da elevada extensão do seu território que se encontra abaixo do nível do mar e que é mantido seco graças a modernos e caros diques de contenção.

O fundamento jurídico da demanda baseava-se na Convenção Europeia de Direitos Humanos (ECHR)[143], particularmente no direito à vida que ela reconhece e assegura. Com a

140 Justiça obriga Holanda a cortar gases-estufa em 25%. Ambiente – *Folha de S.Paulo*. Disponível em: <http://www1.folha.uol.com.br/ambiente/2015/06/1648026-justica-obriga-holanda-a-cortar-gases-estufa-em-25.shtml>. Acesso em: 11-7-2015.

141 Disponível em: <http://www.ipcc.ch/report/ar5/index.shtml>. Acesso em: 12-7-2015.

142 A concentração de 300 ppm significa que 300 de cada 1.000.000 de moléculas na atmosfera seriam moléculas de CO_2.

143 European Convention on Human Rights (ECHR).

ação, os autores perseguem provimento declaratório de que a inércia na adoção de medidas efetivas para inibir a emissão de gases de efeito estufa seria o equivalente a contribuir para que a situação permanecesse crítica e ameaçasse a fruição dos direitos humanos. A ineficiência governamental em adotar medidas capazes de atingir metas resulta em três consequências: convola a ação (ou inação) em ilegal, torna possível o pedido e cabível a imposição judicial de uma obrigação. Ficar indiferente às metas que serviam de parâmetro para aferir eficiência estatal[144] significava colocar em risco toda a população e seu território.

A possibilidade de se exigir provimento judicial para compelir o Poder Público a agir é refutada sob a perspectiva de que, naquele caso, o Estado não desconhecia a importância das metas, nem a obrigação de atingi-las, ou mesmo ultrapassá-las, porquanto intermediárias em relação ao seu escopo final de alcançar a redução de 80 a 95% até 2050. Não haveria, portanto, providência a ser tomada ou preocupação que já não fosse também assumida pelos governantes e legisladores tornando descabida a intervenção judicial. Desta feita, seria impróprio buscar provimento para fixar obrigação que o Estado já havia assumido perante a comunidade internacional.

O suporte fático para a medida advinha do consenso obtido na Convenção sobre o Clima em 1992 das Nações Unidas que resultou no Acordo de Cancún em 2010 quando então se reconheceu que o incremento de 2 °C na temperatura da superfície terrestre, 14 °C se contabilizado o período que antecedeu a revolução industrial, tornava crítica a ameaça exercida sobre o ecossistema e exigia adoção de medidas emergenciais. Esses

144 Redução entre 25% e 40% o nível de emissão de gases de efeito estufa até 2020, tomando por base o nível praticado em 1990.

dois graus foram admitidos como limite máximo capaz de ser suportado e se tornava imperativa a adoção de medidas efetivas para reverter esse incremento, pela ameaça que representava à viabilidade da existência humana[145].

A necessidade de redução da temperatura foi trazida como preocupação jurídica para os ordenamentos nacionais, de modo a estipular a quantidade de gases de efeito estufa que cada país seria admitido a continuar produzindo sem comprometer a geração de riquezas que os viabilizaram economicamente. Para esse cálculo eram levados em consideração o nível de desenvolvimento e as demandas específicas de cada país.

Segundo os autores, não haveria motivo para que o estado holandês negligenciasse suas obrigações de promover alternativas na produção de energia, principalmente quando se trata de um país que detém tecnologia, que é diretamente afetado pela alteração da temperatura no planeta e cuja alteração da matriz energética pode ser feita de maneira mais incisiva sem comprometer o crescimento econômico. Buscava-se uma obrigação de fazer, já que a imposição de multa, ou a reparação de danos eventualmente causados, não proporcionaria efetividade ao princípio da prevenção nem inibiria a ameaça aos Direitos Humanos que a omissão representa.

Por outro lado, para os réus, o reconhecimento de sua negligência estaria diretamente vinculado a razoável expectativa de lesão e ao reconhecimento de sua legitimidade passiva. O autor precisaria demonstrar porque acreditava que medidas capa-

145 "This two-degree limit was agreed to in the Cancun Agreements of 2010, based on the scientific findings of the IPCC reports, as the limit that may not be exceeded because of the serious dangers and consequences that implies. Urgenda Foundation v. Kingdom of the Netherlands. Regarding the failure of the Dutch State to take sufficient actions to prevent dangerous climate change". Disponível em: <www.urgenda.nl/en/climate-case/>. Acesso em: 10-7-2015.

zes de reverter o quadro climático global poderiam ser realizadas pelo governo, a ponto de ser emitida contra ele uma ordem que importasse em providência que lhe incumbisse adotar.

Segundo Cox (2014), existiria quatro questões a serem consideradas na Corte Holandesa: como identificar o perigo real, como desvincular sua ação dos países vizinhos, qual a dimensão do perigo, quanto custaria para tomar as medidas necessárias. Contesta também afirmando que o mérito estaria reservado à discricionariedade administrativa, sem deixar de reconhecer a relevância do problema climático, principalmente para os Países Baixos.

Apesar da preocupação mediata com toda forma de vida, a ação permite identificar "postura antropocêntrica alargada" dos promoventes. Ela se revela na indicação de que a ameaça ao equilíbrio do ecossistema é preocupante na medida em que compromete a perpetuação da espécie humana. Na esteira de Germana Belchior (2009), temos que a referida postura antropocêntrica se caracteriza pelo fato de o meio ambiente ecologicamente equilibrado ser de essencial importância, uma vez que constitui material ou premissa para a vida humana em si e, em consequência, para os demais direitos do homem, como o direito à vida, à liberdade, igualdade, à propriedade e à segurança – conforme estabelecido no *caput* do art. 5º da Constituição de 1988. Esse tipo de pré-compreensão é formada a partir do que se pode chamar de "ética antropocêntrica alargada", na medida em que inclui a responsabilidade intergeracional, a educação ambiental e a racionalidade ecológica, assim como influencia a captação do sentido do intérprete ao ponderar os interesses na balança hipotética de valores (BELCHIOR, 2009, p. 271).

O componente de internacionalização da decisão em Haia pode ser deduzido dos princípios que fundamentaram a ação movida por Urgenda. Eles são adotados em toda a comunidade europeia e se referem mais especificamente ao dever de cuidado e responsabilidade proporcional e solidária, permite que a abordagem utilizada na Holanda se estenda sobre todas as nações do globo. O dever estatal de evitar riscos ambientais à vida é contemplado mais especificamente no princípio 11, reeditado na ECO-92[146], que Milaré (1998) enfatiza em relação aos meios de sobrevivência a todos os indivíduos e povos.

A questão final em relação ao processo gira em torno da possibilidade de demandar judicialmente e compelir o governo a adotar uma política específica, consiste em saber se Urgenda não estaria criando indevidamente condições para que o Judiciário tomasse decisões que lhe fogem ao âmbito de competência. As pretensões dos requerentes estão relacionadas em Urgenda "Landmark Climate Change Lawsuit" (2015):

- Declarar que o Estado dos Países Baixos age ilegalmente por não contribuir com a sua parte proporcional para a realização de políticas climáticas eficazes.
- Compelir para reduzir drasticamente as emissões de CO_2 holandesas para o nível determinado pelos cientistas, isto é, em 40% abaixo dos níveis de 1990 antes de 2020.
- Declarar que o aquecimento global de dois graus Celsius importa em violação aos direitos humanos fundamentais em todo o mundo.
- Impor ao Estado a informação necessária aos seus cidadãos sobre causas e efeitos das alterações climáticas perigosas.

146 A Conferência das Nações Unidas sobre Meio Ambiente e Desenvolvimento, tendo se reunido no Rio de Janeiro, de 3 a 14 de junho de 1992, reafirmando a Declaração da Conferência das Nações Unidas sobre o Meio Ambiente Humano, adotada em Estocolmo em 16 de junho de 1972.

Conforme a natureza da ação, o pedido não poderia importar no mero reconhecimento de ação danosa para que se buscasse retroativamente condenação do Estado para reparar os prejuízos. A natureza do objeto perseguido, de cunho imaterial e adimensional, retira o proveito da providência reparatória, na medida em que se revela incapaz de preservar os bens jurídicos defendidos pelos autores da preservação das condições de vida sobre a face da Terra, para isso buscam o cumprimento de metas compatíveis com o compromisso já assumido, pelo Reino dos Países Baixos perante a comunidade internacional, de redução do nível de emissão dos gases de efeito estufa.

Considerando que a legislação civil dos Países Baixos, datada de 1838 não incluiu ações mandamentais, para fundamentar o pedido, os autores usaram o entendimento já adotado em 1978 "Liminares e Mandados": "A primeira e na verdade também a tarefa mais importante de fazer para cumprir a lei é a batalha contra irregularidades cometidas por quem está no poder: Prevenção é melhor que a cura" (Países Baixos, 2015, p. 55)[147]. A providência mencionada foi requerida com base em entendimento construído jurisprudencialmente pela Suprema Corte em 1944[148] que admitia "medidas preventivas no caso de haver severa ameaça de que algo ilegal estaria na iminência de acontecer" como interpretação extensiva do artigo 1.401 do Código Civil Holandês, conforme se vê nos comentários das peças do processo.

Se a responsabilização sinaliza a conduta socialmente desejável, o faz somente após o ato lesivo, emergindo com evidência as vantagens que o condicionamento aconteça an-

147 In his 1978 thesis Het rechterlijk verbod en bevel (Court Orders and Injunctions), C.J.J.C. van Nispen writes (p. 19): "The first and in fact also the most important task of enforcing the law is the battle against wrongdoing by those in power: prevention is better than cure".

148 Supreme Court, 18 August 1944, Nederlandse Jurisprudentie 1944/45, 598.

tes do dano. Afasta-se desse modo a conotação política que uma decisão desse tipo poderia ter para dotá-la de maior conteúdo jurídico.

O senso de coletividade em tema envolvendo questões climáticas é tão intenso que não se concebeu ainda reparação por esse tipo de dano. Não há como relacionar determinada consequência climática, com uma ação específica, e, portanto, com um autor responsável. Essa dificuldade não pode servir para impedir a ação judiciária, os holandeses trazem uma perspectiva bastante curiosa sobre separação de poderes, do juiz não se requer que ele substitua o legislador, mas por outro lado deve se fazer "surdo e cego" para as implicações políticas da sua decisão[149].

As alterações climáticas afetarão toda a humanidade, haverá comprometimento generalizado da capacidade de produzir alimentos e acesso a água, por esse motivo, cada país subscritor dos tratados de prevenção às mudanças climáticas deve estar engajado para apresentar o seu melhor resultado. Diferentes países, diferentes metas, a omissão de uns não pode respaldar a inação de outros em condições distintas, há busca de efetividade do princípio das "responsabilidades comuns mas diferenciadas".

Os holandeses, além do seu alto grau de conscientização, parecem reconhecer que serão atingidos de modo particularmente mais severo com a elevação do nível dos oceanos, por esse motivo pretendem não apenas alcançar as metas estabele-

149 No original: The separation of powers (Trias Politica) does not merely provide that the court may not sit on the seat of the legislator, but also and to the same extent, that the court from which legal protection is requested must make itself deaf and blind to the political implications of its legal judgement. In other words: the court may not, because of political implications that its judgement otherwise may have for the legislator, make its seat smaller than it is (Países Baixos, 2015, p. 67).

cidas, mas servir de exemplo para se credenciarem junto às instâncias multilaterais.

7.3.3. A internacionalização da sentença holandesa: mais do que um exemplo a ser seguido, uma nova forma de promoção dos direitos humanos fundamentais

Os Direitos Humanos Ambientais, no que diz respeito à redução do efeito estufa – objeto da sentença holandesa em estudo –, têm como principal instrumento de defesa os mecanismos criados pelo Protocolo de Kyoto. Assim sendo, ele será utilizado, no presente contexto, como referência para as ponderações que se seguem. Pretende-se apontar a importância da internacionalização de respostas jurídicas, aos moldes do que aconteceu na Holanda, como nova possibilidade para problemas ambientais que têm alcance planetário e que, portanto, não respeitam fronteiras, como é o caso do aquecimento global.

Ao analisar as consequências do fenômeno denominado "efeito estufa", constatou-se que importantes mudanças climáticas estão em andamento, como o degelo dos polos, espécies que estão sendo extintas, desertificação progressiva de grandes áreas, diminuição de fontes de água doce, maior incidência de furacões e outros eventos climáticos prejudiciais distribuídos por todo o planeta. Diante das evidências, temos que nunca foi tão importante buscar formas mais adaptadas à realidade capazes de enfrentar os riscos produzidos pelo homem. Os referidos riscos, que podem gerar resultados negativos importantes para a humanidade, podem ser mitigados por meio da atuação da coletividade juntamente ao Poder Público, como aconteceu na Holanda e como impõe o nosso texto constitucional (art. 225).

Em termos práticos, temos que existem dificuldades na implementação de iniciativas e políticas revestidas de precaução.

A globalização econômica e as necessidades de consumo e produção de bens, para as quais se necessita de energia e transporte, primam pelo imediatismo, pelo lucro e pela despreocupação com o futuro. Com isso, tem-se uma defasagem significativa entre as necessidades econômicas e ambientais, as quais são preteridas quase sempre.

A contextualização da problemática ambiental exige que estabeleçam novos limites ao poder de atuar dos Estados, ou pelo menos que se retirem os limites já estabelecidos e que se tornaram obsoletos ou um sério empecilho à consecução dos objetivos dos Direitos Humanos Ambientais, qual seja, a preservação do meio ambiente para as presentes e futuras gerações, assim como a promoção de uma vida digna em um espaço temporal transgeracional.

Nessa seara, a decisão da corte holandesa se destaca, na medida em que concebe a necessidade de o país se precaver. Aceita que a sociedade produz perigos e riscos capazes de comprometer as futuras gerações, o planeta e seus recursos bióticos. O aquecimento global causa incerteza e exige decisão apta a controlar, ou pelo menos mitigar seus efeitos deletérios em benefício de todos.

Na Sociologia dos Riscos (*Soziologie des Risikos*), Luhmann (2012) estabelece a diferenciação entre perigo e risco. Em linhas gerais, tem-se que o perigo de dano é previsível, esperado, ao passo que o risco de dano é uma probabilidade não cientificamente confirmada. O "perigo" de dano ensejou a enunciação da prevenção, já o "risco" é objeto da precaução. O princípio da precaução que foi consolidado pela Declaração do Rio de 1992, sobre o Meio Ambiente e o Desenvolvimento Sustentável sob número 15, constitui-se garantia contra os riscos potenciais que, de acordo com o estado atual do conhecimento, não podem ser ainda identificados. Assim sendo, o lugar em que existirem ameaças de riscos sérios ou irreversíveis não poderá ser utilizada a falta de certeza científica como razão para o adiamento de medidas eficazes, para evitar a degradação ambiental.

A conceituação de risco e de perigo contribui, mas é insuficiente para compreender a dimensão mais ampla da sociedade contemporânea que se diferencia em muito da sociedade industrial, em que a abrangência de riscos era localizada e não globalizada como é hoje. Vivemos em uma "Sociedade de Risco"[150]. Ela se origina da sociedade industrial, mas se distinguem em razão da potencialização do papel da tecnologia, o que torna as consequências das atividades humanas muito mais difíceis de controlar; na sociedade de risco as formas de organização e gestões econômicas da sociedade podem entrar em conflito com a qualidade de vida. A crença de que a técnica e o planejamento seriam capazes de resolver os problemas produzidos pelo homem, proporcionando segurança e certeza já não convencem mais (GUERRA FILHO, AQUINO e PINHEIRO, 2014) e lança nova questão ética que demanda novo patamar de racionalidade do desenvolvimento econômico, para fazer incluir a proteção do meio ambiente.

A decisão da corte holandesa acata a ideia de que vivemos em uma sociedade de risco, de que a sociedade é complexa e sua autonomia dificulta um planejamento ambiental satisfatório. Trata-se de uma sociedade em que a incerteza em relação ao futuro é fato que precisa ser aceito e enfrentado como tal. Dessa forma, conhecer risco, perigo e sociedade contribui para proporcionar uma visão com a devida amplitude e, principalmente, para afastar a ideia de que é possível alcançar patamares mais seguros no futuro. Incerteza e risco são elementos com os quais se convive como resultado da insuficiência do nosso

150 *Risikogesellschaft* na expressão original de Luhmann (2012).

conhecimento, o que não impede de buscar caminhos para criar uma realidade que contemple a preocupação ambiental.

Risco e globalização são realidades interligadas e delimitam uma compreensão das questões do século XXI, cujo tema meio ambiente é um dos principais, se não for o principal, pelas complexas relações que se podem estabelecer entre o ambiente e os sistemas sociais, sobretudo os sistemas sociais do Direito e da Economia (FARIA, 2013). As relações e interconexões entre as referidas ciências são complexas porque os sistemas sociais são organizados de acordo com suas racionalidades próprias e operativamente fechados, o que impossibilita a comunicação direta entre esses sistemas. A realidade precisa ser compreendida antes de analisar as dificuldades em proteger o meio ambiente com aplicação do princípio da precaução (WEYERMÜLLER, 2010, p. 164-165).

A postura da corte holandesa espelha a aceitação de que a utilização em grande escala de combustíveis fósseis acaba por gerar uma sensível influência sobre os mecanismos naturais de manutenção da vida e que são necessárias ações afirmativas por parte da coletividade e do Poder Público. As mudanças climáticas que surgiram pela ação humana na ausência de regulação ambiental criam externalidades negativas que se tornaram determinantes em relação a forma de organização social.

Baseado em Lima (2006), toma-se por externalidades negativas as "atividades que impõem custos não compensadores a outro (sociedade)", a expressão relaciona o objeto de estudo – meio ambiente – com a sua inserção em condições de mercado, de modo a aumentar sua utilidade (bem-estar) individual, sem reduzir proveito dos demais agentes econômicos. A externalidade negativa é o componente capaz de onerar o proveito que se obteria.

A globalização, tomada aqui como fenômeno que incrementou mecanismos de informação e promoveu nova forma de organização econômica institucional, impõe-se também no sentido de reforçar a compreensão acerca da dimensão social de risco social. Uma grande parte dos danos ambientais é promovida pela sociedade de risco, conforme se afirmou acima. Através da análise desse fenômeno, compreende-se ainda que há grande dificuldade em conciliar desenvolvimento com preservação do meio ambiente.

Certo é que a globalização construiu-se graças a vários fatores, os quais, somados, produziram um contexto de interligação, diminuição das distâncias, avanços tecnológicos e fortalecimento das multinacionais. Da mesma forma, esses elementos conjugados formadores do fenômeno produziram diversas externalidades negativas, sendo a principal delas a exploração ambiental com grande eficiência e volume em todo o planeta. Essa conclusão, ao ser inserida na temática do aquecimento global, proporciona importante contribuição na medida em que permite conferir que a sociedade do risco é resultado direto de um processo de utilização ilimitada dos recursos naturais em benefício de um mercado que sempre buscou o lucro, mas que agora o busca através de um complexo sistema que se mantém e se reproduz em escala planetária, gerando riscos e danos na mesma proporção.

A preponderância das atitudes voltadas ao aumento da produção para o ganho em escala está diretamente ligada ao aquecimento global e a maior parte dos problemas ambientais. A desvinculação do consumo com as necessidades humanas básicas estabeleceu a problemática ambiental e criou racionalidade própria que reconhece no lucro como fundamento da ação humana. A forma pela qual o lucro é perseguido despreza valores ambientais ou princípios que o limitem, pois ambos componentes são tratados como custos que merecem ser cortados. Por certo que eleger o lucro como prioridade representa uma escolha entre aquelas que são possíveis de realizar, o que se deve evitar é torná-la única, diante da qual todos os demais argumentos sucumbem.

A Constituição do Brasil de 1988, ao estabelecer a proteção ao meio ambiente como um dos princípios da ordem econômica (art. 170), traz a proteção ambiental para dentro da racionalidade econômica, buscando dotar ambos de segurança jurídica. A Constituição estabelece compromisso entre racionalidade econômica e proteção ao meio ambiente nos moldes propostos pelo Estado Constitucional Ecológico, defendido por Canotilho (1998).

O Direito vale-se de seus mecanismos com o objetivo de combater o problema de diversas formas, como por meio de tratados internacionais e organizações não governamentais. Ocorre que esses instrumentos são insuficientes para estabelecer um novo etos. Leis e multas para restringir a atividade poluidora serão menos concretizáveis sempre que desprezarem as regras ditadas pelo mercado. A dificuldade em agir positivamente nas questões ambientais resulta do contingenciamento da jurisdição fixa a um território, voltados em sua maioria para a punição e reparação dos danos.

O Protocolo de Kyoto acata o princípio da precaução, na medida em que oferece as condições mais adequadas e realistas para o enfrentamento do problema, pois conjuga elementos jurídicos com elementos econômicos. Confirma-se, dessa forma, que a precaução é o meio mais adequado de lidar com os riscos abstratos e globalizados que produzimos, promovendo uma atitude de antecipação aos danos futuros, uma postura que possa programar, na medida do possível, as ações e decisões que tomamos em relação ao meio ambiente mesmo não havendo absoluta certeza acerca das consequências.

Para que o Direito possa contribuir de forma efetiva contra o aquecimento global impõe-se a superação da dificuldade de comunicação entre Direito e Economia, através de estratégias adequadas e realistas. É certo que a comercialização de créditos de carbono, nos moldes do Protocolo de Kyoto (Direito Internacional posto), é uma forma pela qual a precaução pode, diante do quadro de aquecimento global, fazer com que os Estados nacionais se comuniquem promovendo ação conjunta para a redução da emissão dos gases causadores do efeito estufa.

André Rafael Weyermüller (2010) destaca o Protocolo de Kyoto como o único tratado internacional vigente para combater a mudança climática. Assim sendo, para aqueles que pedem o seu abandono ou que o criticam, surgem duas importantes questões: o que substituiria Kyoto e como se conseguiria apoio internacional para a(s) alternativa(s) sugerida(s). O que se sugere, através da decisão holandesa, não é uma substituição a Kyoto, mas sim a ampliação das formas de enfrentar a ameaça ambiental, que se dá por meio da internacionalização de sentenças estrangeiras, que influenciam a ação global. A novidade dessa alternativa inverte a lógica dominante: o apoio internacional passa a se dar em movimento de dentro para fora, ao contrário do tradicional movimento do Direito Internacional, que se dá – pelo menos em um primeiro momento – de fora para dentro, por meio dos tratados internacionais.

Geraldo Eulálio do Nascimento e Silva (1995) defende que, no caso do direito ambiental internacional, a doutrina pode e deve exercer um papel primordial. Cabe-lhe, assim, buscar nos tratados firmados, nas decisões dos tribunais, nas resoluções da Assembleia Geral das Nações Unidas e das demais organizações internacionais e na prática dos Estados aquelas regras e princípios que passarão a constituir o direito ambiental internacional.

Seguindo a esteira e o pensamento do referido autor, tem-se que a sentença holandesa ora em estudo nos fornece um rico material para preencher os conteúdos propostos por SILVA, em prol do direito ambiental internacional do presente e do futuro: buscar, especialmente, no conteúdo das decisões dos tribunais dos Estados diretrizes para continuar a construção do Direito Internacional Ambiental.

A ação que culminou com a sentença em estudo teve início (sujeito ativo) por parte de uma organização apoiada por uma coletividade quantitativamente significativa. A discussão acerca da medida da tutela jurídica demorou anos mas, por fim, o Estado, por meio da Função Judiciária, determinou uma postura do Estado em consonância com diretrizes essenciais para a promoção do desenvolvimento sustentável, tendo em vista as especificidades das necessidades ambientais da Holanda: um país que apresenta importante vulnerabilidade às alterações climáticas deve tomar decisões no sentido de evitar que essa vulnerabilidade se torne realidade, mesmo que elas acarretem importante ônus econômico imediato.

Assim, também países como o Brasil podem seguir o modelo holandês, no sentido de contar com o apoio da coletividade e do Poder Público, como preceitua a nossa Constituição (art. 225), para promover importantes mudanças em prol do meio ambiente local. E pode fazê-lo utilizando-se da Função Judiciária, especialmente quando as demais funções (Legislativa e Executiva) permanecerem inertes ante as necessidades de proteção ambiental prementes. A ordem ambiental constitucional, especificamente através do texto do art. 225, determina que cabe ao Poder Público e à coletividade preservar e promover o meio ambiente para as presentes e futuras gerações. Assim sendo, a Função Judiciária, como parte do Poder Público, tem legitimidade suficiente para impor diretrizes mais ousadas, no que diz respeito à proteção ao meio ambiente, do que simples medidas

 repressivas e ressarcitórias, via responsabilização civil, penal e administrativa. A prevenção é essencial para um possível equilíbrio na Sociedade do Risco.

A ideia de abordar o tema da intervenção Judiciária como possibilidade de promoção dos Direitos Humanos Ambientais surgiu a partir da leitura e reflexão acerca de decisão da corte holandesa, ocorrida em junho de 2015, que determina que o Estado holandês promova a diminuição na emissão de gases do efeito de estufa em um patamar acima do anteriormente estabelecido pelo direito interno do país, assim como pelo direito internacional, mais especificamente pelo Protocolo de Kyoto. A decisão levou em consideração aspectos geográficos do país, altitude de grande parte do território abaixo do nível do mar, o que o deixa mais vulnerável a mudanças climáticas decorrentes do aquecimento global.

A imposição implica a eliminação de parte das fontes de energia ditas "sujas" e sua substituição por energias "limpas". Essa substituição, por sua vez, demanda um lapso temporal em que a produção econômica fica comprometida. No entanto, o fundamento material no sentido da necessidade de o Estado holandês promover os Direitos Humanos e a sustentabilidade, baseado na ideia de precaução, permite que a segurança jurídica seja recepcionada pela racionalidade econômica para estabelecer um compromisso em prol dos Direitos Humanos Ambientais.

De acordo com o desenrolar dos acontecimentos que geraram a impetração da ação e a decisão da corte holandesa, temos que o mais importante acordo internacional para a promoção do equilíbrio climático, o Protocolo de Kyoto, não se mostrou suficiente para proteger de forma adequada o seu objeto. Assim sendo, surgiu a necessidade de utilização de outra função estatal, além da executiva, responsáveis pelas políticas públicas ambientais e da legislativa, responsável pela instituição de atos normativos, para alcançar o desiderato da proteção ambiental contra abalos climáticos, surge o Judiciário como instrumento legítimo de abertura democrática franqueado aos que quiserem se apresentar ao debate político.

A necessidade, assim como as vantagens de se recorrer à essa função estatal, se mostra por meio da possibilidade de se estabelecer diretrizes adequadas às especificidades de cada Estado, no que diz respeito a uma efetiva tutela do meio ambiente. É nesse caminho que países como as Filipinas, que têm problemas geoclimáticos semelhantes aos da Holanda, inclinam-se a seguir o exemplo holandês. No entanto, nada impede que outros Estados com problemas ambientais recorram à função estatal Judiciária, tendo em vista a implementação do "agir local e pensar global", como fez a organização "urgenda", que significa "agenda urgente".

Os objetivos da "Agenda Urgente" remetem à "Agenda 21", fruto da ECO-92. Baseiam-se no compromisso dos Estados de organizar ação política interna considerando a relevância da proteção ambiental, engajando não apenas o Executivo e o Legislativo, mas também o Judiciário, de modo a promover a estabilidade climática, preocupação central da Convenção da ONU sobre mudanças climáticas, também derivada da ECO-92. A intenção inicial da Agenda 21 era no sentido de que as políticas públicas dos Estados sempre levassem em conta a proteção e prevenção das lesões ao meio ambiente e a efetiva prevenção contra mudanças climáticas.

A proposta alvissareira da decisão holandesa é que o Judiciário é uma alternativa viável e que se deve recorrer a ele, assim como se faz em direção às outras funções estatais, para proteção ambiental. Por meio de decisões judiciais pode-se obter tutela efetiva, como aconteceu para a redução na emissão de gases do efeito de estufa, adequada às necessidades locais.

No cenário brasileiro, os chamados Poderes do Estado devem atuar de forma independente e harmônica, assim como o art. 225 da nossa Constituição estabelece que cabe à coletividade e ao Poder Público, como um todo, a proteção e promoção do meio ambiente ecologicamente equilibrado para as presentes e futuras gerações.

Assim sendo, tem-se que, para além de suas atribuições imperativas e repressivas o Judiciário exerce um poder-dever performativo, no sentido de promover a racionalização da justiça por meio de um enunciado. Trazendo esse raciocínio para o nosso contexto, pode-se afirmar que a conciliação entre racionalidade econômica e segurança jurídica pode se dar por meio de uma sentença que enuncie a tutela da sustentabilidade por meio de ações concretas.

7.4. A dimensão socioambiental do direito agrário: o Novo Código Florestal em foco

O Brasil é conhecido como um país de biodiversidade riquíssima. No entanto, a referida biodiversidade, representada pela Amazônia, pelo Pantanal Mato-grossense, pela Mata Atlântica, pelo Cerrado, pela Caatinga, dentre muitos outros dos nossos ecossistemas, vem perdendo espaço, nas perspectivas qualitativa e quantitativa de sua grandeza. É preciso, pois, agir sobre o nosso "pecado" que afeta negativamente nossa natureza. Como juristas, a nossa forma de se redimir minimamente se dá por meio – além do papel individual, como cidadão do planeta terra, no sentido de assumir uma postura que inclua um "fazer" ambientalmente correto – de pensar formas jurídicas de propagar e ampliar as possibilidades de proteção do nosso *habitat*.

É preciso chamar atenção acerca das muitas regras do chamado Novo Código Florestal (Lei n. 12.651/2012) que afetam negativamente o que chamamos de "dimensão socioambiental do Direito Agrário".

7.4.1. O direito agrário e o direito ambiental: filiação, função e dimensão

O Direito Agrário encontra sua nascente na clássica divisão das normas jurídicas – em Direito Público e Direito Privado – como ramo do Direito Público, tendo sido resultado de um significativo processo histórico que envolve o conflito pela divisão de terras desde a chamada descoberta e ocupação do Brasil pelos portugueses e sua aristocracia. O Direito Ambiental surge vinculado ao novo ramo do direito que nasce com a chamada dimensão dos Diretos Difusos, a qual amplia a clássica divisão do direito em público e privado, e que tem por principais características a indivisibilidade do seu objeto, a indeterminação do seu sujeito e a intensa conflituosidade das lides que envolvem seu objeto de proteção (MANCUSO, 2010).

Para Édis MILARÉ, o Direito Ambiental configura "[...] o complexo de princípios e normas coercitivas reguladoras das atividades humanas que, direta ou indiretamente, possam afetar a sanidade do ambiente em sua dimensão global, visando à sua sustentabilidade para as presentes e futuras gerações" (MILARÉ, 2009, p. 815). Já o Direito Agrário pode ser definido como "o conjunto de normas jurídicas concernentes ao aproveitamento do imóvel rural" (OPITZ e OPITZ, 2011, p. 58) ou, ainda, "o ramo do direito positivo que regula as relações jurídicas do homem com a terra" (BARROS, 2008, p. 47).

Ambos os ramos do direito acima apontados regulam as ações humanas no âmbito da transformação do meio ambiente natural tendo em vista a "produtividade da terra" para a sobrevivência das presentes e futuras gerações: o Direito Ambiental visa a preservação do que já existe, assim como a possibilidade de que a terra se mantenha reprodutiva em termos de biodiversidade. Impõe diretrizes a serem observadas no intuito de mitigar os efeitos da ação humana sobre o seu *habitat* natural. Dentre as referidas ações humanas estão inseridas aquelas tendentes a fornecer suporte adequado para a geração da "matéria-prima" para a sobrevivência da vida no planeta, objeto do Direito Agrário.

A existência de um elo necessário entre as duas disciplinas aparece em alguns ordenamentos jurídicos, como no caso da Alemanha, com o "Direito Agroambiental" – *Agrarumweltrecht* –, que visa precipuamente a proteção ambiental na gestão e produção agrícola, conforme destaca GRIMM (2004)[151]. Apesar do liame entre as duas matérias, elas são disciplinas autônomas: apresentam cada um objeto e método próprios. Essa diferenciação passa, por vezes, desapercebida até mesmo no conteúdo programático de algumas disciplinas nos currículos de algumas universidades brasileiras, sem que se tenha o cuidado ou a precisão terminológica e de conteúdo que encontramos no direito alemão, conforme explicitado acima.

Se a confusão entre os dois ramos do direito é corriqueira, até mesmo no âmbito dos cursos de direito, imprescindíveis se tornam esclarecimentos prévios acerca de importantes termos ligados ao tema e que assumem importância no presente contexto, tais como "função" e "dimensão". Antes de falarmos propriamente na dimensão ambiental do direito agrário e apontarmos as inovações trazidas pelo novo Código Florestal que interferem diretamente na referida dimensão.

151 Texto original: "Man kann das Agrarumweltrecht als einen Teil des Umweltrecht bezeichnen und im Anschluss an Hötzel folgendermassen bestimmen: Zum Agrarumweltrecht zählen die Regelungen des Umweltrecht, die aus Gründen des Umweltschutzes für die landwirtschaftliches Betriebsführung und Produktion die rechtlichen Rahmenbedingungen setzen".

O termo "função" significa correntemente "a ação própria ou natural de um órgão, aparelho ou máquina. Cargo, serviço, ofício" (AURÉLIO, 2012, p. 420). Na seara jurídica, a função diz respeito mais precipuamente ao "direito ou dever" de agir atribuído pela norma (DE PLÁCITO E SILVA, 2007, p. 642). Assim sendo, como exemplo, temos que a Norma Constitucional estabelece os direitos e deveres inerentes às funções legislativa, executiva e judiciária. No uso corrente do direito, no entanto, o termo "poder" é utilizado no sentido de "função": poder executivo, legislativo e judiciário, por exemplo, que são as funções do Estado relativas a suas formas distintas e exercidas pelos órgãos competentes. O poder está, no entanto, intrinsicamente vinculado à ideia de direito, enquanto o termo função está vinculado à ideia de direito-dever, ou seja, inclui um ônus, uma limitação no exercício do direito.

Os esclarecimentos acima tornam-se necessários o percurso aonde queremos chegar, ou seja, no papel da função como direito-dever, ou seja, como um direito que deve ser exercido em meio a limitações juridicamente estabelecidas. A propriedade, em sua origem, por exemplo, consistia no direito de usar, gozar, dispor e abusar de determinado bem, ou seja, consistia essencialmente em um poder (absoluto e ilimitado). Foi somente com o advento da necessidade de incursão do Estado no exercício dos direitos individuais que a propriedade assumiu restrições, no sentido de se levar em consideração a coletividade no exercício do direito: o Código Civil de 1942, por exemplo, determina que a propriedade deve atender sua "função social", ou seja, o poder sobre o bem privado assumiu restrições. Assim sendo, o proprietário pode usar, gozar e dispor do bem, observadas as limitações normativas que envolvam valores socialmente relevantes. O atual Código Civil, de 2002, amplia as restrições atinentes à propriedade, determinando que seu exercício deverá atender, além das restrições sociais já sedimentadas pelo ordenamento jurídico, também as restrições relativas à proteção ao meio ambiente. Daí se falar na função socioambiental da propriedade, já após o advento da Constituição de 1988, função esta potencializada pelo Código Civil de 2002 mas, de certa forma já presente no Código Florestal de 1964 e na Lei n. 6.938/81, conforme veremos pelo percurso do presente estudo.

Já o termo "dimensão", também em sua conotação corrente, significa "sentido em que se mede a extensão para avaliá-la; extensão, tamanho, volume". Em sentido figurado o termo significa "importância". O direito tomou o termo dimensão para associá-lo à perspectiva e valor que se deve atribuir a um direito no âmbito de uma situação concreta (BONAVIDES, 2012). Assim, os direitos de primeira dimensão, ou individuais, são aqueles que dizem respeito mais especificamente à propriedade, amplamente consagrado pela Revolução Francesa e a vitória da burguesia sobre a aristocracia decadente. Os direitos de segunda dimensão seriam aqueles atinentes aos direitos sociais ou da igualdade. A partir da consagração dessa dimensão de direitos foram estabelecidas limitações quanto ao exercício do direito e propriedade, que não havia sob a égide dos direitos de primeira dimensão, sem que, no entanto, o direito de propriedade fosse abolido. Já os direitos de terceira dimensão, ou os direitos difusos, em que se destaca o direito a um meio ambiente ecologicamente equilibrado, estabelece as limitações ambientais quanto ao exercício da propriedade, dentre outros. Pode-se pensar, partindo-se de um olhar eminentemente antropocêntrico, que as limitações ambientais diriam respeito ao aspecto social da propriedade, já que os indivíduos necessitam de um ambiente ecologicamente equilibrado para sobreviver – art. 225 da Constituição corrente –, no entanto, a proteção ao meio ambiente diz respeito "às presentes e futuras gerações" – art. 225 da Constituição. É no "aspecto transgeracional" que reside o reforço e a originalidade da proteção eminentemente ambiental. Ou seja, a proteção ao meio ambiente extrapola a função social, assumindo uma função ambiental, que diz respeito, por sua vez, aos valores inerentes à dimensão ambiental de direitos, aos valores que devem ser praticados, tendo em vista a proteção efetiva do meio ambiente. A função está, pois, no âmbito do fático, do fazer, tendo em vista o valor que a ela subjaz, por meio da dimensão. Há um cruzamento, uma filiação da função à dimensão. Assim, quando se fala na função socioambiental da propriedade, está-se falando dos dispositivos legais, mais especificamente das "regras" que dispõem sobre a proteção ao meio ambiente. E, quando se fala na "dimensão socioambiental da propriedade", está-se referindo a todo o arcabouço de proteção ao meio ambiente, ou seja, está-se incluindo regras, princípios, aspectos morais e até intuitivos, como aqueles que atravessam a relação do homem com o meio ambiente, exercida pelas populações tradicionais.

A Constituição Federal de 1988, em seu art. 186, II, determina que a propriedade rural somente atenderá sua função social quando utilizar de forma adequada os recursos naturais disponíveis (função ambiental) e observar as normas de preservação do meio ambiente. Preceito que pode ser complementado com o estabelecido no art. 225 *in fini*, acerca da proteção para as presentes e futuras gerações (dimensão ambiental).

De acordo com o acima exposto, podemos afirmar que o Direito Agrário possui uma dimensão ambiental ou é atravessado pela dimensão ambiental estabelecida em âmbito internacional – via tratados, convenções e valores da comunidade internacional – e no âmbito nacional – mais especificamente pelos valores impressos na norma constitucional.

7.4.2. O nascimento do Novo Código Florestal: a desconstrução de importantes instrumentos jurídicos e o retrocesso da proteção à dimensão ambiental do direito agrário

Neste item, descreveremos sucintamente o percurso do Novo Código Florestal, desde o seu nascedouro, como projeto de lei até a promulgação da Lei n. 12.651/2012. Apontaremos os temas mais polêmicos discutidos, quando do processo de feitura da lei, assim como as principais modificações introduzidas por ela, em relação ao Antigo Código Florestal. Mostraremos, por fim, as principais críticas feitas à lei em vigor, no que diz respeito ao retrocesso na proteção à dimensão ambiental do Direito Agrário.

a) A proposta de reforma

O chamado "Novo Código Florestal", Lei n. 12.651/2012, é fruto de uma proposta de reforma do Código Florestal de 1965 – Lei n. 4.771/65. A referida proposta de reforma causou polêmica entre ruralistas e a câmara dos deputados, assim como entre estes e os ambientalistas já desde a década de 1990. O projeto que se tornou lei tramitou durante 12 anos na Câmara dos Deputados. Em 2009, o deputado Aldo Rebelo do PCdoB foi designado relator do projeto, tendo emitido relatório favorável em 2010. A Câmara dos Deputados aprovou o projeto em maio de 2011.

Um tema que se destaca no projeto é a determinação, no texto da Câmara, da isenção da reserva legal para quatro módulos (de 20 a 400 hectares, dependendo do Estado). No que diz respeito ao assunto, temos que o governo queria que fossem isentos apenas módulos da agricultura familiar, mas acabou incluindo nele as "pequenas propriedades" também. De acordo com os ambientalistas, a medida deixaria 15 milhões de hectares sem reflorestamento – território equivalente ao estado do Acre. Também defendia a consolidação da manutenção de atividades agrícolas nas Áreas de Preservação Permanentes

(APPs), a redução das áreas de Reserva Legal (RL) e autorização para que os estados participassem da regularização das propriedades rurais e a anistia para os desmatamentos feitos por produtores rurais até 2008 permaneceu no projeto – os desmatadores deixariam de pagar as multas referentes a desmatamentos realizados após a promulgação da Lei dos Crimes Ambientais (Lei n. 9.605, de 1998).

b) A aprovação do projeto no Senado

Em dezembro de 2011, o Senado aprovou o projeto. As alterações feitas por ele foram no sentido de permitir a redução da área de conservação obrigatória em estados com mais de 65% das suas áreas em reservas ambientais (RL), desde que tivessem a aprovação do Conselho Nacional do Meio Ambiente e dos estados; a permissão aos poderes executivos para aumentar o percentual das áreas de preservação permanentes (APPs) em casos de bacias hidrográficas consideradas em situação crítica, desde que com a autorização dos comitês regionais de meio ambiente; a permissão de atividades rurais em áreas de manguezal, sendo limitada em 10% da Amazônia Legal e 35% dos demais biomas e a anistia para pequenos agricultores e também para donos de terras com até quatro módulos fiscais autuados por desmatamento até julho de 2008. Com a redação do Senado, os benefícios de desmate passaram a valer para grandes propriedades rurais que desmataram sem autorização ou licenciamento até julho de 2008. Também estipulou-se a obrigação de recompor as margens de rios em pelo menos 15 metros de mata ciliar para rios com até 10 metros de largura. A obrigação de recompor, para propriedades com até quatro módulos fiscais, não poderia exceder 20% da área da propriedade.

c) A aprovação da proposta pela Câmara

Em abril de 2012, a Câmara aprovou uma versão alterada da lei, com modificações ainda mais favoráveis aos ruralistas. Estas eram no sentido de que não haveria obrigatoriedade de recomposição de 30 metros de mata ao redor de olhos d'água nas áreas de preservação permanentes (APPs) ocupadas por atividades rurais, consolidadas até julho de 2008; também no sentido da não obrigatoriedade de recompor a vegetação nativa em propriedades de agricultura familiar e naquelas áreas privadas que tivessem entre quatro e 500 hectares em torno de rios com largura maior que 10 metros; da possibilidade de o Poder Público reduzir a RL para até 50% em áreas de floresta na Amazônia Legal. Isso poderia acontecer nos casos em que a propriedade rural estivesse situada em um estado com mais de 65% de seu território já ocupado por unidades de conservação pública ou terras indígenas e, por fim, da recomposição de faixa mínima de 15 metros de vegetação nas margens dos rios com até 10 metros de largura.

d) As alterações e vetos da presidente Dilma

Em maio de 2012, a presidente Dilma vetou 12 artigos da lei e propôs a alteração de 32 outros. Cumpre ressaltar que, de acordo com o art. 66, § 1º, da Constituição Federal, caso o Presidente da República considere o projeto, no todo ou em parte, inconstitucional ou contrário ao interesse público, poderia vetá-lo total ou parcialmente, no prazo de quinze dias úteis, contados da data do recebimento, devendo comunicar, dentro de quarenta e oito horas ao Presidente do Senado Federal os motivos do veto. No entanto, o congresso pode reverter o veto presidencial. De acordo com o § 4º do mesmo artigo, o veto somente pode ser apreciado em sessão conjunta, dentro de trinta dias a contar de seu recebimento, só podendo ser rejeitado pelo voto da maioria absoluta dos Deputados e Senadores, em escrutínio secreto.

As matérias vetadas pela presidente Dilma foram: a apresentação do Código Florestal, ou seja, foi vetado o art. 1º do Código Florestal, que define a razão do estabelecimento da medida. Sobre apicuns e salgados, a presidente vetou o § 3º do art. 4º do Projeto de Lei já que, de acordo com a redação do artigo, os apicuns e salgados (planícies salinas próximas aos mangues) restariam sem qualquer proteção: a regra do texto aprovado pela Câmara não considera apicuns e salgados como Áreas de Proteção Permanente; também a delimitação das áreas de inundação em rios nas cidades foi vetada pela presidenta – §§ 7º e 8º do art. 4º: no texto da Câmara, é estabelecido que a largura da faixa de inundação de qualquer curso de água que passe por áreas urbanas será determinada pelo plano diretor e leis municipais de uso do solo. A presidenta afirmou que a medida implicaria grave retrocesso no que diz respeito à proteção do meio ambiente, porque não levava em conta os critérios mínimos de proteção dessas margens, que evitam desastres naturais e protegem a infraestrutura em geral; quanto às bacias hidrográficas, a presidente Dilma vetou integralmente o art. 43 do Projeto de Lei. Nele se estabelece que as empresas que prestam serviços como abastecimento de água e geração de energia hidrelétrica deverão investir na recuperação e na manutenção da vegetação nativa em APPs existentes em toda a bacia hidrográfica explorada: segundo a presidente, o artigo prejudica o interesse público, uma vez que a recuperação de toda a bacia hidrográfica implicaria um aumento de custo desses serviços, impactando no bolso do consumidor; por último, a presidente vetou o texto relativo à recuperação de APPs – o art. 61 do Código aprovado pela Câmara –, pois este seria "impreciso e vago", contrariando o interesse público e causando grande insegurança jurídica: o artigo, com a redação que apresenta, parece conceder ampla anistia aos desmatadores, que exploraram as áreas a serem protegidas antes da legislação de 2008, que regula as APPs.

e) Temas que se destacam na nova Lei

Dentre os temas abordados pela vigente Lei Ordinária n. 12.651/2012 – o Novo Código Florestal – e que dizem respeito mais especificamente ao nosso tema, destacam-se os seguintes:

i) As florestas existentes no território nacional e as demais formas de vegetação nativa, reconhecidas de utilidade às terras que revestem, são bens de interesse comum a todos os habitantes do País – art. 2º;

ii) Para os efeitos da Lei, entende-se por: I – Amazônia Legal: os Estados do Acre, Pará, Amazonas, Roraima, Rondônia, Amapá e Mato Grosso e as regiões situadas ao norte do paralelo 13º S, dos Estados de Tocantins e Goiás, e ao oeste do meridiano de 44º W, do Estado do Maranhão – art. 3º, I;

iii) Área de Preservação Permanente – APP – é a área protegida, coberta ou não por vegetação nativa, com a função ambiental de preservar os recursos hídricos, a paisagem, a estabilidade geológica e a biodiversidade, facilitar o fluxo gênico de fauna e flora, proteger o solo e assegurar o bem-estar das populações humanas – art. 3º, II;

iv) Área de Reserva Legal – RL –, é a área localizada no interior de uma propriedade ou posse rural, delimitada nos termos do art. 12, com a função de assegurar o uso econômico de modo sustentável dos recursos naturais do imóvel rural, auxiliar a conservação e a reabilitação dos processos ecológicos e promover a conservação da biodiversidade, bem como o abrigo e a proteção de fauna silvestre e de flora nativa – art. 3º, III.

f) Críticas ao Novo Código Florestal

O Novo Código, em suma, pode ser considerado um retrocesso em termos de proteção ambiental. Pode-se observar que a anistia a multas e de recomposição de áreas desmatadas está prevista em vários pontos do texto legislativo, como nos arts. 4º, 6º, 11, 61, 63 e 67. Também nele se admite a possibilidade de reflorestamento de APPs com flora exótica, que não faz parte dos ecossistemas mencionados na lei – art. 67. Impressiona, ainda, a decisão do legislador em anistiar, no que tange à

Reserva Legal, os desmatamentos ilegais em imóveis rurais baseados no tamanho das propriedades e não no modelo de produção familiar – *vide* Lei n. 11.326/2006. Anistiou-se, assim, mais de 90% dos imóveis de todo o país. Também implica enorme retrocesso ecológico a concessão de anistia total de recomposição de APPs de topo de morro e encostas, mantendo-se inclusive o exercício de atividades pecuárias nos referidos espaços – art. 63 –, assim como a anistia de recomposição de APPs de nascentes, olhos d'água, lagos e lagoas naturais entre 80% e 50% (art. 61-A, §§ 5º e 6º) e a anistia de ocupações em manguezal ocupado até julho de 2008. A Nova Lei permite, ainda, novas ocupações em até 35% na Mata Atlântica e 10% na Amazônia, art. 11-A, a redução de Reserva Legal na Amazônia, inclusive para novos desmatamentos nos Estados com 65% de Unidades de Conservação (UC) e Território Indígena (TI) ou Municípios com mais de 50% de UC mais TI – §§ 4º e 5º do art. 12. Este dispositivo afeta imediatamente 80 municípios na Amazônia, assim como afeta imediatamente todos os municípios do Amapá. O Pará está prestes a atingir 65% de UC mais TI. Também assusta a anistia total de APPs sendo que, nos poucos casos em que deverá haver algum tipo de recomposição em APP, esta não será mais com espécies nativas – art. 61-A, § 13, IV. Por fim, também há que se ressaltar a alteração quanto à redução de APPs de topos de morros, com mudança no "método de definição da área a ser preservada como APP", reduzindo-a em até 90%, em alguns casos.

7.4.3. A violação da dimensão socioambiental do direito agrário por meio da lesão específica a alguns dispositivos que melhor respaldavam sua função até o advento do Novo Código Florestal

No item inaugural deste capítulo, apontamos a diferenciação terminológica entre "função" e "dimensão", tendo em vista uma melhor compreensão da amplitude de cada um dos termos no que diz respeito à proteção do chamado "bem ambiental", mais especificamente a espécie de bem ambiental envolvido na seara do Direito Agrário.

No item seguinte nos debruçamos sobre aspectos pontuais do Novo Código Florestal que apontam lesões específicas a importantes dispositivos que violam diretamente a função socioambiental do Direito Agrário, assim como atingem mediatamente a dimensão socioambiental deste ramo do Direito, implicando desconsideração ao princípio da proibição de retrocesso ecológico na feitura da referida lei.

Destacamos como expoentes maiores da desconsideração do referido princípio da proibição de retrocesso ecológico, assim como lesões diretas à função socioambiental do Direito Agrário, o tratamento dado às APPs e às RLs.

As APPs e as RLs são dois institutos criados pelo Direito Ambiental que causam significativo impacto no Direito Agrário, na medida em que influenciam na utilização da propriedade rural ao restringirem o espaço de uso economicamente significativo do imóvel rural, por parte de seu proprietário. No entanto, as referidas restrições são imprescindíveis no que diz respeito à preservação do meio ambiente e à potencialidade produtiva da terra, pelo menos a médio e longo prazos. No entanto, apesar da importância das limitações acima apontadas, chama-se atenção para o fato de que houve uma significativa redução da proteção das referidas áreas no Novo Código Florestal, conforme se pode verificar no capítulo anterior e que repercutirá, com certeza, de forma quantitativa e qualitativamente negativa nas searas ambiental e agrária.

É certo que o Direito ao Desenvolvimento (DOS ANJOS FILHO, 2013), assim como o princípio do progresso econômico e social visam garantir ao homem do campo, que tem a agricultura como atividade econômica, rentabilidade compatível com a de outros setores da economia, garantindo o processo de desenvolvimento econômico-social, conforme dispõe a Constituição – já em seu preâmbulo – e a Legislação infraconstitucional – art. 2º, III e IV, da Lei de Política Agrícola – Lei n. 8.171/91, além do art. 16 do Estatuto da Terra. No entanto, até mesmo para que se garanta o exercício do direito ao desenvolvimento, assim como o progresso econômico e social, torna-se necessário a preservação da "infraestrutura natural" que permita sua efetivação a médio e longo prazos.

As Reservas Legais e as Áreas de Preservação Permanente, conforme definição feita no item anterior e bem lembrado pela lição de BENJAMIN (2000), não devem ser "compensadas" aos moldes do que acontece com os bens economicamente avaliáveis, e acrescentamos: não devem ser restringidas de qualquer forma, como aconteceu por meio dos dispositivos relativos à matéria presentes no Novo Código Florestal. Isso porque ontológica, biológica e legalmente possuem função precípua, no que diz respeito à proteção da dimensão ambiental, incluindo nesta aquela relativa ao Direito Agrário.

Também descabida a interpretação de que a presença de vegetação representativa do ambiente natural da região é pressuposto para a existência da reserva legal. Isso porque, havendo propriedade rural completamente desmatada, não haverá área representativa do ambiente natural da região naquele imóvel rural. O fato consumado e a boa-fé do adquirente de imóvel rural não deve servir de desculpa para a descaracterização da área de Reserva Legal, conforme jurisprudência já sedimentada do Superior Tribunal de Justiça – REsp 218.781[152].

152 STJ, REsp 218.781/PR, 1ª T., rel. Min. Milton Luiz Pereira, j. 5-2-2002, *DJ* 24-6-2002.

De acordo com a própria natureza do instituto da Reserva Legal, o percentual de terra a ser preservado da utilização para fins agrários ou agropastoris não pode sofrer alterações, no entanto, pode se submeter ao "manejo florestal sustentável". Neste caso, permite-se a utilização da área de Reserva Legal "sem descaracterizar ecologicamente os recursos florestais e os ecossistemas" (MILARÉ, 2009, p. 755). Proíbe-se, contudo, o corte raso em áreas de Reserva Legal. ANTUNES (2001, p. 120) discorre sobre a questão e menciona que "a reserva legal é uma obrigação que recai diretamente sobre o proprietário do imóvel, independentemente de sua pessoa ou da forma pela qual tenha adquirido a propriedade; desta forma, ela está umbilicalmente ligada à própria coisa, permanecendo aderida ao bem".

Por ser equiparada a uma obrigação *propter rem* a Reserva Legal, conforme MILARÉ (2009), torna-se um ônus real que recai sobre o próprio imóvel rural, obrigando o seu proprietário e a todos que substituam em tal condição. Nesse sentido, importante jurisprudência do Superior Tribunal de Justiça, acima citada – REsp 218.781[153] – especialmente no que diz respeito à evolução do entendimento do STJ, conforme nos relata SANTIAGO (2006): o Superior Tribunal de Justiça entendia inicialmente que o novo proprietário de imóvel rural desmatado não teria legitimidade para figurar no polo passivo da ação civil pública, pois não poderia atribuir a obrigação do reflorestamento se este não foi o causador do dano ambiental, por ausência do nexo de causalidade. O entendimento atual, tanto a 1ª como a 2ª Turma do Superior Tribunal de Justiça, é no sentido de que o novo proprietário do imóvel é

153 STJ, REsp 218.781/PR, 1ª T., rel. Min. Milton Luiz Pereira, j. 5-2-2002, *DJ* 24-6-2002.

responsável pelo reflorestamento da área adquirida, recaindo sobre ele as responsabilidades administrativas e cíveis relacionadas à matéria. A responsabilidade pelo dano ambiental é objetiva, ante a *ratio essendi* da Lei n. 6.938/81, que em seu art. 14, § 1º, determina que o poluidor seja obrigado a indenizar ou reparar os danos ao meio ambiente e, quanto ao terceiro, preceitua que a obrigação persiste, mesmo sem culpa. A obrigação de reparação dos danos ambientais é *propter rem*, por isso que a Lei n. 8.171/91 vigora para todos os proprietários rurais, ainda que não sejam eles os responsáveis por eventuais desmatamentos anteriores. Consoante bem pontuado pelo Ministro Herman Benjamin, no REsp 650.728/SC, 2ª Turma, unânime: "[...] 11. É incompatível com o Direito brasileiro a chamada desafetação ou desclassificação jurídica tácita em razão do fato consumado. 12. As obrigações ambientais derivadas do depósito ilegal de lixo ou resíduos no solo são de natureza *propter rem*, o que significa dizer que aderem ao título e se transferem ao futuro proprietário, prescindindo-se de debate sobre a boa ou má-fé do adquirente, pois não se está no âmbito da responsabilidade subjetiva, baseada em culpa. 13. Para o fim de apuração do nexo de causalidade no dano ambiental, equiparam-se quem faz, quem não faz quando deveria fazer, quem deixa fazer, quem não se importa que façam, quem financia para que façam, e quem se beneficia quando outros fazem. 14. Constatado o nexo causal entre a ação e a omissão das recorrentes com o dano ambiental em questão, surge, objetivamente, o dever de promover a recuperação da área afetada e indenizar eventuais danos remanescentes, na forma do art. 14, § 1º, da Lei 6.938/81".

A responsabilidade objetiva do proprietário está intrinsecamente vinculada à função socioambiental da propriedade. Como bem salienta SANTIAGO (2006), a função social – acrescentamos a ela a função ambiental – não é um elemento externo à propriedade, mas sim um elemento constitutivo, incorporado ao próprio conceito de propriedade. Assim sendo, a função socioambiental do direito de propriedade, expressa pelo dispositivo legal (a responsabilidade é objetiva) encontra guarita mais ampla na dimensão socioambiental da propriedade, ou seja, no gozo de um "ambiente ecologicamente equilibrado e essencial à sadia qualidade de vida" – art. 225 da Constituição Federal.

Percebe-se, segundo CAMPOS (2011), que a Constituição Federal de 1988 traz em seus artigos o desenvolvimento sustentável e a livre-iniciativa, havendo a coexistência destes princípios, devendo o desenvolvimento sustentável configurar-se como um limite imposto à livre-iniciativa. Assim sendo, ao pretender proteger a propriedade rural e sua produção economicamente ascendente, a suposta proteção aos ruralistas presente na lei em estudo gerará efeitos negativos imediatos no meio ambiente e, certamente, gerará também efeitos mediatamente negativos no que diz respeito mesmo à produtividade agrícola e ao desenvolvimento agrário.

A Constituição de 1988 inseriu um importante paradigma de proteção ambiental no seu art. 225, o qual, por sua vez, adota importantes diretrizes já traçadas pela Lei da Política Nacional do Meio Ambiente, de 1981 (Lei n. 6.938). Esta incorpora significativos princípios estabelecidos em acordos internacionais, que expressam a preocupação mundial com a sobrevida na terra. O Novo Código Florestal (Lei n. 12.651/2012) representa um retrocesso, no que diz respeito aos avanços obtidos desde 1981, ou, melhor dizendo, representa um retrocesso se partirmos já dos dispositivos do Código Florestal de 1965, conforme vimos no tratamento dado pela nova lei à Reserva Legal e à Área de Proteção Permanente, no sentido de diminuir a proteção conferida pelo Diploma Legal de 1968.

7.5. Patrimônio genético e conhecimentos tradicionais: a importância da Lei n. 13.123/2015

A Lei n. 13.123, de 2015, dispõe, de forma clara e abrangente, acerca da proteção efetiva do patrimônio genético brasileiro e sobre o reconhecimento dos chamados "conhecimentos tradicionais".

Reza a lei, em seu art. 1º:

> Art. 1º Esta Lei dispõe sobre bens, direitos e obrigações relativos:
>
> I – ao acesso ao patrimônio genético do País, bem de uso comum do povo encontrado em condições *in situ*, inclusive as espécies domesticadas e populações espontâneas, ou mantido em condições *ex situ*, desde que encontrado em condições *in situ* no território nacional, na plataforma continental, no mar territorial e na zona econômica exclusiva;
>
> II – ao conhecimento tradicional associado ao patrimônio genético, relevante à conservação da diversidade biológica, à integridade do patrimônio genético do País e à utilização de seus componentes;
>
> III – ao acesso à tecnologia e à transferência de tecnologia para a conservação e a utilização da diversidade biológica;
>
> IV – à exploração econômica de produto acabado ou material reprodutivo oriundo de acesso ao patrimônio genético ou ao conhecimento tradicional associado;
>
> V – à repartição justa e equitativa dos benefícios derivados da exploração econômica de produto acabado ou material reprodutivo oriundo de acesso ao patrimônio genético ou ao conhecimento tradicional associado, para conservação e uso sustentável da biodiversidade;
>
> VI – à remessa para o exterior de parte ou do todo de organismos, vivos ou mortos, de espécies animais, vegetais, microbianas ou de outra natureza, que se destine ao acesso ao patrimônio genético; e

VII – à implementação de tratados internacionais sobre o patrimônio genético ou o conhecimento tradicional associado aprovados pelo Congresso Nacional e promulgados.

O Brasil é um dos países do mundo com maior diversidade biológica, se não o maior. Grande parte dessa biodiversidade é desconhecida ou pouco explorada.

Parte da ignorância e do baixo investimento na nossa rica diversidade biológica se deve ao fato de que o acesso aos seus recursos e o desenvolvimento de pesquisas no setor é produto da precária regulamentação da matéria. A Lei n. 13.123, de 2015, veio suprir essa falha, isso porque, ao mesmo tempo que a Lei simplifica o acesso ao patrimônio genético, valoriza o conhecimento tradicional associado e assegura uma repartição de benefícios equitativa.

Até a publicação da Lei, o acesso ao patrimônio genético e ao conhecimento tradicional associado era regulamentado pela Medida Provisória n. 2.186-16/2001. Esta foi revogada expressamente pelo Decreto n. 3.945/2001 e por várias resoluções editadas pelo Conselho de Gestão de Patrimônio Genético (CGEN).

Antes da Lei em comento, o acesso ao patrimônio genético e conhecimentos tradicionais era praticamente inviável. Isso porque o processo para obtenção de autorização para o acesso implicava a dificuldade em identificar a comunidade e a necessária anuência prévia, que antes era requisito necessário para obtenção da autorização. Além disso, havia a necessidade da prévia celebração de contrato de utilização e repartição como requisito imprescindível para a autorização.

Com a nova Lei, tem-se o acesso para fins de pesquisa e desenvolvimento tecnológico facilitado por cadastro eletrônico declaratório pelo usuário. A prévia autorização passa a ser exigível apenas em situações específicas, como:

1) os acessos em área indispensável à segurança nacional;

2) em águas jurisdicionais brasileiras, na plataforma continental e na zona econômica exclusiva.

Também o "consentimento prévio informado", que antes era denominado "anuência prévia", a qual era exigida para qualquer tipo de acesso, passa a ocorrer apenas para o acesso ao "conhecimento tradicional associado de origem identificável". Assim sendo, a nova Lei estabelece uma diferenciação importante entre o conhecimento tradicional de origem identificável e aquele de origem não identificável para fins de consentimento. Como decorrência desse entendimento do legislador, tem-se que o acesso prescinde de consentimento prévio informado, assim como a repartição de benefícios se dá por meio de acordo com a União.

No que diz respeito à repartição de benefícios, aspecto importante da Lei, esta estabelece que os benefícios gerados pelo produto acabado ou material reprodutivo serão repartidos pelo último fabricante em cadeia de produção. Dessa forma, as pesquisas iniciais e o desenvolvimento tecnológico não serão mais prejudicados pela regra de repartição de benefícios. Para a exploração econômica do produto acabado, a Lei exige notificação ao CGEN antes do início da comercialização. Concede o prazo de 365 dias, contados da notificação, para apresentação do acordo de repartição de benefícios.

Será devido à União 1% da receita líquida anual obtida com a exploração econômica do produto acabado ou material reprodutivo. É possível, contudo, a assinatura de acordos setoriais com redução desse percentual para até 0,1% da receita líquida anual.

Outra importante inovação da Lei é a criação do Programa Nacional de Repartição de Benefícios. Este será implementado por meio do Fundo Nacional de Repartição de Benefícios e tem por principais finalidades:

1) conservação da diversidade biológica;

2) elaboração de inventário do patrimônio genético;

3) estímulo ao uso sustentável da diversidade biológica; e

4) repartição de benefícios.

Cumpre ressaltar as alterações atinentes à composição democrática do CGEN. Ele contará com:

1) a participação máxima de 60% dos representantes de órgãos e entidades da Administração Pública Federal que detêm competência sobre diversas matérias de que trata a Lei; e

2) a representação da sociedade civil, em, no mínimo, 40%, sendo assegurada a paridade entre o setor empresarial, o setor acadêmico e as populações indígenas, as comunidades tradicionais e os agricultores tradicionais.

De acordo com o exposto, tem-se que a nova Lei configura importante evolução, no que diz respeito à promoção do efetivo acesso ao patrimônio genético e ao conhecimento tradicional no Brasil. A Lei configura passo seguro no sentido do uso sustentável de nossa rica biodiversidade.

Indicação de Leitura

ANTUNES, Paulo de Bessa. *Direito ambiental.* 7. ed. Rio de Janeiro: Lumen Juris, 2005.

_________. Poder Judiciário e reserva legal: análise de recentes decisões do Superior Tribunal de Justiça. *Revista de Direito Ambiental*, n. 21, São Paulo, 2001.

BELCHIOR, Germana Parente Neiva. *Hermenêutica jurídica ambiental.* São Paulo: Saraiva, 2011.

BENJAMIN, Antônio Herman. A proteção das florestas brasileiras: ascensão e queda do Código Florestal. *Revista de Direito Ambiental*, n. 18, São Paulo, p. 31-37, abr./jun., 2000.

GUATTARI, Félix. *As três ecologias.* 14. ed. Campinas: Papirus, 2003.

GUILHERMINO, E. Brandão. A tutela do bem difuso nas relações jurídicas de direito civil. In: *Os 10 anos do Código Civil.* Evolução e Perspectivas. Belo Horizonte: Fórum, 2012.

LEITE, José Rubens Morato; AYALA, Patryck de Araújo. *Direito ambiental na sociedade do risco.* Rio de Janeiro: Forense Universitária, 2002.

MARÉS, Carlos Frederico. *Bens culturais e sua proteção jurídica.* 3. ed. rev. e atual. 2. tir. Curitiba: Juruá, 2006.

OLIVEIRA, K. C. S. *Direitos fundamentais em construção*: estudos em homenagem ao Ministro Carlos Ayres Britto. Belo Horizonte: Fórum, 2010. v. 1.

OPITZ, Silvia C. B.; OPITZ; Oswaldo. *Curso completo de direito agrário.* 5. ed. São Paulo: Saraiva, 2011.

PADILHA, Norma Sueli. *Fundamentos constitucionais do direito ambiental brasileiro.* Rio de Janeiro: Elsevier, 2010.

SANTOS, Boaventura de Souza e. *Semear outras soluções.* Rio de Janeiro: Civilização Brasileira, 2005.

SANTOS, Milton. *A urbanização brasileira.* São Paulo: Editora da Universidade de São Paulo, 2008.

SARLET, Ingo Wolfgang. *A eficácia dos direitos fundamentais.* 9. ed., rev. e ampl. Porto Alegre: Livraria do Advogado, 2007.

Indicação de Filmes

A ÁRVORE DA VIDA (EUA). Direção de Terrence Malick. 2011.

O filme mostra as origens do planeta Terra, as transformações por ele sofridas, através de imagens fortes, como explosões cósmicas e o surgimento e destruição dos dinossauros. Aborda a origem e o significado da vida natural do planeta e a vida humana, assim como nós a concebemos. As transformações ambientais são atravessadas pelo drama de uma família na década de 1950, nos Estados Unidos, que se prolonga até a atualidade.

XINGU (Brasil). Direção de Cao Hamburger. 2011.

O filme baseado na história real dos irmãos Villas-Bôas, que lutaram pela instituição do Parque do Xingu, a primeira terra indígena homologada pelo governo brasileiro. O filme conduz à reflexão sobre os direitos humanos fundamentais dos povos indígenas, em seu aspecto antropológico, ambiental, constitucional e hermenêutico.

UMA VERDADE INCONVENIENTE (EUA). Direção de Davis Guggenheim. 2006.

Este documentário analisa a questão do aquecimento global a partir da perspectiva do ex-vice-presidente dos Estados Unidos, Al Gore. Ele apresenta uma série de dados para comprovar a correlação entre o comportamento humano e a emissão de gases na atmosfera.

Questões

1) Em que medida se pode falar em uma dimensão socioambiental da propriedade? Qual a diferença entre dimensão social e ambiental da propriedade?

2) O dano moral ambiental objetivo é tema polêmico. O que se pode dizer em sua defesa?

3) Por que o atual Código Florestal é chamado "Código dos Ruralistas"?

4) Em que medida as sentenças estrangeiras protetoras de um bem ambiental específico podem ser úteis na esfera transnacional?

5) Qual a relação entre o princípio da proibição de retrocesso ecológico e algumas normas específicas do novo Código Florestal?

REFERÊNCIAS

ALEXY, Robert. *Theorie der Grundrechte.* Baden-Baden: Nomos, 1985.

________. *Teoria dos direitos fundamentais.* São Paulo: Malheiros, 2008.

ANELUZZI, Marcelo D.; PENTEADO TEIXEIRA JR., Paulo. Desapropriações diretas e indiretas em áreas de interesse ambiental. In: BENJAMIN, Antônio Herman de Vasconcelos e (Org.). *Manual Prático da Promotoria da Justiça do Meio Ambiente* (vários autores). São Paulo: Imesp, 1999.

ANTUNES, Paulo de Bessa. *Direito ambiental.* 4. ed. Rio de Janeiro: Lumen Juris, 2000.

________. *Direito ambiental.* 7. ed. Rio de Janeiro: Lumen Juris, 2005.

________. Poder Judiciário e reserva legal: análise de recentes decisões do Superior Tribunal de Justiça. *Revista de Direito Ambiental*, n. 21, São Paulo, 2001.

ARENDT, Hannah. *A condição humana.* Rio de Janeiro: Forense Universitária, 2012.

BAEZ, Narciso Leandro X. Crescimento econômico, globalização e direitos humanos. In: POMPEU, Gina; CARDUCCI, Michele; REVENGA, Miguel S. (Org.). *Direito constitucional nas relações econômicas*: entre o crescimento econômico e o desenvolvimento humano. Rio de Janeiro. 2014.

BARROS, Wellington Pacheco. *Curso de direito ambiental.* 2. ed. São Paulo: Atlas, 2008.

BASTOS, Celso Ribeiro. *Dicionário de direito constitucional.* São Paulo: Saraiva, 1994.

BECK, Ulrich. *Risikogesellschaft.* Auf dem Weg in eine andere Moderne. Frankfurt am Main: Suhrkamp, 1996.

BELCHIOR, Germana Parente Neiva. *Hermenêutica jurídica ambiental.* São Paulo: Saraiva, 2011.

_________; KRELL, A. J. Os princípios da ponderação e da proporcionalidade. In: *Congresso Nacional do CONPEDI.* Anais do XVIII. Florianópolis: Fundação Boiteux, 2009, p. 2709-2729.

BENDER; Sparwasser; Engel. *Grundzuge des öffentlichen Umweltschutzrechts.* Heidelberg: C. F. Müller, 1995.

BENJAMIN, Antônio Herman. A proteção das florestas brasileiras: ascensão e queda do Código Florestal. *Revista de Direito Ambiental*, n. 18, p. 31-37, São Paulo, abr./jun., 2000.

BESSERMAN VIANNA, Sérgio. Pensar local, agir global. Disponível em: <www.pagina22.com.br>. Acesso em: 9-11-2009.

BONAVIDES, Paulo. *Curso de direito constitucional.* 20. ed., rev. e ampl. São Paulo: Malheiros, 2010.

_________. *Curso de direito constitucional.* São Paulo: Malheiros, 2012.

BRASIL. Embaixada do Reino dos Países Baixos em Brasília. Disponível em: <http://brasil.nlembaixada.org>. Acesso em: 10-7-2015.

_________. Lei n. 4.504, de 30 de novembro de 1964. Dispõe sobre o Estatuto da Terra, e dá outras providências. Publicada no *Diário Oficial da União* de 30 de novembro de 1964. (Ed. Extra).

_________. Lei n. 6.938, de 31 de agosto de 1981. Dispõe sobre a Política Nacional do Meio Ambiente, seus fins e mecanismos de formulação e aplicação, e dá outras providências. *Diário Oficial da União*, Brasília, DF, 2 set. 1981.

_________. Lei Federal n. 8.078, 11 de setembro de 1990. Dispõe sobre a proteção do consumidor e dá outras providências. *Diário Oficial da União*, Brasília, DF, 12 set. 1990. (Ed. Extra).

_________. Lei Federal n. 12.291, de 20 de julho de 2010. Torna obrigatória a manutenção de exemplar do Código de Defesa do Consumidor nos estabelecimentos comerciais e de prestação de serviços. *Diário Oficial da União*, Brasília, DF, 21 jul. 2010.

BUARQUE DE HOLANDA, Aurélio. *Dicionário da língua portuguesa.* Curitiba: Positivo, 2006.

CABRA, Marco Gerardo Monroy. *Introducción al derecho.* 2. ed. Bogotá: Themis, 1973.

CALCIOLARI, Ricardo Pires. Aspectos Jurídicos da Guerra Fiscal no Brasil. *Caderno de Finanças Públicas*, n. 7, Ministério da Fazenda, ESAF, Brasília, p. 5-29, dez. 2006.

CAMPOS, Ana Cândida de Paula Ribeiro e Arruda. O desenvolvimento sustentável como diretriz da atividade econômica. In: MILARÉ, Édis; MACHADO, Paulo Affonso Leme (Org.). *Doutrinas essenciais direito ambiental*: fundamentos do direito ambiental. São Paulo: Revista dos Tribunais, 2011. v. 1.

CANOTILHO, J. J. Gomes; *Introdução ao direito do ambiente.* Lisboa: Universidade Aberta, 1998.

_________. Privatismo, associativismo e publicismo na justiça administrativa do ambiente. (As incertezas do contencioso ambiental). *Revista de Legislação e Jurisprudência*, n. 128, Lisboa, 1995/1996, p. 232 e s.

_________. Procedimento administrativo e ambiente. In: *Revista de Legislação e Jurisprudência*, n. 123, 1990/1991, p. 289 s.

_________; LEITE, José Rubens Morato (Org.). *Direito constitucional ambiental brasileiro.* São Paulo: Saraiva, 2007.

_________; _________. *Direito constitucional ambiental brasileiro.* 4. ed. São Paulo: Saraiva, 2011.

CASTRO, Edgardo. *Vocabulário Foucault.* Belo Horizonte: Autêntica, 2009.

CATALÁ, Lucía Gomis. *Responsabilidad por daños al medio ambiente.* Pamplona: Aranzadi, 1998.

CHARBONNEAU, J.-P. et al. *Enciclopédia de ecologia.* São Paulo: EDUSP, 1979.

CONSTANTINO, Carlos Ernani. *Delitos ecológicos.* São Paulo: Atlas, 2001.

COX, Roger HJ. The Liability of European States for Climate Change. Utrecht: Journal of International and European Law, 2014. Disponível em: <http://www.utrechtjournal.org/articles/10.5334/ujiel.ci/#>. Acesso em: 10-7-2015.

DAJOZ, Roger. *Ecologia geral.* 4. ed. Petrópolis: Vozes, 1983.

DALLARI, Adilson A.; FIGUEIREDO, Lúcia V. (Coord.). *Temas de direito urbanístico.* São Paulo: Revista dos Tribunais, 1987. v. 1.

DE PLACIDO E SILVA. *Vocabulário jurídico.* Rio de Janeiro: Forense, 2007.

DERANI, Cristiane. *Direito ambiental econômico.* 2. ed. São Paulo: Max Limonad, 2001.

_________. *Direito ambiental econômico.* São Paulo: Saraiva: 2012.

DINIZ, Maria Helena. *O estado atual do biodireito.* São Paulo: Saraiva, 2002.

_________. *Dicionário jurídico.* São Paulo: Saraiva, 1998.

_________. *Curso de direito civil brasileiro.* São Paulo: Saraiva, 1999. v. 4.

_________. *O estado atual do biodireito.* 2. ed. São Paulo: Saraiva, 2002.

DOS ANJOS FILHO, Robério Nunes. *Direito ao desenvolvimento.* São Paulo: Saraiva, 2013.

DRAI, Raphael; HARICHAUX, Michele. *Bioéthique et Droit.* Paris: PUF, 1988.

DUMONT, Louis. *O individualismo*: uma perspectiva antropológica da ideologia moderna. Rio de Janeiro: Rocco, 1993.

FARIA, José Eduardo. *Direito e economia na democratização brasileira.* São Paulo: Saraiva, 2013.

FERRI, Mário Guimarães. *Ecologia e poluição.* São Paulo: EDUSP, 1976.

FIORILLO, Celso Antonio Pacheco. *Curso de direito ambiental brasileiro.* São Paulo: Saraiva, 2004.

_________. *Curso de direito ambiental brasileiro.* São Paulo: Saraiva, 2013.

_________. *O direito de antena em face do direito ambiental no Brasil.* São Paulo: Saraiva, 2000.

FIUZA, César. *Novo direito civil.* 5. ed. Belo Horizonte: Del Rey, 2002.

FONSECA, J. B. Leopoldino da. *Direito econômico.* 5. ed. rev. e atual. Rio de Janeiro: Forense, 2004.

FREITAS, Vladimir Passos de. *Direito administrativo e meio ambiente.* Curitiba: Juruá, 2009.

_________. (Coord.) *Julgamentos históricos do direito ambiental.* Campinas: Millenium, 2010.

GONÇALVES, Carlos Walter Porto. A invenção de novas geografias: a natureza e o homem em novos paradigmas. In: SANTOS, Milton; BECKER, Bertha K. et al. *Território, territórios.* 3. ed. Rio de Janeiro: Lamparina, 2011.

GRIMM, Christian. *Agrarrecht.* 2. ed. Munique: C. H. Beck, 2004.

GUATTARI, Félix. *As três ecologias.* 14. ed. Campinas: Papirus, 2003.

GUERRA FILHO, Willis Santiago. *Processo constitucional e direitos fundamentais.* 5. ed. São Paulo: RCS, 2007.

_________. *Processo constitucional e direitos fundamentais.* 6. ed. São Paulo: RCS, 2009.

_________. *Teoria processual da Constituição.* 3. ed. São Paulo: RCS, 2010.

_________; AQUINO, Márcia Pitta; PINHEIRO, Carla. O contrato social a ser (re)feito: proposta de contrato tecno-humano-natural. In: GUERRA FILHO, Willis Santiago. *Alternativas poético-políticas ao direito a propósito das manifestações populares em junho de 2013 no Brasil.* Rio de Janeiro: Lumen Juris, 2014.

GUILHERMINO, E. Brandão. A tutela do bem difuso nas relações jurídicas de direito civil. In: *Os 10 anos do Código Civil*: evolução e perspectivas. Belo Horizonte: Fórum, 2012.

IPCC. Intergovernmental panel on climate change. Disponível em: <http://www.ipcc.ch/report/ar5/index.shtml>. Acesso em: 12-7-2015.

JEANTET, Thierry. *O indivíduo coletivo.* São Paulo: Vértice, 1986.

JESCHECK, Hans Heinrich. *Lehrbuch des Strafrechts.* Allgemeiner Teil. Berlin: Duncker und Humblot, 1988.

JONAS, Hans. *O princípio responsabilidade*: ensaio de uma ética para a civilização tecnológica. Rio de Janeiro: Contraponto. PUC-RIO, 2006.

KELSEN, HANS. *Teoria pura do direito.* 6. ed. São Paulo: Martins Fontes, 1998.

__________. *Reine Rechtslehre.* 2. ed. [1960], Wien: Verlag Österreich, 2000.

LEITE, José Rubens Morato; AYALA, Patryck de Araújo. *Direito ambiental na sociedade do risco.* Rio de Janeiro: Forense Universitária, 2002.

LIMA, S. F. de. Introdução ao conceito de sustentabilidade aplicabilidade e limites. *Cadernos da Escola de Negócios.* Paraná: Centro Universitário Autônomo do Brasil, 2006. v. 4. Disponível em: <http://revistas.unibrasil.com.br/cadernosnegocios/index.php/negocios/article/view/26>. Acesso em: 25-6-2015.

LIMA-E-SILVA, Pedro Paulo de et al. *Dicionário brasileiro de ciências ambientais.* Rio de Janeiro: Thex, 1999.

LUHMANN, Niklas. *Einfürung in die Systemtheorie.* Heidelberg: Carl Auer, 2009.

__________. *Soziologie des Risikos.* Berlin: W de G Verlag, 2012.

MANCUSO, Rodolfo Camargo. *Interesses difusos.* São Paulo: Revista dos Tribunais, 2010.

MARÉS, Carlos Frederico. *Bens culturais e sua proteção jurídica.* 3. ed. rev. e atual. 2. tir. Curitiba: Juruá, 2006.

MATEO, Ramón Martin. *Tratado de direito ambiental.* Madrid: Trivium. v. 1.

MEIRELLES, Hely Lopes. *Direito administrativo brasileiro.* 25. ed. São Paulo: Malheiros, 2000.

MILARÉ, Édis. *Direito do ambiente.* São Paulo: Revista dos Tribunais, 2000.

_________. *Direito do ambiente*: a gestão ambiental em foco. 6. ed. São Paulo: Revista dos Tribunais, 2009.

_________. Princípios fundamentais do direito do ambiente. *Revista Justitia*, v. 181/184, 1998. Disponível em: <http://www.ceap.br/material/MAT24092010193525.pdf>. Acesso em: 10-7-2015.

MACHADO, Paulo Affonso Leme. *Direito ambiental brasileiro.* 8. ed. São Paulo: Malheiros, 2010.

MANCUSO, Rodolfo de Camargo. *Interesses difusos.* 6. ed. São Paulo: Revista dos Tribunais, 2004.

MIRABETE, Julio F. *Manual de direito penal.* São Paulo: Atlas, 1992. v. 1.

MONTORO, André Franco. *Introdução à ciência do direito.* São Paulo: Livr. Martins Ed., 1974.

MORENO, José Luis Serrano. *Ecología y derecho.* 2. ed. Granada: Ecorama, 1992.

_________. *Teoría general del derecho ambiental y derecho ambiental comparado.* Programa y apuntes del curso 2001/2002.

NALINI, José Renato. Ética ambiental. São Paulo: Millennium, 2010.

NASCIMENTO E SILVA, Geraldo Eulálio do. *Direito ambiental internacional.* Rio de Janeiro: 1995.

NERY JUNIOR, Nelson. Responsabilidade civil e meio ambiente. *Revista do Advogado, 37*:36-46.

OLIVEIRA, Heli Alves de. *Da responsabilidade do Estado por danos ambientais.* Rio de Janeiro: Forense, 1990.

OLIVEIRA, K. C. S. *Direitos fundamentais em construção*: estudos em homenagem ao Ministro Carlos Ayres Britto. Belo Horizonte: Fórum, 2010. v. 1.

OPITZ, Silvia C. B.; OPITZ; Oswaldo. Curso completo de direito agrário. 5. ed. São Paulo: Saraiva, 2011.

PADILHA, Norma Sueli. *Fundamentos constitucionais do direito ambiental brasileiro.* Rio de Janeiro: Elsevier, 2010. Países Baixos. Urgenda Foundation v. Kingdom of the Netherlands. Final Draft translation, Version of 21 May 2015. Statement of Reply in the case: Regarding the failure of the Dutch State to take sufficient actions to prevent dangerous climate change. Disponível em: <http://www.urgenda.nl/en/climate-case/>. Acesso em: 10-7-2015.

PARGA Y MASEDA, Patrícia Jiménez. *El principio de prevención en el derecho internacional del medio ambiente.* Madrid: Ecoiuris, 2001.

PERLINGIERI, Pietro. *Perfis do direito civil.* Rio de Janeiro: Renovar, 2007.

PETERS, Edson Luiz; PIRES, Paulo de Tarso de. *100 questões de direito ambiental.* Curitiba: Juruá, 2003.

PINHEIRO, Carla. *Direito ambiental.* São Paulo: Saraiva, 2008.

_________. *Direito internacional e direitos fundamentais.* São Paulo: Atlas, 2001.

_________; GUERRA FILHO, Willis Santiago. A dimensão ética do princípio da proporcionalidade na tutela do meio ambiente. In: *Responsabilidade objetiva do Estado.* São Paulo: Quartier Latin, 2011.

PIVA, Rui Carvalho. *Bem ambiental.* São Paulo: Max Limonad, 2000.

PURVIN, Guilherme José. *Temas de direito ambiental e urbanístico.* São Paulo: Max Limonad, 1988.

REICH, Robert B. Supercapitalism. The transformation of business, democracy and everyday life. New York: Alfred A. Knopf, 2007.

RODRIGUES, Marcelo Abelha. *Elementos de direito ambiental.* 2. ed. São Paulo: Revista dos Tribunais, 2005.

________. *Instituições de direito ambiental.* São Paulo: Max Limonad, 2002.

________. *Elementos de direito processual civil.* São Paulo: Revista dos Tribunais, 2000.

SANTIAGO, Alex Fernandes. Reserva Legal. *Revista de Direito Agrário*, n. 18, Brasília, ano 19, 2006. Disponível em: <http://www.abda.com.br/revista18/pdf/artigos/Reserva%20Legal.pdf>. Acesso em: 8-11-2011.

SANTOS, Aricê Moacyr Amaral. *O mandado de injunção.* São Paulo: Revista dos Tribunais, 1989.

SANTOS, Boaventura de Souza e. *Semear outras soluções.* Rio de Janeiro: Civilização Brasileira, 2005.

SANTOS, Milton. *A urbanização brasileira.* São Paulo: Editora da Universidade de São Paulo, 2008.

SARLET, Ingo Wolfgang. *A eficácia dos direitos fundamentais.* 9. ed., rev. e ampl. Porto Alegre: Livraria do Advogado, 2007.

SILVA, José Afonso da. *Comentário contextual à Constituição.* 4. ed. São Paulo: Malheiros, 2007.

________. *Comentário contextual à Constituição.* São Paulo: Malheiros, 2014.

________. *Curso de direito constitucional positivo.* São Paulo: Malheiros, 2009.

________. *Direito ambiental constitucional.* 3. ed. São Paulo: Malheiros, 2000.

SILVA, Geraldo Eulálio do Nascimento e. *Direito ambiental internacional.* Rio de Janeiro: Thex Editora, 1995.

SMITH, Adam. *A riqueza das nações.* Trad. Alexandre Amaral Rodrigues e Eunice Ostrensky, São Paulo: Martins Fontes, 2003.

State Ordered to further limit greenhouse gas emissions. Disponível em: <https://www.rechtspraak.nl/Organisatie/Rechtbanken/Den-Haag/Nieuws/Pages/State-ordered-to-further-limit-greenhouse-gas-emissions.aspx>. Acesso em: 10-7-2015.

STRAUS, Leo. *História da filosofia do direito*. Barueri: Manole, 2005.

TARTUCE, Flávio. *Manual de direito civil*. 3. ed. São Paulo: Método, 2013.

TAVARES, André Ramos. *Direito constitucional econômico*. São Paulo: Método, 2006.

Urgenda Foundation. Landmark climate change lawsuit. Amsterdam, 2015. Disponível em: <http://www.urgenda.nl/en/climate-case/>. Acesso em: 10-7-2015.

VEYRET, Yvette (Org.). *Dicionário de meio ambiente*. São Paulo: Senac, 2012.

WARAT, Luis Alberto. *Epistemologia e ensino do direito*: o sonho acabou. Florianópolis: Fund. Boiteux, 2004 (Col. Warat, v. II).

WEYERMÜLLER, André Rafael. *Direito ambiental e aquecimento global*. São Paulo: Atlas, 2010.

ZIMERMAN, David E. *Psicanálise em perguntas e respostas*. Porto Alegre: Artmed, 2005.